GOLDMANN

Buch

Dreißig Jahre lang hat Indochina eine Schlüsselrolle in der Weltentwicklung gespielt: Hier zerbrach in den fünfziger Jahren endgültig der Kolonialismus, hier mußten die USA in den sechziger Jahren ein für allemal begreifen, daß *ihr* »way of life« nicht mit Waffengewalt zu exportieren ist. Nach einem Jahrzehnt des Elends sucht Vietnam nach neuen Auswegen aus einer tiefgreifenden Krise, die durch die Nachwirkungen des amerikanischen Vernichtungskrieges und die Mängel der zentralistischen Planwirtschaft entstanden ist. Der Autor schildert Vietnam aus neuer Sicht: als Land im Aufbruch. Er hat Vietnam seit 1984 jedes Jahr besucht und einige Monate in Saigon gelebt. Er reiste von der chinesischen Grenze bis zum Mekong-Delta und wanderte auf dem Ho-Chi-Minh-Pfad. Seine Reportagen spüren den Narben des Krieges nach und beschreiben den Alltag in den Bergdörfern ebenso wie das Nachtleben von Saigon. Er folgt den ersten Touristen und zurückgekehrten US-Soldaten, läßt den »Vietcong von nebenan« zu Wort kommen und geht der Frage nach, warum so viele Ausländer dieses Land lieben lernen.

Autor

Cordt Schnibben, Jahrgang 1952, studierte Wirtschaftswissenschaften und arbeitete als Texter in einer Frankfurter Werbeagentur, besuchte die Hamburger Journalistenschule und war von 1984 bis 1988 Redakteur bei der »ZEIT«. Jetzt schreibt er als Reporter für den »SPIEGEL«. Regelmäßig erarbeitet er Features und Reportagen für das Fernsehen. 1988 erhielt Cordt Schnibben für seine Reportage über die Folgen des Massakers vom My Lai den Egon-Erwin-Kisch-Preis.

CORDT SCHNIBBEN

SAIGON ★ export ★

VIETNAMS COMEBACK

Seltsame Berichte aus einem neueröffneten Land

GOLDMANN VERLAG

Der Goldmann Verlag
ist ein Unternehmen der Verlagsgruppe Bertelsmann

Made in Germany · 9/91 · 1. Auflage
Genehmigte Taschenbuchausgabe

Umschlaggestaltung: Design Team München
Druck: Presse-Druck Augsburg
Verlagsnummer: 11692
SK · Herstellung: Heidrun Nawrot
ISBN 3-442-11692-9

INHALT

VORSCHAU

NACHDEM er prophezeit hatte, daß ich mir 1992 das linke Bein brechen werde, 1990 den Job wechseln und irgendwann zwischen Februar und Juli die Freundin verlieren werde, wollte er wissen, wie ich Vietnams Zukunft sehe. Ich hatte den Wahrsager zufällig im Hause eines Freundes im dritten Saigoner Bezirk getroffen, anläßlich einer gemütlichen Teerunde auf der Terrasse. Die ersten Mangos der Saison '89 standen auf dem Tisch, mir war nicht nach schwermütigen Gesprächen zumute. Doch der Wahrsager, der eigentlich Schriftsteller ist und die Prophetie nur zum Spaß, wenn auch mit großem Ernst, betreibt, ließ nicht locker, und auch die anderen Gäste drängten für vietnamesische Verhältnisse seltsam unhöflich.

Was sagt man den Intellektuellen des fünftärmsten und nach Libyen und Iran wohl meistgehaßten Landes der Welt über ihre Zukunft? Welche Perspektive gibt man einem Land, das nach dreizehn Jahren Experimentierens am Boden ist und selbst nicht recht weiß, wie es hochkommen soll? Was sagt man denen, die vor zwanzig Jahren mit Solidaritätsadressen aus Minneapolis, Oldenburg, Wagadugu und Hammerfest ihre Wände tapezierten und nun das Leben von Aussätzigen fristen? Welche Hoffnung gibt man Menschen, die nach einem epochalen Sieg ihr Versagen als um so grandiosere Schmach erleiden?

»Als Volk haben wir unser Gesicht verloren«, hatte einer von den Gästen gesagt. Eine andere hatte davon gesprochen, wie sehr sie sich ganz persönlich über das Bild schäme, das ihr Land der Welt biete. Die Vietnamesen, gerade die in den Städten, besonders die in Saigon, wissen genau, was man anderswo über sie schreibt. Sie sind zwar isoliert, aber dennoch gut informiert – die zwei Millionen Auslandsvietnamesen funktionieren wie hochsensible Antennen.

Die Vietnamesen glauben an eine Bestimmung. Die Gewißheit, ein besonderes Volk zu sein, schöpfen sie aus ihrem zweitausendjährigen (erfolgreichen) Kampf gegen Eindringlinge aller Couleur, der in Geschichten, Märchen und Helden viel lebendiger ist als die jüngste Vergangenheit. Die hat sie allerdings darin bestärkt, in der Gemeinschaft der Völker etwas Besonderes zu sein, eine Art moralische Instanz: Den Franzosen, letztendlich allen Kolonialisten, haben sie das Ende aller Hoffnungen beschert, »den Osten je beherrschen zu können, wie das die Westmächte vielleicht erträumt hatten« (Graham Greene). Den Amerikanern, und letztendlich allen westlichen Hochkulturen, haben die Dschungelkrieger beigebracht, daß sie ihre Weltanschauung keinem anderen Volk mit Waffengewalt aufzwingen können. Und die Chinesen mußten begreifen, daß ihre Kulturrevolution nicht zu exportieren war, nicht einmal ins Nachbarland.

Vietnam habe, so schrieb Peter Scholl-Latour 1979, in der Welt jahrzehntelang die Rolle eines »unerbittlichen Lügendetektors« gespielt. Besonders den Bundesdeutschen bescherte Vietnam zunächst Klarheit über den *American way of death* und dann Zweifel am *American way of life.* Die blinde Liebe zum guten Amerikaner, in der Nachkriegszeit geboren, verendete in den entlaubten

Dschungeln Vietnams. Die Antwort auf die Frage, was einen Deutschen heutzutage nach Vietnam treibt, läßt in den Gesichtern meiner Gesprächspartner immer etwas Wehmut aufziehen. Da ist von den sechziger Jahren die Rede, von den großen Demonstrationen, von der Solidarität Hunderttausender Tausende Kilometer entfernt. Und wie auf der Terrasse kommt dann unausweichlich die Frage, wie denn heute in der Bundesrepublik über Vietnam gedacht werde.

Erst haben sich die Vietnamesen die Japaner zu Feinden gemacht, dann die Franzosen, danach die Amerikaner und all ihre Verbündeten, dann die Chinesen, schließlich so gut wie alle Linken, die mal für sie demonstriert haben, und viele Blockfreie dazu. Bleiben eigentlich nur noch die Schweden, die Sowjets und ihre Verbündeten, aber auch bei denen bröckelt die Sympathie, weil die Wirtschaftshilfe, so der Vorwurf, schlecht genutzt im Land versickere. Vietnam ist auch nach dem Abzug der Amerikaner Lügendetektor geblieben, nun allerdings die Diskrepanz zwischen dem eigenen hohen Anspruch und der miesen Wirklichkeit entlarvend. Nur als Opfer war Vietnam ein Gelobtes Land.

Der Vergleich mit den Juden ist zwar Unsinn, aber dennoch in einem Punkt zu verlockend, als daß man auf ihn verzichten könnte. Der jahrtausendelange Kampf der Vietnamesen um ihr Land, das Bewußtsein von der Sonderrolle und die Entwicklung im letzten Jahrzehnt haben einen weitverbreiteten Anti-Vietismus gedeihen lassen. Die Vietnamesen sind weiß Gott nicht die Juden Asiens, aber die Hartnäckigkeit, mit der ihre Gegner Fakten zugunsten von Ressentiments ignorieren, macht stutzig.

Immer noch sitzt beispielsweise ein Vertreter des Völkermörders Pol Pot – mit Dauervisum der Amerikaner übrigens – in der UNO, um die von Vietnam eingesetzte Regierung Kampucheas vor der Tür halten zu können. Die Weigerung der meisten westlichen Länder, dem kriegszerstörten Vietnam Wiedergutmachung, Entwicklungshilfe oder selbst humanitäre Hilfe im Katastrophenfall zukommen zu lassen, ist ohne Beispiel.

Zweifellos war es nicht das schiere Mitgefühl, das Vietnam veranlaßte, in Kampuchea einzumarschieren. Der Haß und das Mißtrauen, die den Gelben mit den grünen Helmen seither entgegenschlagen, machen es denkbar, daß in naher Zukunft auch der Rückzug aus dem Land der Khmer als Ausdruck typisch vietnamesischer Unmenschlichkeit beschrieben wird, weil »ein Volk skrupellos dem Bürgerkrieg ausgeliefert wurde«.

Wenn ein so besonnenes Magazin wie *Geo* jeden der 65 Millionen Vietnamesen als Gefahr für das Nachbarland Kampuchea hinstellt, dann dokumentiert das den Verbreitungsgrad des Anti-Vietismus.

Rassismus war neben Antikommunismus die Quelle, aus der der Vietnamkrieg seine fürchterlich ausdauernde Kraft schöpfte. Nicht nur der Glaube an die westliche Freiheit, sondern auch der Haß auf die *gooks* und *dinks* trieb die GIs in die Reisfelder, und da war es dann ziemlich egal, ob sie auf schlitzäugige Vietcong, Zivilisten oder gar Verbündete stießen. Michael Herr erzählt in »Dispatches« einen bitteren Witz, eine Gebrauchsanweisung zur Rettung Vietnams, die unter den amerikanischen Soldaten kursierte: »Du lädst all die lieben Vietnamesen auf Schiffe und fährst sie raus aufs Südchinesische

Meer. Dann bombst du das Land flach. Dann versenkst du die Schiffe.«

Daß die Männchen mit den Kinderarmen letztlich über die Kriegsmaschinerie des Westens triumphierten, hat dem Haß nicht gutgetan. Und daß sich die Sieger dann auch noch als unfähig erwiesen, das zerstörte Land wiederaufzubauen, trieb die Verlierer, und das war immerhin die halbe Welt, an den Rand der Raserei. »They won the war, they lost the peace«, erzählt einem ungefragt jeder zweite der Amerikaner, die sich inzwischen zumuten, das verhaßte Land zu bereisen. Nicht triumphierend sagen sie es, sondern wutschnaubend.

Es sind nicht einmal die Kriegsveteranen, die Schaum vor dem Mund haben. Sie scheinen viel zu sehr mit ihrem schlechten Gewissen beschäftigt. Wer in Vietnam mit ehemaligen GIs spricht, kann sich kaum dagegen wehren, Mitleid für sie zu empfinden, besonders dann, wenn sie als geläuterte Pazifisten auftreten. Sie waren als Helden in den Krieg gezogen, allseits bejubelt, und sind als Schweine heimgekehrt; eine deutsch-amerikanische Gemeinsamkeit.

Ihre Dschungelgegner waren Helden, blieben Helden, aber immer nur Kriegshelden. Die Siege an der Produktionsfront fielen nicht so wie geplant. Wer gekonnt mit der Kalaschnikow hantieren kann, ist nicht automatisch ein guter Wirtschaftsführer. Und ein guter Partisan ist noch lange kein glücklicher Bürokrat.

In der Teerunde auf Kinhs Terrasse kann jeder hundert Geschichten von Unfähigen erzählen, die damit enden, daß einer irgendwo im Büro sitzt und etwas verhindert, und die damit beginnen, daß einer irgendwo im Reisfeld lag und Großes geleistet hat. Wenn Revolutionäre an die Macht kommen, so scheint's, werden sie unbewußt zu ihren eigenen Hauptfeinden. Mein vietnamesischer Prophet hat dafür eine einleuchtende Erklärung: Im Guerillakampf war das spontane, dezentrale Handeln gefragt, im friedlichen Vietnam ist das geplante, zentralistische gefordert. Dem feudalistisch-anarchistischen Land wurde ein importiertes Sozialismusmodell übergestülpt, mit dem üblichen Zubehör: Verstaatlichung, Zentralismus, Schwerindustrie, Bürokratie, mit all dem also, was die sowjetischen Vertreter bis vor kurzem im Angebotsköfferchen hatten.

Marxismus sei wohl nur etwas für Europäer, sagen die Radikalen unter Kinhs Gästen, alle verdiente Partisanen und überzeugte Kommunisten. Zehn Jahre habe man sich redlich bemüht, aus »Kac Macs« Ideen eine sozialistische Gesellschaft zu formen, aber nun müsse man sich nach etwas Neuem umsehen. Wir haben bisher nicht den wahren Marxismus kennengelernt, sagen die etwas Gemäßigteren, sondern nur den doktrinären. Darum habe es bisher nicht geklappt. Sozialismus sei eine Produktionsweise, die historisch auf den Kapitalismus folge, erklären die Pragmatiker, Kapitalismus habe man bisher nicht gehabt, also müsse man jetzt zunächst einmal den Kapitalismus voll entwickeln.

Vietnams Kommunisten sind marxistische Amateure geblieben, zu stalinistischer Professionalität haben sie es glücklicherweise nie gebracht. Nur von 1976 bis 1980 wurde ernsthaft versucht, die Gesellschaft durchzuideologisieren. Dann begann schon die Not über die Theorie zu siegen.

Nguyen Van Linh, der regierende Reformer, genießt in unserer Teerunde dieselben Sympathien wie im Volk, allerdings zweifeln einige an seinem Durchblick. Ihm fehle ein wirklicher Plan, er rette sich von einer Reparatur zur anderen. Und außerdem sei er von Dummköpfen umgeben. Sie sagen natürlich nicht »Dummköpfe«, sie sagen, der politischen Elite fehle es an Erfahrungen im Ausland. Und selbst die, die ins Ausland kämen, seien wie Störche: Sie hätten die Welt gesehen, aber wüßten nur, wo Würmer zu finden seien.

Doi Moi, die vietnamesische Perestroika, leidet, im Gegensatz zum sowjetischen Vorbild, an Führungsschwäche, nicht aber an Druck von unten. Doch die unten wissen auch nicht recht, selbst wenn sie Professoren, Journalisten oder Schriftsteller sind, wie die da oben das Vietnam der Zukunft hinbiegen sollen. Modern, frei, unabhängig, na gut. »Modern« wird jetzt so oft in den Mund genommen wie früher »Marx« und bedeutet »Bangkok« oder »Singapur«. Ein bekannter Chirurg in der Runde, vor 1975 Arzt am Ho-Chi-Minh-Pfad, spricht davon, daß man jetzt »echte Demokratie« brauche. Ein Ingenieur, der seine bourgeoisen Eltern verließ und zum Vietcong überlief: »Wir wollen Wohlstand, aber keinen Kapitalismus.« Sein Bruder, der in der DDR verschwenderischerweise zum Computerexperten ausgebildet wurde: »Wir wollen jetzt endlich das ernten, wofür wir bis 1975 gekämpft haben.«

Ein skeptischer Optimismus durchzieht all ihre Visionen; zu oft sind sie enttäuscht worden, aber ab jetzt, das versichern sie sich gegenseitig, kann es nicht anders als anders werden. Begierig drängen sie auf Bestätigung.

Der Aufbruch ist in Vietnam allgegenwärtig, im wahrsten Sinne des Wortes allerdings. Er bricht überall auf, der Wille nach Veränderung, und sucht sich seinen Weg, teils in originellen, teils in abwegigen Lösungen. Die vietnamesische Gesellschaft ist augenblicklich ein Flickwerk, eine sozialistisch-feudalistisch-kapitalistisch-anarchistische Formation mit Tendenz zum Zwei-Systeme-Modell. Wer will, kann im Sozialismus oder Kapitalismus leben. Er kann in einem Privatbetrieb arbeiten, seine jüngeren Kinder von Privatlehrern erziehen und seine älteren von Privatdozenten unterrichten lassen; er kann in privaten Videotheken amerikanische Filme angucken, in privaten Restaurants dinieren und sich privat verarzten lassen; und er kann auch privat an Ausländer untervermieten. Sein Nachbar zieht es vor, im Sozialismus zu leben: Er arbeitet im Staatsbetrieb, begnügt sich für seine Kinder mit staatlichen Lehrern und Professoren, schaut Staatsfernsehen und geht in staatstreue Filme; ißt in staatlichen Restaurants und konsultiert staatliche Ärzte.

Wenn wir so viele Privatbetriebe haben, sagten sich Vietnams Staatsmänner eines Tages, nachdem sie so viele Privatbetriebe zugelassen hatten, dann können deren Beschäftigte nicht staatliche Leistungen kostenlos in Anspruch nehmen. Und so gingen sie daran, heilige Kühe der Weltrevolution zu schlachten: Gesundheit und Bildung gibt es nicht mehr zum Nulltarif. So entstand Schritt für Schritt, Flicken für Flicken eine Zwei-Systeme-Gesellschaft, in groben Umrissen zwar erst, aber wenn das noch zwei, drei Jahre so weitergeht, dann hat Vietnam einen Staat neuen Typs kreiert, ohne es so recht gewollt und gemerkt zu haben.

Dieser Mut und diese Kreativität entspringen einem Vakuum, einem doppelten sozusagen. Zum einen sind die auswärtigen Berater seit einigen Jahren so sehr mit den Veränderungen in ihrem Heimatland beschäftigt, daß sie nicht mehr wissen, was sie eigentlich noch raten sollen und wollen. Zum anderen fehlt in Vietnam ein sozialistisches Gewohnheitsrecht. Das Argument »Das war immer so«, dieser Schwur der kommunistischen Bürokratie, der den Genossen Reformern in China und in der Sowjetunion das Leben so schwermacht, hat in Vietnam noch keine unumstößliche Tradition. Im Süden noch weniger als im Norden, und darum geht südlich des 17. Breitengrades auch alles viel flotter.

Der Sozialismus in Vietnam ist noch frisch, und das ist seine große Chance. Sein Reformtempo liegt höher als das in der Sowjetunion und in China; die Bereitschaft zur Verletzung von Tabus ist größer. Über eine Million Vietnamesen hat seit 1975 das Land verlassen, davor noch einmal eine Million. Sie leben in den USA, in Kanada, Australien, Hongkong, Frankreich, der Bundesrepublik. Die ersten Rückkehrer schauen vorsichtig als Touristen nach dem Rechten; einige Unerschrockene sind bereits zurückgekehrt; andere, die im Ausland reich wurden, beginnen, die Investitionsvorteile für Auslandsvietnamesen zu nutzen. Die Hälfte aller Saigoner Familien hat Verwandte irgendwo in der Welt – wenn all diese Einflüsse auf das Land zurückzuwirken beginnen, was für ein kreatives Gemisch kann entstehen, was für ein explosiver Schmelztiegel?

In den Gesichtern meiner Gastgeber und ihrer Freunde löst diese Utopie schon jetzt nacktes Entzücken aus. Sie beginnen zu spinnen, träumen von vielen neuen Autos in den Straßen, von einer richtigen Skyline für Saigon, von Übersetzungen aus aller Welt, Theatergastspielen, Open-air-Konzerten: Bruce Springsteen in Hanoi, Michael Jackson in Saigon und Pink Floyd in Angkor Vat.

Wenn sich erst die Krämerseele der Vietnamesen unkontrolliert verwirklichen kann, wenn ihre Wirtschaftstugenden nicht länger durch Zentralismus gehemmt werden, wenn die Kraft und die Kreativität frei werden, die in Kriegen unterirdische Städte und versenkbare Brücken geschaffen haben, dann wird Vietnam zur Gefahr für Thailand und Südkorea.

In den gesellschaftlichen Nischen, in denen Eigeninitiative etwas bewirken konnte, hat Vietnam im letzten Jahrzehnt Großes geleistet, im Bildungs- und im Gesundheitssystem. In Schulen, Hochschulen und Krankenhäusern trifft man immer wieder auf bewundernswerte Menschen, die trotz eines Hungerlohns nicht an ihren Idealen zweifeln und die verbissen versuchen, ihr kleines Stück Gesellschaft zu verändern. Wenn ein Arzt oder Lehrer im Monat soviel verdient wie ein Rikschafahrer in der Woche, nach seiner regulären Arbeit einen zweiten Job als Englischlehrer oder Übersetzer haben muß, um nicht zu hungern, und sich dennoch unverdrossen für die Gesellschaft aufopfern soll, dann ist nicht der Korrupte die Ausnahmeerscheinung, sondern derjenige, der der Versuchung widersteht, sich das individuell zu holen, was ihm gerechterweise gesellschaftlich zusteht.

Diese Ausnahmeerscheinungen muß es zu Zehntausenden, Hunderttausenden geben in Vietnam, jedenfalls begegnet man ihnen auf Schritt und Tritt, und nicht nur in

Krankenhäusern und Schulen. Selbst richtige Funktionäre, diese Schreckgespenster westlicher Sozialismusbetrachtung, müssen zu den Lichtgestalten gezählt werden, allen Karikaturen zum Trotz. Im Gegenzug soll nicht das Klischee vom Revolutionär bedient werden, der vor Bescheidenheit und Größe zerfließt. Dennoch überrascht, wie viele eisern zur Sache stehen, um die es so schlecht steht, ohne zu verzweifeln, ohne zu kassieren.

Sie gehören zu den Sehenswürdigkeiten, die den ganz besonderen Reiz Vietnams ausmachen. Daß sie als Schüler, Student, Arbeiter, Mönch oder Bauer den Mut entwickelt haben, Geschichte zu machen und endlich einmal dem Lauf der Dinge zu widerstehen, macht sie so liebenswürdig. Das Land, über das man schreibe, hat Peter Scholl-Latour gefordert, müsse einem sympathisch sein, sonst solle man's bleibenlassen.

Vietnam hat obendrein einen vollkommen unpolitischen Charme, eine Anziehungskraft, der spätestens seit Graham Greene so gut wie alle Ausländer erliegen. »Die Verzauberung, glaube ich«, schreibt Greene, »ging zunächst von den hochgewachsenen eleganten Mädchen in ihren weißen Seidenanzügen aus, von dem silbriggrauen Licht, das abends auf den Reisfeldern lag, wo die Wasserbüffel mit ihrem langsamen, vorweltlichen Gang durch das fesseltiefe Wasser stapfen« – und so weiter. Rätselhaft, wie Greene von den Mädchen auf die Wasserbüffel kommt; den Wasserbüffeln folgen chinesische Spielhöllen, französische Parfümerien und ähnliche Attraktionen. Für Scholl-Latour liegt der »fast schmerzliche Reiz Vietnams ... in der widerspruchsvollen Kombination von spröder Unnahbarkeit und verführerischer, lasziver Exotik«, auf deutsch gesagt »im schwerelosen Lebensstil, in der makellosen Schönheit ihrer Menschen«, und er hat natürlich, wer wollte es verheimlichen, ausschließlich die weiblichen Menschen im Auge. Eine Frau wie Oriana Fallaci träumt »von den grünen Palmen, den Straßen voller spitzer Hüte, den Militär-Lkws, den Rikschas, der drükkenden Hitze, die dich einlullt in geheimnisvolle Mattigkeit und wiedererlangte Weisheit. Saigon steckt wie ein Messer in meinem Leben.«

Das sagen sie alle, wenn auch nicht so schön. Es ist diese Mischung aus Mittelalter und Moderne, aus Kolonialzeit und Hochkultur, nach der man sich zurücksehnt, wenn man nicht mehr da ist. Die Vietnamesen sind uns fern und nah, asiatisch fern und europäisch nah, dem Kolonialismus sei Dank. Die Franzosen haben sich erfolgreich bemüht, das Volk unverbildet zu halten und die Elite auf abendländisch hochzutrimmen.

Die Dummheit ist zurückgedrängt, die europäischen Anklänge sind geblieben. Kein Volk in Asien scheint uns vertrauter und keines geheimnisvoller. Ein gebildeter Vietnamese plaudert über Hesse, Camus oder Tolstoi und bleibt dennoch in seiner Würde, Anmut und Bescheidenheit seltsam fremd. »Der kultivierte Europäer muß sich daneben fast barbarisch vorkommen«, meint Scholl-Latour.

Asien wird in den nächsten fünf, zehn, meinetwegen auch fünfzig Jahren die Trendplantage dieser Welt sein, wer zweifelt daran? Der asiatische Einfluß auf Technik, Design, Kunst, Theater, Tanz, Mode und Film hat in den letzten Jahren so stark zugenommen, daß nur noch ein paar Journalisten das alles zum Megatrend zusammenfügen müssen, und schon leben wir mitten in der gelben Kulturrevolution. Die *New York Times* hat bereits die *Asian trend-setters* in der Club-scene Manhattans ausgemacht, Henry David Hwangs Broadway-Musical »M. Butterfly« schlägt alle Rekorde, Jean Paul Gaultiers Frühjahrskollektion variiert asiatische Traditionsgewänder, Bruce Weber, der Starphotograph der erotischen Armut, möchte ein Vietnam-Visum – wir wissen, wie das weitergeht.

Vietnam wird in der *Asia wave* die Brücke sein zwischen hier und dort, einst und jetzt. Weil es uns so vertraut ist. Da Nang kennen wir und Saigon, den Dschungel und die Reisfelder, die Spitzhüte und die schwarzen Seidenpyjamas – alles schon mal gesehen, damals in der *Tagesschau*, in »Apocalypse now«, in »Deer Hunter«, in »Platoon«, in »Good Morning Vietnam«. Vietnam hat inzwischen denselben Klang wie Hollywood – ein ferner, unwirklicher Ort, an dem man prächtige Abenteuerfilme drehen kann. Und nun sind die Originalschauplätze zur Besichtigung freigegeben.

Die Rückständigkeit macht Vietnam in vielen Augen nur noch reizvoller. Ein Land (fast) ohne Autos; Städte, in denen Fahrräder und Rikschas das Tempo bestimmen; 3300 Kilometer Strand, unbebaut; Bergvölker mit Lendenschurz; Kinder, die noch nicht die Hand aufhalten; eine Freundlichkeit, die noch nicht auf die Reiseschecks schielt; selbst die Massage hat ihre Unschuld noch nicht verloren – Asien für Romantiker.

Die Reisejournalisten haben sich auf Vietnam schon eingeschossen, und auch ihre politischen Kollegen finden wieder Gefallen an dem Land, das für eine Dekade verschlossen und verstoßen blieb. Bis 1975 war Indochina ein fabelhafter Arbeitsplatz für Journalisten: gute Bars, jede Menge Hubschrauber und täglich ein Haufen Tote. Die Berichterstatter sind 1975 mit Wehmut geschieden, mit Wut und auch mit Heimweh. Die wenigen, die fortan hinflogen, fanden nicht viel Grund, sich mit freundlichen Berichten erkenntlich zu zeigen. Vietnam, durch die Medien erst groß gemacht, verschwand aus den Nachrichten, den Magazinen und dem öffentlichen Bewußtsein. Die Boat people haben diesen Prozeß nicht aufgehalten, sondern beschleunigt: Vietnam selbst war von der Landkarte verschwunden, nur der Vietnamese, der das Land verließ, hatte Anspruch auf Interesse und ein wenig Mitleid. Vietnam hatte im vergangenen Jahrzehnt eine schlechte Presse, die noch schlechter war als die Verhältnisse im Land. Zum einen müssen sich die Journalisten ihre Enttäuschung von der Seele geschrieben haben; zum anderen wird ein Land mit solcher Vergangenheit logischerweise zum Schlachtfeld des kalten Krieges; zum dritten ist die Fürsorge, die alle Journalisten bei ihrer Reise durchs Land begleitet, schuld. Die Hanoier Pressebetreuer, alles liebe Kerle und kluge Frauen, weichen ihren Gästen nicht von der Seite, wichen muß man sagen, denn im letzten Jahr hat sich, wie vieles im Land, auch das Verhältnis zur ausländischen Presse normalisiert. Bis dahin galt jeder Korrespondent, der zum erstenmal Vietnam betrat, als potentieller Spion, zumindest als böswilliger Agent des Systemgegners. Nach dreißig Jahren ausländischer Belagerung, an der sich auch der eine oder andere Journalist beteiligte, war dieser Verfolgungswahn verständlich, wenn auch äußerst schädlich. Denn Journalisten, die nicht so recherchieren können, wie sie möchten und müssen, wehren sich mit Berichten, die der Wirklichkeit nur nahekommen, mehr oder minder. Wenn sie dann möglicherweise noch zu den Berichterstattern gehören, die nach ein- oder zweiwöchigem Sightseeing eine Tiefenanalyse des Landes zu schreiben wagen, ist klar, daß dabei Werke herauskommen, die alle schlimmen Vorurteile über den Auslandsjournalismus bestätigen.

Am Anfang dieses Buches über Vietnam steht daher eine Reportage über das Medienopfer Vietnam. Sie soll Skepsis provozieren gegenüber diesen vor Kompetenz strotzenden Analysen in Zeitungen und im Fernsehen, ja selbst gegenüber den einfachsten Nachrichten, selbstverständlich auch gegenüber den Kapiteln dieses Buches. Nicht nur in verschlossenen Ländern wie Vietnam, aber besonders da, ist der Journalist, zumal der aus dem Ausland, dem Unbekannten hoffnungslos ausgeliefert. Er kann Reise für Reise, Gespräch für Gespräch das Bekannte vergrößern, aber das Unbekannte wird immer überwiegen. Man muß den Mut jener Journalisten bewundern, die ein paar winzige Farbkleckse als das flächendeckende Porträt eines Landes verkaufen mögen.

Dieses Buch ist mit Vorsicht zu genießen. Ihm fehlt der Wille zur endgültigen Wahrheit ebenso wie das wirklich Bedeutende. Parteigrößen und Staatsmänner zum Beispiel kommen kaum zu Wort, dafür vorzugsweise Rikschafahrer, Unternehmer und ähnliche Randgruppen. Über den Aufbau des Justizwesens oder die Organisation der Gesundheitsvorsorge erfährt der Leser weniger als über Bierdosen, unterirdische Tunnel, Badestrände, schlechtbezahlte Ärzte, Weihnachten und dergleichen.

Das Buch verdankt sein Entstehen dem unergründlichen Schicksal, das mich seit 1984 merkwürdigerweise jedes Jahr nach Vietnam lotste. Einige Teile des Buches sind, in anderer Form, in der Wochenzeitung *Die Zeit* erschienen. Das Kapitel »Kleiner Ausflug nach My Lai, Georgia« ist die unveränderte Fassung der Reportage »My Lai – die Karriere eines Kriegsverbrechens«.

Danken möchte ich Vera, einer flüchtigen Bekannten, vor der ich im Bremer Hauptbahnhof in die Buchhandlung floh, um dort erneut auf Evelyn Waughs Roman »Der Knüller« zu stoßen und somit an das Vorhaben erinnert zu werden, einmal eine Reportage über die unglaubliche Arbeit der Weltpresse zu schreiben, was dann zwei Monate später in Kampuchea gelang und das Problem löste, womit man ein Buch über Vietnam eröffnet. Mit einem Kapitel über Kampuchea. Denn dort geriet Vietnam ins weltpolitische Abseits, und dort wird sich entscheiden, wann Vietnam zurückkehrt in die Gemeinschaft der Völker, denen gnädigerweise Entwicklungshilfe gewährt wird.

An der Hotelrezeption in Saigon traf ich eines Tages auf eine erregte Amerikanerin, die die vietnamesischen Damen hinter dem Tresen wüst beschimpfte. Sie war keine von diesen lila Gefärbten, die sich in einer Reportage immer gut machen, wenn man aus dramaturgischen Gründen gerade den Auftritt einer Amerikanerin gebrauchen kann. Sie war eine recht intelligent wirkende Endfünfzigerin, eine von diesen Touristinnen, die augenscheinlich mit Sinn und Verstand reisen. Sie überschüttete die drei Frauen, die stets unterwürfig-freundlich zu Diensten sind, mit Vorwürfen und Beleidigungen. Ihre Tirade begann beim Zustand der Zimmer, streifte den

Einzelzimmerzuschlag, ließ die Stromausfälle nicht aus und die Kakerlaken, reklamierte den Geldumtausch und machte sich über den Hinweis der Damen her, sie müsse die Quittungen, die sie für ausgegebene Dollar erhalte, später an der Grenze vorlegen. »Was soll ich mit den Dollars denn anstellen, Honey, Spione bezahlen?« Zu mir gewandt, offensichtlich einen Verbündeten gegen die Begriffsstutzigkeit der *gooks* vermutend, setzte sie das obligatorische »They won the war, they lost the peace« obendrauf. Die Allianz war mir peinlich, ich versuchte vorsichtig am Tresen entlangzurutschen, von ihr weg, aber da war eine Säule. Unterdessen hatte sie mich in ein Gespräch verwickelt, Nationalität, Beruf, Vietnamerfahrung erfragt, dabei immer wieder Abfälliges über den Tresen schleudernd. Irgendwann wußte ich mir nicht mehr anders zu helfen, als durch eine Bemerkung den Umstehenden meine Distanz zu signalisieren. Wann denn die USA begännen, dem Land, das sie zerstörten, beim Wiederaufbau zu helfen, warf ich ein – zugegeben, eine etwas klobige Frage, aber nicht etwa scharf gestellt, sondern eher informationsheischend.

Sie schaute mich für einige Sekunden an, als hätte ich sie gewürgt, um dann in wüste Beschimpfungen auszubrechen. Nur die Hälfte der Schmähungen verstand ich, und die liefen alle darauf hinaus, daß die Deutschen das Unheil, das sie den Juden angetan hätten, ja auch nie wiedergutgemacht hätten und darum ein Deutscher kein Recht habe, Wiedergutmachung der Amerikaner anzumahnen. Meinen Einwand, daß man die Verbrechen der Nazis ja wohl nicht mit dem Vietnamkrieg der Amerikaner vergleichen könne (weil sie unvergleichlich seien), mißverstand sie als Ausflucht, und den Hinweis darauf, daß die Deutschen sehr wohl Wiedergutmachung geleistet hätten (wenigstens finanziell), tat sie (zu Recht) als lächerlich ab.

Gerade wollte ich einräumen, daß sich ja auch die Bundesregierung aus dem Wiederaufbau Vietnams herausgehalten habe, obwohl sie die USA in den Kriegsjahren immer tapfer angefeuert hatte; beklagen, daß seit 1978 in Bonn 89 Millionen Mark Vietnam-Hilfe herumliegen, ohne daß jemand daran denkt, sie in eines der ärmsten Länder der Welt zu überweisen, da erschien die Tochter der Dame und brüllte, ihr Bruder sei hier umgekommen, ich solle die Schnauze halten. Womit sie wohl recht hatte.

TIMOTHY BIDER wußte bis vor drei Tagen noch nicht, daß er heute in einem Auto die Nationalstraße Nr. 1 von Ho-Chi-Minh-Stadt nach Phnom Penh abfahren würde. Er hatte nicht einmal von der Existenz dieser Straße gewußt, was nicht weiter verwunderlich ist, da er noch nie vorher in Vietnam gewesen war. Vor drei Tagen lag ihm sogar der Gedanke vollkommen fern, eines Tages dieses Land bereisen zu müssen. Es interessierte ihn einfach nicht. Doch an jenem Tag hatte sein Chefredakteur beschlossen, ihn für die südkoreanische *Sae Gae Times* hierherzuschicken, wohl, weil Timothy Bider Amerikaner ist und südkoreanische Chefredakteure davon auszugehen scheinen, daß Amerikaner im Alter zwischen dreißig und vierzig Jahren Vietnam-Experten sein müssen.

Timothy Bider ist zwar zwischen dreißig und vierzig Jahre alt, aber er habe noch nie in seinem Leben Glück bei einer Lotterie gehabt, pflegt er zu erklären, und darum habe damals, bei der Rekrutierungslotterie für den Vietnamkrieg, das Los nicht ihn und die jungen Männer seines Geburtstages getroffen. Bider gehört sogar zu den wenigen Amerikanern zwischen dreißig und vierzig, die dem Vietnamkrieg weder als Veteranen noch als Demonstranten verbunden sind. Ihn öden die zahllosen Kriegs- oder Antikriegsfilme an, die das wohlige Grauen der Dschungelschlachten heraufbeschwören, ihn langweilen die tausendundeine Reportagen, in denen das heutige Vietnam die Kulisse für die Erinnerungstrips schreibender Ex-GIs abgibt. Er wolle das Land, so erzählt er, ohne militärische Vorbildung sehen, nicht durch den Feldstecher verlorener Schlachten, aber er soll, zu seinem Leidwesen, den Truppenabzug der Vietnamesen aus Kampuchea beobachten, jedenfalls hat man ihm das gesagt, als man ihm vor drei Tagen in der Redaktion zwei Kameras und vierzig Filme in die Hand drückte.

Timothy Bider gehört zu den wenigen Journalisten, auf die Soldaten keine Anziehungskraft ausüben, weder im Frieden noch im Krieg. Für viele seiner Kollegen ist die Kriegsberichterstattung, eingestanden oder uneingestanden, die Krone des Journalismus, die ganz persönliche Tauglichkeitsprüfung für Leben und Beruf. Die Korrespondenten reizt das prickelnde Gefühl, Geschichte zu erleben; und sie lockt das (kalkulierbare) Spiel mit dem Tod, das sie je nach Temperament an der Hotelbar oder im Kampfhubschrauber suchen. Divisionen von Reportern zogen in den Vietnamkrieg und schwärmten davon, wie wunderbar das Land im Frieden sein müsse, obwohl sie wußten, daß der Krieg das einzige war, was sie an Vietnam interessierte.

Pflichtbewußt wie Aasgeier sind Journalistenschwärme drei Jahrzehnte lang immer dann in Indochina gelandet, wenn sich die Armeen der Bewaffneten in Bewegung setzten, und sei es, wie jetzt, um das Schlachtfeld zu räumen.

Vierundneunzig Journalisten aus aller Welt steuern auf der Nationalstraße 1, vor Timothy Bider und hinter ihm, die kambodschanische Grenze an. Alle sind von ihren Redaktionen geschickt, um vom Rückzug der Krieger Ho Chi Minhs zu berichten, diesem Wendepunkt in der Weltgeschichte. So bewegt sich an diesem Tag eine abenteuerliche Karawane auf den Grenzübergang Moc Bat zu, eine verwegene Sammlung ächzender Daimler, Chrysler, Moskwitsch, Citroën und flotter Isuzu, Toyota, Honda, Nissan. Die Parade aller in Saigon aufzutreibenden Mietwagenmodelle läßt die Landarbeit rechts und links der Straße für einige Schrecksekunden zum Erliegen kommen. Bei der Abreise hatte es vor den Saigoner Hotels giftige Dispute über die Aufteilung der Wagen gegeben, da die amerikanischen Journalisten von den vietnamesischen Pressebetreuern vorzugsweise in die romantischen alten Schlitten und die Kollegen aus dem Rest der Welt in die praktischen neuen Autos gesetzt worden waren, aber nun an der kambodschanischen Grenze sind im Ärger alle vereint. Jeder muß sich von seinem Privatchauffeur trennen. Jenseits des Schlagbaums warten zwei äußerst klapprige und vor allem unbequem aussehende russische Busse. Wohl um die Souveränität des kambodschanischen Volkes, der kambodschanischen Regierung und vor allem des kambodschanischen Presseamtes zu demonstrieren, übergeben die vietnamesischen Betreuer die Weltpresse ordnungsgemäß ihren brüderlich verbundenen Kollegen aus dem Land der Khmer.

Leider erweist sich der bereitstehende wuchtige Lkw chinesischer Abstammung als zu klein für die Kofferkollektion der Berichterstatter, was insbesondere die kofferlastigen Fernsehteams beglückt, da sie nun mit einigem Recht darauf bestehen können, die Reise in den ihnen schon liebgewordenen Saigoner Gefährten fortsetzen zu können. Das stößt verständlicherweise auf den erbitterten Widerstand der nervösen, aber prinzipienfesten Khmer, die zunächst dem über sie hereinbrechenden Wortschwall ihre Englischkenntnisse und ihr Schulterzucken entgegensetzen, dann jedoch wie taub beginnen, auf der Ladefläche eine beeindruckende Pyramide aus Leder-, Schalen-, Aluminiumkoffern und Kisten zu stapeln, immer wieder handgreiflich gestört von besorgten Kofferbesitzern, die natürlich alle möchten, daß ihr Besitz an sicherer unterer Stelle gelagert wird.

Die Journalisten mit leichtem Gepäck und der Einsicht in die Notwendigkeit haben sich derweil ihrer Arbeit zugewandt und mit leichter Recherche begonnen. Der kleine Grenzverkehr erregt ihre Aufmerksamkeit, dieses erstaunlich unkomplizierte Hin und Her von Khmer und Vietnamesen, die auf Fahrrädern, in Bussen oder mit Ochsenkarren Zigaretten, Früchte und alles mögliche andere rein- und rausschaffen. *Geo* wird zwei Wochen später beklagen: »Der gewöhnliche Khmer-Bürger darf nicht einmal in die sozialistischen Bruderländer reisen. Ein Volk im Gefängnis.« *Newsweek, New York Times* und *Far Eastern Economic Review* sind zu einer Gruppe von schüchtern kichernden Frauen einige Meter nach Kampuchea hinübergeschlendert. Die Khmer-Frauen möchten in riesigen Bastkörben auf den Gepäckträgern ihrer rostigen Räder Stangen der britischen Zigarettenmarke 555 nach Vietnam importieren, haben aber nicht den nötigen Dong für den Zoll dabei und verharren darum unschlüssig vorm Schlagbaum. Vor den Augen der Weltpresse möchten die vietnamesischen Zöllner logischerweise noch nicht mit den in diesen Fällen unabwendbaren Korruptionsverhandlungen beginnen.

NBC, RAI und *World Television News* beobachten sorgenvoll die Kollegen von *Télévision France 1*. Diese haben mit ihrem blauen Ford als letzte die Grenze erreicht und kämpfen angesichts der auf dem Lkw bedrohlich angeschwollenen Kofferblase entschlossen um ihr Auto. Mit Erfolg. Das wird den französischen Fernsehzuschauern, zum Bedauern aller Nichtfranzosen, einen ärgerlichen Aktualitätsvorsprung sichern. Das Grollen steigert sich zum Zorn, als die Zöllner doch tatsächlich beginnen, das inzwischen kunstvoll aufgestapelte Gepäck stichprobenartig zu kontrollieren, indem sie *Time Magazine*, *Reuter* und andere aufrufen, ihre Koffer aus dem ausbalancierten Gewühl zu pulen. Dieser Anschlag scheitert am Widerstand der Presse-Khmer, die das Ergebnis ihrer anderthalbstündigen Ordnungsliebe bedroht sehen. Der Schlagbaum hebt sich, die Spione des kapitalistischen Auslands können das rot-gelb beflaggte Tor zum Reich Heng Samrins unkontrolliert passieren.

Bis zu diesem Tag war eine Autofahrt nach Kampuchea eine Kostbarkeit, eine journalistische Rarität. Wenn westliche Korrespondenten überhaupt in das Land der Khmer vordringen konnten, dann nur nach monatelanger, manchmal jahrelanger Wartezeit und nur per Flugzeug. Der Landweg war wenigen Auserwählten vorbehalten, wohl weil sich die Regierenden um das eigene Ansehen und das Wohl ihrer Gäste sorgten. Man mußte mit Überfällen der Khmer Rouge rechnen, jener Guerillabande, die über eine Million ihrer Landsleute und einige Dutzend westliche Journalisten auf dem Gewissen hat, soweit man bei diesen Schlächtern davon sprechen kann.

Wie viele Skelette tatsächlich auf ihr Konto gehen,

weiß kein Mensch, und *dpa* schon gar nicht. Zwei Tage vor der Abfahrt der Presse hatte die deutsche Nachrichtenagentur daran erinnert, daß von 1975 bis 1979 unter der Herrschaft der Khmer Rouge »Hunderttausende ermordet worden« waren; drei Tage später waren laut *dpa* dem »Schreckensregime mindestens eine Million Kambodschaner zum Opfer gefallen«; und zehn Tage später werden Pol Pot »über zwei Millionen Menschen zum Opfer gefallen« sein, vorsichtshalber nach »Angaben der jetzigen Machthaber in Phnom Penh«, doch diese Machthaber geben, wie *Die Zeit* mitgeschrieben hat, »die Zahl von 3 314 768 an«. Im *ZDF* wird der bayrische Moderator des *heute-journals* am nächsten Abend einen Filmbericht über Kampuchea und »eine Million Tote« ankündigen, der *ZDF*-Korrespondent wird allerdings im Filmbericht von »fast zwei Millionen Toten zur Zeit Pol Pots« sprechen, »durch Photos ausgewiesen«. Polaroid oder Kodachrome?

Genau ein Jahr zuvor hatte schon einmal ein kleiner Korrespondentenkonvoi diesen Schlagbaum passieren dürfen, ebenfalls aus Anlaß vietnamesischer Rückzugsoperationen. Damals jedoch unterlag das Programm strengster Geheimhaltung, um die Untergrundkämpfer nicht zu Auftritten vor den Vertretern der Weltöffentlichkeit zu verleiten. Diesmal geht es beunruhigend ungeheim zu, wohl um vor aller Augen den Sicherheitsbeweis zu liefern. Nicht wenige der Testpersonen hatten in den Wochen und Monaten vorher, von Bangkok, Hongkong oder New York aus, die Unsicherheit im Lande beschrieben. »Rote Khmer melden Erfolge gegen Vietnams Truppen« – »Die Roten Khmer wieder in der Offensive« –

»Die Khmer Rouge formieren sich«. *New York Times* und *Far Eastern Economic Review* hatten im Vormonat Flüchtlingslager an der thailändisch-kambodschanischen Grenze besichtigt und dabei herausgefunden, daß die Khmer Rouge Tausende der Bewohner aus den Camps abziehen und als Träger, Köche und Kämpfer im Land einsetzen. Von Exekutionen ist in den Berichten die Rede, von Zuständen wie unter der Herrschaft Pol Pots bis 1979, von starken Kämpfen zwischen eindringenden Guerillas und vietnamesischen Soldaten.

Die Chronistenpflicht ruft: Nicht wenige der Journalisten, die auf der Nationalstraße 1 im Schlaglochslalom der Hauptstadt entgegengeschüttelt werden, treibt die Hoffnung und die Furcht voran, irgendwo auf der einwöchigen Tour durchs Land einen überzeugenden Beweis für die neue Schlagkraft der Khmer Rouge miterleben und beschreiben zu dürfen. Auf den Einwand der *Asahi Shimbun*, einen Bus der Weltpresse in die Luft zu jagen, das sei wohl das Dümmste, was die Khmer Rouge im Augenblick machen könnten, entgegnet die *New York Times*: »Die Pol-Pot-Guerillas pfeifen auf die Meinung der Welt.« Im Bus erlahmt bald das Interesse an der Analyse der Sicherheitslage, an den Pfahldörfern rechts und links des Weges, an den Wasserbüffeln auf den Reisfeldern, an den schwarz-rosa gefleckten Schweinen auf der Landstraße. Selbst Kampuchea ist, durch das Fenster eines Busses betrachtet, auf Dauer so aufregend wie jedes andere durch das Fenster eines Busses betrachtete Land. Im Halb- oder Tiefschlaf erreichen die Abgesandten der Weltöffentlichkeit nach zehn Stunden Phnom Penh.

Das ehemalige Gästehaus des ehemals regierenden

Prinzen Sihanouk erlebt in der Folge einen würdelosen Kampf um die Betten. Da dem großzügigen Anwesen ungefähr dreißig Gemächer fehlen, um alle aufzunehmen, sammeln sich die Verlierer mit mehr oder minder aggressiver Ungeduld auf der herrschaftlich breiten Marmortreppe und verlangen in deutlichen Worten nach einer Schlafgelegenheit. *New York Times* fordert obendrein, aschfahl und ultimativ, das Wiederauffinden seiner Schreibmaschine und seines Textcomputers. Und die anderen fragen entkräftet, aber höflich nach dem Abendessen.

Alle treten auf den Stufen der Residenz in eine Art Sitzstreik, was der *Polska Agencja Prasowa* die Gelegenheit gibt, *Newsweek* nach den gestern auf der Saigoner Pressekonferenz verkündeten genauen Zahlen des Truppenabzugs zu fragen. Schlecht gelaunt, wenn auch hilfsbereit, rasselt *Newsweek*, nach kurzem Blick in seinen Reporterblock, Regimentsnummern und Soldatenkontingente herunter. 18 000 Uniformierte würden in dieser Woche die Heimreise antreten, habe der Armeesprecher, General Thai, erklärt, damit seien dann 1988 insgesamt 50 000 Kämpfer abgezogen. »Das stimmt nicht, das müssen weniger sein«, sagt *Newsweek*, »die amerikanischen Aufklärungssatelliten haben zwischen 1. Oktober und 15. November nichts von den 17 000 Soldaten gemerkt, die damals Kambodscha verlassen haben sollen.« Von kleinen Einheiten habe der General gesprochen, die kein Satellit ausmachen könne. »50 000 sollen nach dem Abzug noch im Land sein, sagte der General. Es werden wohl über 70 000 sein.«

General Thais Grübchen hatten am Vortag ihre größte Tiefe erreicht, als er den Journalisten eröffnete, »es wäre nicht bequem genug für sie gewesen«, den Abzug der kleinen Einheiten zu beobachten. Je mehr die Fragenden den General ins Kreuzfeuer nahmen, um so ausweichender hatte er gelächelt, aber immerhin verraten, daß die verbleibenden Soldaten sich bis auf einen hundert Kilometer breiten Streifen entlang der vietnamesischen Grenze zurückziehen würden.

»Der Typ hat von Kambodscha gesprochen, fummelte dabei aber auf der Karte irgendwo in Vietnam herum«, erzählt *Newsweek* gereizt der *Polska Agencja Prasowa*, während er beidhändig den Angriff eines Moskitoschwarms abzuwehren versucht und schließlich aufspringt. »What a fucking place!« Das Startsignal für den allgemeinen Aufstand. Die Khmer beschließen angesichts der Unruhe, schleunigst den Hunger zu bekämpfen und dann Betten zu erobern.

Die Busfahrt durch das geheimnisvoll düstere Phnom Penh zu einem am See gelegenen Gartenrestaurant vermag zwar die Moskitos nicht abzuschütteln, sorgt aber für Ablenkung und Sättigung. Bei der Rückkehr ins prinzliche Gästehaus wartet der Pressechef der Regierung auf die Journalisten. Sie defilieren an ihm vorbei, begrüßen ihn respektvoll bis ehrfürchtig, drücken ihm ihre Visitenkarten in die Hand und murmeln dabei vertrauliche Bemerkungen wie: »Schönen Gruß von David, der Sie vor drei Jahren beim indischen Botschafter getroffen hat.« Der Kampf um Interviewtermine mit wichtigen Offiziellen hat begonnen. Erhaben wie ein Prinz nimmt der oberste Presse-Khmer die Parade ab, jede Visitenkarte interessiert betrachtend wie eine seltene Briefmarke, gelegentlich erkennend lächelnd, wenn ihm die zugeraunte Botschaft tatsächlich etwas zu sagen scheint. Abseits des höfischen Begrüßungsplausches herrscht erbitterte Aufregung. Die Berichterstatter haben die beiden Listen entdeckt, in die sie sich für die morgigen Erkundungstrips eintragen sollen – entweder mit dem Flugzeug nach Battambang (45 Plätze je 120 Dollar) oder mit dem Helikopter nach Xixophon (15 Plätze je 600 Dollar). In beiden Städten, 250 und 300 Kilometer von Phnom Penh entfernt, sollen vietnamesische Regimenter darauf warten, von der Weltöffentlichkeit beim Abziehen beobachtet zu werden. Daß nun nicht alle Journalisten diesem bewegenden Schauspiel beiwohnen können und daß die Eintrittspreise so hoch sind, erregt die Gemüter.

Timothy Bider, der berühmte Vietnamsonderkorrespondent der südkoreanischen *Sae Gae Times*, schaut der Empörung unbeteiligt zu. Die Bügelfalten seines graugrünen Anzugs haben die klebrig-heiße Reise nicht unbeschadet überstanden, auch seine Haare sind von der hohen Luftfeuchtigkeit gezeichnet, aber innerlich ist er frisch. Die Vorfreude auf den morgigen Tag hält ihn bei Laune. Er will nicht den Abmarschierenden auf die Füße schauen, »ich glaube den Vietnamesen, daß sie abrücken, wenn sie die halbe Welt dazu einladen«; er will über den Markt bummeln, sich in der Stadt umsehen und einer amerikanischen Reisegruppe über den Weg laufen, die er im Flugzeug von Bangkok nach Saigon getroffen hat – »beim CIA haben sie verdammt gute Touristendarsteller«. Auch andere Berichterstatter wollen sich von der Truppe absetzen, um Exklusivstories in der morgen von Journalisten befreiten Hauptstadt zu recherchieren, was die Khmer mit finsterer Miene registrieren, da die einträglichen Hubschrauberplätze frei zu bleiben drohen. Nach kurzer Beratung beschließen sie, den nur fünf Hubschrauberanwärtern nicht 600 Dollar, sondern je 1800 Dollar abzunehmen, um auf die Kosten zu kommen. Die Berichterstatter verzichten vogelzeigend. Ein Geiz mit welthistorischen Folgen, wie sich zeigen sollte.

Nach einer kurzen, harten Nacht, die die einen unter den himmelblauen, gerüschten Moskitonetzen des Prinzen, die meisten jedoch auf einer Decke zu ebener Erde im Empfangssaal verbrachten, nach beleidigten Debatten um die letzten Plätze in der Maschine, nach zweistündig verspätetem Abflug sind die abziehenden Marschkolonnen fröhlicher Schulkinder, die die Journalisten beim Anflug auf Battambang registrieren, die ersten Anzeichen neuen Unheils. Zwei vietnamesische Generäle, die das Flugzeug besteigen, das die Berichterstatter verlassen haben, vertiefen die bösen Ahnungen, und die eilige Fahrt ins Zentrum der Stadt bringt die Gewißheit: Die abrükkenden Truppen sind bereits vor einer halben Stunde abgerückt, das heißt, sie seien abgerückt, heißt es.

Heiterkeit unter den Zeitungsreportern. Entsetzen bei den Photographen. Panik in den Fernsehteams. Sie haben für den späten Nachmittag Satellitenleitungen bestellt, die ihre Bilder voller rollender Panzer, Geschütze und Regimenter in die Welt tragen sollen. Man möge doch 600 Passanten in Uniform stecken, bewaffnen und abmarschieren lassen, fleht *Korean Broadcasting System.* Das sei die Rache der Khmer für den Hubschrauberverzicht, stöhnt *Télévision France 1.* Ein klappriger Laster, beladen mit Gerümpel und einigen Soldaten, nährt die Hoffnung, irgendwo in der Stadt doch noch Vietnamesen in Uniform zu finden, und so beginnt eine verzweifelte, wenn auch kurze Suche. Vor einer Kaserne der kambodschanischen Armee bringen die Wortführer die Busse zum Halten und begehren, natürlich erfolglos, Einlaß.

Während die Photographen beginnen, wild um sich zu schießen, die Reporter versuchen, mit heranstürmenden und davonlaufenden Kindern ins Gespräch zu kommen, und die Fernsehteams die Straßenkreuzung in Minuten zur meistgefilmten Straßenkreuzung der Welt machen, liefert *Hongkong TV* seinen Zuschauern bereits die Analyse der Folgen des Truppenabzugs. »Ich bin Mable Cran in Kambodscha«, sagt die fabelhaft aussehende Moderatorin in die Kamera ihres Teams, es kann auch sein, daß sie »Lom Chan« sagt, aber ihre Zuschauer werden sie ja ohnehin kennen. »Die Vietnamesen ziehen ihre Truppen tatsächlich ab aus Kambodscha« – tatsächlich hat die Reporterin noch keine Truppen gesehen, geschweige denn abziehende; »die Leute in Battambang fürchten wieder die killing fields« – außer den sprachlos staunenden Kindern rings um ihren Kameramann hat sie noch keinen Einwohner von Battambang aus der Nähe betrachtet, geschweige denn gesprochen. Am späten Nachmittag wird sie per Satellit einen 32 Minuten langen Hintergrundbericht nach Hongkong überspielen.

Die Fernsehteams, besonders die japanischen, setzen den Khmer-Offizieren so lange zu, bis diese einwilligen, den flüchtenden Truppen hinterherzurasen. Eine atemberaubende Verfolgungsjagd auf der Nationalstraße 5 beginnt, Richtung Westen, Richtung Xixophon, was verwirrend ist, da Vietnam östlich von Battambang liegt, Xixophon aber westlich, fünfzig Kilometer vor der thailändischen Grenze. Dahinter lauern die Guerillas in Lagern, immer bereit, feuernd ins Land der Khmer einzudringen. Die Truppen Vietnams ziehen sich also geradewegs in die Arme Pol Pots zurück, verfolgt von besorgten Reportern, Photographen und Kameramännern. Der *Stuttgarter Zeitung* nach sind wir, wie man ihr zwei Wochen später entnehmen kann, jetzt schon im Hoheitsgebiet der Khmer Rouge, kontrollieren diese doch »praktisch den gesamten gebirgigen Nordwesten des Landes«. Gebirge gibt es allerdings nicht im Nordwesten. Aus den Reisfeldern rechts und links der Straße müssen laut *Stuttgarter Zeitung* Mörser, Geschütze und Maschinengewehre auf uns gerichtet sein: »Krieg ist überall in Kambodscha. Nur in den Städten ist es halbwegs sicher.«

Wohl um es den Heckenschützen so schwer wie möglich zu machen, preschen die beiden Busfahrer mit hoher Geschwindigkeit Richtung Thailand, ganz so, als gebe es keine Schlaglöcher auf dieser staubigen Piste, die nur aus Schlaglöchern besteht. Serien von mörderischen Schlägen müssen die Berichterstatter und ihre Gesäße einstecken; sie stehen mehr, als daß sie sitzen; Wolken von rotem Staub müssen sie schlucken, aufgewirbelt von Transportern der Khmer-Armee, die ihnen entgegenrumpeln. Alle zehn Minuten überholen sie liegengebliebene Transporter, an denen Soldaten Vietnams gelangweilt herumbasteln, die aber auf die Journalisten stimulierend wirken, wie sichere Spuren des Großwildes auf Großwildjäger. Nach sechzig höllischen Kilometern stößt der erste Bus schließlich auf den Schwanz des Militärkonvois, am Ortseingang von Xixophon. Wild hupend kurvt er an den verdutzten Kriegern vorbei, überholt Transporter um

Transporter, Haubitze um Haubitze. Die Kämpfer sehen im Vorbeifahren Dutzende Kamerarohre auf sich gerichtet und benehmen sich, reflexartig, wie glückliche Heimkehrer. Sie winken. Irgendwie schafft es jemand, den Konvoi zu stoppen, das heißt seinen hinteren Teil. Die Weltpresse erobert blitzartig die Dächer und Kühlerhauben der Lastwagen und eröffnet das Feuer auf jubelnde Soldaten, unsoldatisch leger gekleidete Burschen, die mit ihren offenen grünen Hemden, ihren Sonnenbrillen und ihren Sandalen erschreckend unmartialisch aussehen. Lediglich die rot-weißen Staubtücher der Khmer, die einige als Souvenirs um den Hals tragen, geben ihnen ein wenig kämpferischen Chic. Es bedarf energischer Regieanweisungen – nicht winken, nicht lachen, ernste Mienen, Gewehre zeigen –, bis aus dem Haufen eine halbwegs ernstzunehmende Truppe wird, die die Photographen mit gutem Gewissen der Welt als fünftstärkste Armee der Erde vorstellen können. Nach wenigen Minuten ist der Pressetermin beendet, die Dschungelkämpfer verschwinden winkend und feixend um die nächste Wegbiegung.

Leider viel zu früh, denn der zweite Journalistenbus trifft erst ein, als sie schon über alle Berge sind. Was gibt es Schlimmeres für Journalisten, als ein Ereignis zu versäumen, über das die Bilder anderer Journalisten Zeugnis ablegen. In ihrer Verzweiflung schlagen die Nachzügler, unter ihnen viele Fernsehteams, vor, doch einfach bis zur thailändischen Grenze weiterzufahren, was die Khmer-Offiziere selbstverständlich mit mitleidigem Kopfschütteln oder schrillem Gelächter quittieren.

Der Rückzug der Weltpresse nach Battambang gleicht dem Abmarsch einer demoralisierten Armee. In Gedanken ist jeder damit beschäftigt, die Entschuldigungen für die Heimatredaktion zu formulieren, traktiert von den nervtötenden Schlägen der Straße, umnebelt von immer neuen Staubwolken. Selbst die Glücklichen, die diese kurzen Blicke auf die Soldaten erhaschen konnten, können nach nüchterner Überlegung ihrer Beute nicht so recht froh werden. Keine Panzer, keine große Artillerie, keine endlosen Kolonnen, lediglich ein Haufen hilfsbereit agierender Soldaten auf einigen klapprigen Lastern, das ist doch sehr dürftiges Material zur Illustration eines Weltereignisses. Je länger die Tortur der Heimreise dauert, um so mehr verbreitet sich unter den Presseleuten die Gewißheit, Mitglieder eines Strafbataillons zu sein, von den Khmer ins Land gelockt, um Rache zu nehmen an der jahrelangen Ignoranz der westlichen Welt. Unverhohlen verbittert wird die *New York Times* ihren Lesern aus Battambang vermitteln, daß es »für die Presse nur wenig Möglichkeiten gegeben habe, einen nennenswerten Truppenabzug zu beobachten, abgesehen von ungefähr 1200 winkenden Soldaten auf einer Straße in der Nähe von Xixophon«. Selbst das ist noch maßlos übertrieben, höchstens 400 Soldaten haben gewinkt. Aber bitte, die *New York Times* hatte im Bus der Nachzügler gesessen und mußte notgedrungen den Übertreibungen der Augenzeugen Glauben schenken.

Als die Journalisten auf dem Flughafen von Battambang gereizt die Nachrichtenlage überschlagen, hat nur *RAI* Grund zu halbherziger Freude. Auf dem Kontrollmonitor der Italiener laufen erstklassige Bilder: schöne Fahrt entlang der Truppentransporter, bedrohlich ernste Soldaten mit Panzerfäusten, die zwei Dutzend Laster wirken wie ein unendlicher Konvoi – ein bildschöner Truppenabzug. Die Traumbilder wird vorerst kein Mensch sehen können, da *RAI* keine Satellitenleitung gemietet hat, um sie überspielen zu können. Und die, die Leitungen haben, haben nichts zu überspielen. So gehen an diesem Tag keine Bilder vom Truppenabzug der Vietnamesen in die Welt hinaus, von Hongkong einmal abgesehen. Noch neben der Rollbahn stehend, kämpft Miss *Hongkong TV* um die gründliche Information ihrer Zuschauer. Sie stehe jetzt nahe der thailändisch-kambodschanischen Grenze (die tatsächlich knapp hundert Kilometer entfernt ist), sagt sie in die Kamera, in Scharen hätten die Vietnamesen an diesem Tag good bye gesagt, weil die Russen nicht länger drei Millionen Dollar pro Tag Besatzungskosten zahlen wollten, und die Khmer fürchteten nun, daß ihr Land ein zweiter Libanon werden könne.

In den Genuß ähnlich globalstrategischer Analysen kommen am selben Abend, wenn auch 9000 Kilometer entfernt, deutsche Zuschauer, sofern sie das *ZDF* eingeschaltet haben. Nach einem seriösen »Grüß Gott« erklärt ihnen der Moderator des *heute-journals*: »Es gibt Hoffnung, daß die Roten Khmer auf Sihanouks Hauptforderung eingehen – und das heißt Abzug der vietnamesischen Truppen.« Es ist der mit Abstand dümmste Satz in der weltweiten Berichterstattung über Kampuchea. Der Zuschauer kann ihn nur so verstehen, Prinz Sihanouk habe von den Roten Khmer den Abzug der Vietnamesen gefordert; ein schöner Unsinn, da beide Seite an Seite gegen die Vietnamesen kämpfen, was, wir wollen es hoffen, auch dem Moderator bekannt sein dürfte. Doch weder erklärt er, was für ihn die Hauptforderung des Prinzen ist – der launische Monarch hat stets wechselnde Hauptforderungen –, noch erläutert er den – frei erfundenen – Zusammenhang dieser im Dunkel bleibenden Hauptforderung mit dem Verschwinden der Vietnamesen. Die haben nämlich erklärt, auch ohne politische Lösung, also auch ohne Erfüllung irgendwelcher Haupt- oder Nebenforderungen, ihre Soldaten abzuräumen. Nicht genug: »In dieser Woche sollen sich 50 000 Soldaten auf den Weg zurück nach Vietnam machen«, meldet das *ZDF*, weltexklusiv. Selbst das vietnamesische Oberkommando dürfte dieser gewaltige Abmarsch überraschen, hat ihr Sprecher am Vortag doch, wie bekannt, erklärt, nur 18 000 Krieger würden gehen und somit dann noch 50 000 in Kampuchea bleiben. Die Bilder, mit denen das *ZDF* seine erstaunliche Nachricht vom Totalabzug unterlegt, sind Wochen vorher gedreht, »im Panzerregiment 26, vor dem Sprung nach Hause«, wie der Korrespondent sagt. Nicht das 26. Regiment ist allerdings nach Hause gesprungen, sondern das 25. Regiment, aber das kann schon mal passieren im Eifer des Gefechts.

Die vorauseilende Berichterstattung ist eine Vorliebe bundesdeutscher Medien. Die Korrespondenten hasten Tage oder gar Wochen vor einem Ereignis an den Ort der Nachricht, recherchieren in aller Bequemlichkeit und Gründlichkeit, um dann am Tage der Sensation pünktlich mit dem Hintergrundbericht auf Sendung oder im Blatt zu sein. Die *Frankfurter Allgemeine Zeitung*, eine indochinesische Autorität, meldet bereits fünf Tage vor dem Beginn der Abzugsfeierlichkeiten: »Vietnams Armee zieht sich wirklich aus Kambodscha zurück« und führt als Zeugen an: leerstehende Villen in Phnom Penh, »dort mögen vietnamesische Offiziere gehaust haben«; »aus Saigon und Hanoi zugewanderte Prostituierte«, die über Kundenmangel klagen; und die Scharen streunender Hunde – »nur die Vietnamesen essen Hundefleisch«.

Aber es gibt auch Blätter, die dem Terror der Voraktualität trotzen. Zwei Tage nach Beginn des Truppenrückzugs prophezeit die *Stuttgarter Zeitung* »heftige Kämpfe zwischen den Vietnamesen, die vor einem eventuellen Abzug noch vollendete Tatsachen schaffen wollen, und den Roten Khmer«. Es gebe, nach Informationen aus Thailand, »nirgendwo Anzeichen für einen Rückzug vietnamesischer Soldaten«, den die *FAZ* ja schon eine Woche vorher als vollzogen gemeldet hat.

Für die von Battambang nach Phnom Penh zurückkehrenden Journalisten ist der Tag der Torturen mit der Ankunft am Flughafen nicht zu Ende. Sprechen wir nicht von dem Bus, der das Tor des prinzlichen Anwesens rammt; nicht von den ausbleibenden Führern, die die Journalisten zu ihren Hotels fahren sollen; nicht von dem Hunger, der seit dem Frühstück an den Nerven zerrt. *UPI* kleidet die Misere am entschiedensten in Worte: Er habe kein Auto, brüllt er, er habe keinen Dolmetscher, kein Zimmer, kein Dinner, und das Schlimmste, weil er nämlich hier nicht zum Vergnügen sei, er habe noch kein Postamt gesehen, in dem er seinen Korrespondentenbericht loswerden könne, und darum habe er jetzt, verdammt noch mal, keine Zeit mehr, erneut auf den Stufen der Prinzenresidenz herumzulungern.

Er entschließt sich, zunächst sein Zimmer zu suchen und dann das Postamt. Nach mehreren Stunden findet er im Gästehaus des Ministerpräsidenten eine Bleibe, eine sehr komfortable; im Postamt bringt er nach weiteren drei Stunden eine Leitung ins 500 Kilometer entfernte Bangkok zustande, allerdings über Moskau. Die Welt weiß nun, daß einige hundert winkende Vietnamesen in der Nähe von Xixophon gesehen worden sind, augenscheinlich auf dem Weg nach Thailand, in Wahrheit aber über Siem Reap in Richtung Vietnam abziehend.

Der Korrespondent einer Zeitung oder einer Agentur kann sich in solchen Notlagen der Nachrichtendürre durch Einsatz seiner Phantasie unauffällig aus der Affäre ziehen, der Fernsehkorrespondent jedoch kann Bilder weder erfinden noch ausschmücken. Die Fernsehzuschauer in aller Welt erwarten zu Recht Bilder aus aller Welt, auf denen ordentlich was los ist. Am dritten Tag der Expedition ins Reich der Khmer stehen daher die Fernsehleute unter besonderem Erfolgszwang. Auf der Tageskarte des offiziellen Presseprogramms offerieren die Khmer allerdings nur eine Konferenz mit dem Ministerpräsidenten und die Besichtigung zweier Einheiten der kambodschanischen Armee. Sehr dürftig, heute müssen endlich vietnamesische Soldaten vor die Linse. Die *Eurovision* hat allen Fernsehstationen für diesen Tag einen zweiminütigen Bericht versprochen, der »einen Konvoi von vietnamesischen Panzern und Truppentransportern« zeigen soll. Die Bilder, die um 12.36 Uhr (kambodschanische Zeit 18.36 Uhr) über London Europas Fernsehsender erreichen, zeigen beflaggte Straßen in Phnom Penh, Maurerarbeiten an einem Siegesdenkmal, einen rauchenden vietnamesischen Soldaten auf dem Dach eines Lastwagens, drei mißtrauisch blickende Kämpfer an einer

Straßenecke und schließlich eine Kolonne von Motorradfahrern mit Beiwagen, die mehr (kambodschanischen) Uniformierten auf dem Weg zum Polizeisportfest ähneln als vietnamesischen Dschungelkämpfern.

Auch Bilder von der Pressekonferenz des Ministerpräsidenten offeriert der Bericht, allerdings ohne brauchbaren Ton, was schade ist, weil der smarte Hun Sen bei seinen Ausführungen über die »zweite Phase des 7. freiwilligen Truppenabzugs« nicht nur Pol Pots geheime Codenummer verrät, 87 statt bisher 870, und dessen nach wie vor ungebrochene Führungsrolle bei den Khmer Rouge unterstreicht, nicht nur freie Wahlen unter Einbeziehung der Khmer Rouge in Aussicht stellt, sondern auch den Abzug der restlichen Besatzertruppen für Ende 1989 ankündigt – die Besatzer selbst hatten immer von Ende 1990 gesprochen.

Die Entsendung einer internationalen Friedens- und Kontrolltruppe allerdings lehnt Hun Sen stolz ab; »schließlich ist Kambodscha kein Verliererland wie Japan oder Deutschland«, sagt er und umfaßt dabei das glitzernde Mikrophon aus den fünfziger Jahren wie ein geübter Rock-'n'-Roll-Star. Die Show geht im Theatersaal Chatomuk über die Bühne, in dem abends Artisten, Tänzer und ein Gesangsduo im Stil von Renate und Werner Leißmann die unsterbliche Freundschaft zwischen Vietnam und Kampuchea beschwören. Das Klatschen der Soldaten im Saal wird müde klingen wie das Schlurfen marschierender Stiefel.

Der 37jährige Hun Sen, ein Bauernsohn und ehemaliger Regimentskommandeur Pol Pots, hat gelernt, die Journalisten zu ihrer Zufriedenheit zu bedienen; er spürt, wann er ironisch sein muß, wann feierlich und wann entschlossen; er weiß, daß zwei, drei griffige Pointen jeden Berichterstatter beglücken. Mit seiner pfiffigen Schlichtheit und dem aufrechten Blick wirkt er auf den deutschen Beobachter wie ein asiatischer Otto Rehagel, aber mit einem solchen Vergleich kann die Weltpresse natürlich nichts anfangen. Die hat genug damit zu tun, seinen politischen Charakter zu ergründen. *Le Monde* attestiert dem von den vietnamesischen Nachbarn installierten Mann, das Land inzwischen auf ganz eigene Weise zu entwickeln; *New York Times* entdeckt bei ihm wenig Liebe zu den Vietnamesen; *Newsweek* schreibt gar von Widersprüchen zwischen kambodschanischer und vietnamesischer Regierung; und *Far Eastern Economic Review* dokumentiert des Ministerpräsidenten gewachsene Unabhängigkeit mit der netten Episode, daß die Regierung den Vertrag mit den Sowjets über den Weiterbau des luxuriösen 250-Betten-Hotels »Cambodiana« gebrochen habe, zugunsten eines reichen Exilkhmer aus Hongkong. Die deutschen Berichterstatter sind am zerstrittensten über das Wesen des ersten Mannes. Der Leser daheim in der Bundesrepublik kann den Herrscher im weitentfernten Land der Khmer, je nach bevorzugter Lektüre, entweder für eine russisch gefesselte Marionette Vietnams oder für einen antivietnamesischen Widerstandskämpfer halten. »Kein Kabinettsführer hat weniger Spielraum, weniger Bewegungsfreiheit, so wenig Macht wie Hun Sen. Er muß es gleich zwei Herren recht machen: unmittelbar Hanoi, mittelbar Moskau«, meint *Geo*. »Er hat sein Land zielstrebig aus der Bevormundung durch die Vietnamesen befreit«, schreibt die *Süddeutsche Zeitung*.

Am Ende seiner Pressekonferenz lädt der Ministerpräsident die Berichterstatter der Welt ein, über alles, aber auch alles in seinem Lande zu schreiben, über Autounfälle, Fahrradunfälle, fehlende Ampeln, fehlende Hygiene, was auch immer. Dieser Hauch von Glasnost löst bei den Journalisten im Theaterrund höflich unterdrücktes Hohngelächter aus, hat doch schon jeder seine ersten Erfahrungen mit der Pressescheu der Khmer hinter sich. Timothy Bider beispielsweise, der Amerikaner aus Südkorea, mußte lernen, daß man hier nicht einfach in den Bahnhof rennen und mit wildfremden Menschen über den Zugverkehr oder das Wetter reden kann. Korrekterweise sagt man seinem Betreuer und Dolmetscher, daß man den Bahnhof besuchen möchte. Er holt irgendwo die Genehmigung ein, was mindestens einen Tag dauert, weil wohl inzwischen der Bahnhof gesäubert, die Fahrgäste überprüft und die Bahnhofsvorsteher instruiert werden müssen. Der Betreuer besorgt ein Auto mit Chauffeur, auch wenn der Journalist direkt neben dem Bahnhof wohnt, und geleitet den Gast zur Recherche.

Die Kunst des Journalismus in solchen Ländern mit komfortabler Pressebetreuung besteht in der Überlistung des Komforts, was stets in ein erbittertes Duell um die Wahrheit ausartet. Der Journalist muß seinen Betreuer entweder umdrehen oder abhängen. Das Abhängen ist abenteuerlicher und wird darum bevorzugt, macht es doch den Chronisten zum Partisanen, der sich seine Informationen hart erkämpfen mußte, was später im Abenteuerbericht ausdauernd beschrieben und dramaturgisch plaziert werden kann. »Will da etwa, gegen die Spielregel, ein Kapitalist auf eigene Faust hinaus in den sozialistischen Alltag? ... Vorbei an der siestabetäubten Schildwache. Hinaus gegen den Lichtanprall der Straße.« Doch Vorsicht, mahnt *Geo*, die jungen Rikschafahrer sind »allesamt Agenten der Geheimpolizei«. Im Dreifrontenkrieg gegen die Rikschafahrer, die Betreuer und die Kollegen um die heißeste Geschichte aus Phnom Penh ist die Schlacht um die gewöhnlich gut unterrichteten Kreise voll entbrannt. Was machen knapp hundert Journalisten, die noch vier Tage Zeit haben, dann läuft das Visum ab, um exklusiv die Wahrheit über die Lage in Kampuchea herauszubekommen? Sie irren, vor ihren Betreuern und den Rikschafahrern flüchtend, durch die Straßen, Hotels, Restaurants und Botschaftersalons auf der Suche nach Informanten. Später in ihren Berichten werden diese – erfindungsreich – heißen: »Ein in Phnom Penh ansässiger Osteuropäer« *(Stuttgarter Zeitung)*, »one analyst« *(Times)*, »un expert occidental« *(Libération)*, »ein Intellektueller« *(Die Zeit)*, »Western aid official« *(Time Magazine)*, »foreign diplomats« *(Far Eastern Economic Review)*, »Americans« *(New York Times)*, »westliche Beobachter in Südostasien« *(dpa)*. Dabei entpuppen sich Krankenschwestern als Militärexpertinnen, und Quäker geben Auskunft über Schlachtprognosen: »Auf Dauer gewinnt nur eine disziplinierte Armee Kriege, und die einzigen disziplinierten Kräfte in Kampuchea sind die Vietnamesen und die Khmer Rouge«, analysiert später in *Time* »ein amerikanisches Mitglied einer in Kambodscha tätigen Hilfsorganisation«.

So obskur die Quellen, so mysteriös die Informationen. Wie viele vietnamesische Soldaten kämpften und kämpfen noch in Kampuchea? 200 000 seien dagewesen, schreibt die *New York Times*, 85 000 seien jetzt noch im Lande. Zwei Wochen später meldet das Blatt, 120 000 seien ursprünglich dagewesen, ein Drittel sei abgerückt. Der *Guardian* hat den Abzug von drei Viertel der Besatzertruppen beobachtet, die *Stuttgarter Zeitung* hat, von Thailand aus, lediglich Umgruppierungen festgestellt, nach wie vor seien mehr als 100 000 Besatzer im Land. *AP* zählt 50 000 Uniformierte auf fremdem Boden, *Time* registriert 75 000 von ursprünglich 150 000 Soldaten, *Le Monde* ebenso wie *Reuter* 50 000 von ehemals 200 000. *Die Zeit* hat noch 100 000 Okkupanten ausgemacht, die *Frankfurter Allgemeine Zeitung* 50 000 bis 60 000 und *Geo* – Weltrekord! – »Hunderttausende Besatzer«.

»Zuverlässige Daten werden allein die Satellitenaufnahmen der Amerikaner liefern«, beruhigt die *Frankfurter Allgemeine Zeitung* die Verwirrten. Die CIA als seriöse Quelle? Tatsächlich nehmen nicht wenige Journalisten Informationen von Geheimdiensten besonders wichtig, wohl weil sie auch Nachrichtendienste genannt werden.

UPI hat, im Dienste der Wahrheitsfindung, bereits mit dem sowjetischen Botschafter in Phnom Penh konferiert, ebenso mit dem vietnamesischen Oberbefehlshaber in Kampuchea, und ist nun einer ganz heißen Geschichte auf der Spur: Irgendwo in der Stadt soll es eine Schule geben, an der vietnamesischen Soldaten im Schnellverfahren die Sprache der Khmer eingetrichtert wird, damit sie, in Khmer-Uniformen gesteckt, zukünftig als einheimische Soldaten durchgehen können. *NBC* hat den Chefredakteur von Kampucheas größter Zeitung und den Vorsitzenden des kommunistischen Jugendverbandes ausgequetscht sowie auf dem zentralen Markt der Stadt und in einem Sägewerk gedreht. Die *Stuttgarter Zeitung* hat die Straße nach Kampong Tschang abgefahren und Bambushütten gesehen, aus denen Gewehrläufe herausragen. *The Independent* ist erst bei anbrechender Dunkelheit von einem Landausflug in die Hauptstadt zurückgekehrt, mit einem vor Angst schlotternden Fahrer, »weil Khmer Rouge in der Nähe sein könnten«, wie die Leser erfahren.

Bei Tisch, abends in den düsteren Restaurants Phnom Penhs, tauschen die Journalisten die kostbaren Funde ihrer Tagesexpeditionen wie seltene Murmeln, Zug um Zug versteht sich, Information gegen Information. Fünfzehn Kilometer vor der Hauptstadt sollen 54 Stinger-Raketen entdeckt worden sein, bestimmt für den Beschuß der morgigen Ordensverleihung an verdiente Kämpfer. Die Bahnlinie nach Battambang soll bei Kilometer 227 von Guerillas in die Luft gesprengt worden sein, hat ein Frühaufsteher morgens um 5.30 Uhr am Bahnhof von Fahrgästen erfahren. *UPI* verbreitet, bei einem kurzen Plausch in der Hotellobby, daß ein Kollege von einem zuverlässigen Entwicklungshelfer gehört habe, daß der gesehen habe, wie vor einigen Tagen frische vietnamesische Truppen ins Land gekommen seien, in der Nähe von Kracheh. Und im Süden gebe es übrigens heftige Kämpfe, wie man höre.

UPI ist in schlechter Verfassung. Ihm sind die Geschenke ausgegangen, die kleinen Mitbringsel von zu Hause, die im Reich der Khmer die Türen öffnen, die Kugelschreiber, Feuerzeuge und Taschenrechner für den staatlichen Betreuer, seine Vorgesetzten und seine Familie. Interviews werde er jetzt wohl kaum mehr bekommen, vermutet *UPI* enttäuscht, auch mit Betriebsbesichtigungen sei es vorbei. Er werde ab jetzt eben keine harten Nachrichtenstories mehr nach Bangkok durchgeben können, sondern nur noch bunte Features. Tröstlicherweise ist *UPI* ein Zettel zugespielt worden, auf dem ein geheimnisvoller Informant morgen früh um sechs Uhr ein Treffen vorschlägt.

Timothy Bider taucht nach zwei Tagen ausschweifender Stadtbesichtigung wieder auf, und zwar bei der Verleihung des höchsten kambodschanischen Ordens »Angkor« an heldenhafte vietnamesische Regimenter. Sie sind im Stadion der Stadt angetreten, zusammen mit kambodschanischen Einheiten, was den stillen Amerikaner in Verlegenheit bringt, da er fragen muß, welche denn nun welche seien. Der Redner da vorne, wird ihm erklärt, sei das Staatsoberhaupt, Genosse Heng Samrin. Timothy Bider, wie gewohnt im graugrünen Straßenanzug, kreuzt durch die Reihen der Strammstehenden, um ein paar schöne Großaufnahmen zu machen und vielleicht mit dem einen oder anderen ins Gespräch zu kommen. Leider läuft er dem Kameramann von *Télévision France 1* durchs Bild. Der *TF1*-Reporter schreitet präsidentengleich die imposante Front ab, dabei den Franzosen en passant das Kräfteverhältnis im indochinesischen Becken darlegend. Aus. Noch mal von vorn.

Die Dschungelkämpfer beider Armeen gewinnen an diesem Morgen ein seltsames Bild von der zivilisierten Welt. Während sie in Habachtstellung und mit starrem Blick den 67 Orden entgegensehen, die einer nach dem anderen an ihre Fahnen geheftet werden, prügelt, schubst und zerrt die Weltpresse an ihnen vorüber, um jeden feierlichen Akt im Bild zu haben, ohne Rücksicht auf zu

Boden gehende Offiziersmützen, Standarten und Banner.

Zehntausende Schulkinder, Studenten und Werktätige sind erschrockene Zeugen dieses Wirbelsturms, in weit entfernten Ländern »Pressefreiheit« genannt. Das Schauspiel endet mit kräftigen Hochrufen auf die ewige Freundschaft zwischen den Brüdervölkern Kampuchea und Vietnam. Im selben Stadion hatten knapp zwanzig Jahre zuvor unter dem Gejohle der Zuschauer Studenten Jagd gemacht auf als Vietnamesen verkleidete Kommilitonen. Es war, nach dem Sturz Sihanouks, das Startsignal für die Pogrome gegen die verhaßten 600 000 Nachbarn im eigenen Land, die entweder umgebracht, über die Grenze oder in den Untergrund getrieben wurden.

Jetzt sollen wieder ungefähr so viele Vietnamesen in Kampuchea leben oder auch mehr, oder auch weniger, da sind sich die Beobachter nicht einig. 300 000 seien es, meint *Far Eastern Economic Review*, 400 000 zählt *Newsweek*, 500 000 schätzt *Le Monde*, 600 000 vermutet *Libération*, 800 000 die *Stuttgarter Zeitung*. *Geo* sieht Millionen von Spitzhüten in das Land strömen: »Und käme auch nur jeder neunte Vietnamese über die Grenze – die vielleicht wieder sieben Millionen Khmer wären morgen schon eine Minderheit im eigenen Land. Morgen? Es hat längst begonnen.« Während nämlich die Truppen ausschließlich bei Helligkeit heimzögen, so hat *Geo* des Nachts beobachtet, stehlen sich »unter Lastwagenplanen, in verdunkelten Bussen Bauern, Arbeiter, Techniker« ins Land, »Hanois Pioniere einer unerbittlichen Ausbeutungsstrategie, eines Neokolonialismus von so ausgeklügelter Präzision, daß die Kolonialzeit unter den Franzosen dagegen einst wie ein Provinzpatriarchat erscheinen wird«.

Wo *Geo* eine habgierige Armee von Zivilisten einströmen sieht, die Khmer in Angst und Schrecken versetzend, beschreibt *Newsweek* die Angst der Vietnamesen in Kampuchea vor neuen Übergriffen der Khmer, wenn ihre Soldaten abgezogen sind. Tausende Zurückkehrer überlegten, so *Far Eastern Economic Review*, das Land erneut zu verlassen. Wo *Geo* in jedem Vietnamesen den Handlanger eines offensichtlich unheimlichen Weltvietnamesentums sieht, bemerkt *Far Eastern Economic Review* vietnamesische Bauern, Fischer und Händler, die ihrem Heimatland zu entkommen suchen, oft aus Gründen, »die ähnlich klingen wie die Gründe der Boat people, die in anderen Ländern Südostasiens Asyl suchen«.

Bei seinen Streifzügen durch die Straßen und über die Märkte von Phnom Penh hat sich jeder Journalist sein ganz persönliches Bild von der Lage im Land der Khmer gemacht, je nachdem mit welchen Marktfrauen, Prostituierten und Rikschafahrern er geplaudert hat. Der Lebensstandard sei höher als in Vietnam, meint *The Independent*. In Kampuchea habe man mehr zu essen und könne besser leben, zitiert *Far Eastern Economic Review* die Umsiedler. »Beachtliche Aufbauleistung«, registriert *Die Welt*. »Zehn Jahre vietnamesischer Besatzung haben Kampuchea ruiniert«, urteilt dagegen *Geo* und sieht einen Zug von Verelendeten in die Hauptstadt ziehen, die auf 1,5 Millionen Einwohner angeschwollen sei. Mit 700 000 Einwohnern rechnet *Newsweek* in Phnom Penh und bemerkt, wie *Le Monde*, Neuansiedlungen auf dem Lande. »Das ländliche Anwesen, die Felder werden geplündert und verkommen«, klagt *Geo* jedoch und sorgt sich. »Wer erzeugt eigentlich noch den Reis, den Fisch, das Gemüse?« Dank der Anreize für die Bauern, urteilt *Far Eastern Economic Review*, könnte die laufende Reisernte die größte seit zwei Jahrzehnten werden. »Heiteren Optimismus«, bemerkt die *Frankfurter Allgemeine Zeitung* in Phnom Penh, »zu dem auch die wirtschaftliche Liberalisierung und das Gefühl größerer Unabhängigkeit beitragen.« *Geo* prophezeit »den Totalzusammenbruch der ohnehin kläglichen Wirtschaft«, entdeckt eine »Politik des Totalausverkaufs«, weil »die Präsenz der vietnamesischen Besserwisser fortgeschrieben wird«. Für *Libération, New York Times* und *Far Eastern Economic Review* sind die vietnamesischen Berater bereits aus Kampuchea verschwunden. *Die Zeit* warnt vor einer besorgniserregenden »Ent-Vietnamisierung« des Landes und läßt eine Entwicklungshelferin klagen: »Wenn hier etwas gemacht wurde, dann waren es meistens die Vietnamesen. Sie haben hier viel reingesteckt.« *Time* jedoch, ganz im Gegensatz zu *Newsweek*, sieht in Übereinstimmung mit *Asahi Shimbun* und *The Nation* ...

Offenbar liegt die Macht in einem Land wie Kampuchea nicht in den Händen der Regierung, sondern in den Händen der Korrespondenten des Auslands. Sie bestimmen, ob das Volk hungert oder nicht, ob die Menschen in die Städte flüchten oder aufs Land ziehen und wie viele von ihnen sterben, ob die Khmer ihre Regierung mögen oder hassen, ob sie fremde Soldaten verfluchen oder vermissen, ob geschossen wird oder nicht.

Man stelle sich einen Journalisten aus Kampuchea vor, der auf dem Frankfurter Flughafen landet. Den Taxifahrer fragt er sogleich nach seinem Monatsverdienst, den Hotelportier nach seinen Kriegserlebnissen, die Klofrau nach ihrer Meinung über die amerikanischen Besatzer und die Barfrau nach Aktivitäten der Stadtguerilla. Er besucht den vietnamesischen Botschafter in Bonn und den sowjetischen und das Bundespresseamt. Er interviewt einen »in Bonn ansässigen Südeuropäer«, den Korrespondenten des *Neuen Deutschland*, einen »Intellektuellen« und »einen Asiaten einer internationalen Hilfsorganisation« (einen Thai, der beim Roten Kreuz Altkleider sortiert). Er unternimmt ausgedehnte Ausflüge in den Odenwald und den Taunus. Auf dem Frankfurter Bahnhof befragt er mittels eines Dolmetschers, den ihm die Bundesregierung zur Seite gestellt hat, die ankommenden Reisenden nach der Sicherheitslage in den Bundesländern. Er durchstreift jede Nacht Sachsenhäuser Etablissements und spricht mit den Barkeepern und Prostituierten über das Leben der Deutschen im allgemeinen, im besonderen über die Preise für Kartoffeln, Seife und Schuhe. In einer Äppelwoi-Wirtschaft stößt er auf einen Oppositionellen, zum Beispiel den Sympathisanten einer trotzkistischen Vereinigung, der ihm am nächsten Tag ein Papier zuspielt, aus dem er die Wahrheit über die Verhältnisse in der Bundesrepublik erfährt. Er reist zurück nach Phnom Penh und schreibt seine Reportage.

Der Konvoi der Weltpresse hat Phnom Penh verlassen, um in Kampong Cham die abziehenden Soldaten abzufangen und sie dann, sicher ist sicher, bis zur vietnamesischen Grenze zu begleiten. Nur die Hälfte der Journalisten ist noch einmal mit auf Tour gegangen; die anderen sind wie Timothy Bider in Phnom Penh geblieben, um dem kambodschanischen Alltagsleben auf den Grund zu gehen oder Exklusivinterviews zu führen. Für *Hongkong TV* ist Kampuchea nach drei Satelliten-Sondersendungen von jeweils dreißig Minuten sowieso erledigt.

Soweit es die Straßenlage zuläßt, wird in den Autos gerechnet. Am Morgen hat das Pressebüro den Gästen die Zwischenrechnungen präsentiert, und die Gäste haben, je nach Weltanschauung, mit höhnischer Empörung oder anerkennendem Kopfschütteln reagiert. Zwischen 400 und 800 Dollar müssen die Journalisten für das bisherige Programm zahlen und kurbeln somit die kambodschanische Wirtschaft mit zusammen 90 000 Dollar an – ein gewichtiger Posten in der Devisenbilanz des Staates, investierender Journalismus sozusagen.

Nach vier Stunden trifft der von Khmer-Soldaten dramatisch eingerahmte Konvoi kurz vor Kampong Cham auf, na bitte, prächtig große Truppenkontingente der Vietnamesen. Die Soldaten lagern rechts und links der Nationalstraße wie eine Horde von Desperados und putzen ihre verrotteten Transporter für die morgige Abschiedsparade in der Stadt heraus. Sie sind, von Battambang kommend, bereits einmal an den Bewohnern von Kampong Cham vorbeidefiliert, doch nur inoffiziell. Die alten Besatzer rücken ab, das sieht jeder, nun aber rollen, an den entgeistert starrenden Passanten vorbei, neue Invasoren in die Stadt, militärisch eskortiert, in feierlich langsamem Tempo. Die Neugierigen erblicken unfreundlich müde Gesichter hinter den Scheiben der Karossen, mürrisch wie Russen, lässig wie Amerikaner, aber gemischtrassig wie aus einer anderen Welt – eine seltsame Truppe, ein beunruhigender Anblick für Leute, die westliche Journalisten, wenn überhaupt, das letztemal vor fünfzehn Jahren gesehen haben.

Als Peter Scholl-Latour, wer sonst, Kampong Cham im August 1973 kurz vor dem Fall besuchte, war die Provinzmetropole schon eine verlassene Stadt. Auf der anderen Seite des Mekong herrschten bereits die Khmer Rouge. Auch jetzt noch wirkt der Ort, trotz aller roten Fähnchen, gespenstisch; als seien die Leute aus den Dörfern nur mal eben hereingeströmt, um den Soldaten und Journalisten Spalier zu stehen.

Die Berichterstatter nehmen, nach der Besichtigung eines vielhundertschädeligen Massengrabs, in einem Hotel Quartier, das den Weitgereisten Anlaß zu allerlei Beschwerden gibt, aber bitte, auch im prinzlichen Gästehaus gaben die Hähne nicht mehr Wasser her. Nach dem Abendessen bittet ein Mitglied des ständigen Provinzkomitees zum obligatorischen Briefing, normalerweise eine Veranstaltung zur Weitergabe wertloser Informationen, doch seltsamerweise, es mag am Heineken-Bier liegen, das aus den Kühlboxen der Photographen gereicht wird, erweist sich Pres Samoer als erstaunlich redselig. Zum Dank tragen die Korrespondenten seinen Namen in die Welt. Überall hören die Leser von diesem Pres Samoer, als sei er der mächtigste Mann im Reich der Khmer. Dabei wollte der nette Provinzfunktionär mit den vorstehenden Zähnen eigentlich nur über den genauen Ablauf des morgigen Abschiedszeremoniells in seiner Stadt informieren, aber dann, als er zum erstenmal in seinem Leben so vielen Journalisten gegenübersaß, ist er ins Erzählen gekommen und zu Weltruhm.

1,2 Millionen Bewohner habe diese Provinz nun wieder, sagt Pres, nach nur 600 000 bei Pol Pots Sturz. *The Times* wird zwar schreiben, heutzutage lebten 600 000

Leute in seiner Provinz, und *Reuter* wird ihn Prey nennen, aber das kann schon mal vorkommen, bei einer frisch entdeckten Berühmtheit. Etwa 1000 Khmer Rouge mordeten in dieser Gegend, erzählt er, und das werden alle richtig drucken, 8000 Einwohner seien in den letzten zehn Jahren getötet worden. In den letzten beiden Jahren habe die Aktivität und die Brutalität der Guerillas wieder deutlich zugenommen.

Die Provinz Kampong Cham liegt etwa 250 Kilometer von der thailändischen Grenze und den Lagern der Widerstandskämpfer entfernt. Daher könne man aus Mr. Pres' Zahlen auf etwa 20000 Khmer Rouge in allen Provinzen schließen, schlußfolgert die *New York Times*, natürlich einen »analyst« zitierend; einschließlich der Reservisten in den thailändischen Lagern kommt man auf 28000 bis 60000 bewaffnete Rote-Khmer-Soldaten, sagten »Americans«, schreibt die *New York Times*. Die *Frankfurter Allgemeine Zeitung* sieht nur 10000 Kämpfer auf seiten Pol Pots und 10000 Träger zur Unterstützung. Mit 30000 Guerillas rechnet *The Times*, jeder verfüge über drei Gewehre. 40000 Khmer Rouge zählt der *Guardian*, und die *Stuttgarter Zeitung* auch. Sie »herrschen bereits wieder über ein Drittel des Landes«, weiß *Die Zeit*, »wenn die Dunkelheit anbricht«. Sie seien »schweigsame junge Soldaten mit den schwarzen Hosen und Jacken und den Mao-Mützen«. *Geo* jedoch schreibt, die »echte Guerilla Pol Pots« käme »längst nicht mehr im gefürchteten Schwarz-Rot von einst daher, sondern im Habit des gewöhnlichen Bauern«. Die *Süddeutsche Zeitung* und *AP* melden, »der Guerilla-Krieg ist seit zwei Jahren fast zum Erliegen gekommen«; für das *ZDF*, einen Milizsoldaten aus Pursat zitierend, haben »die Roten Khmer häufiger zugeschlagen in den letzten Monaten«; für *Die Welt* sind die Untergrundkämpfer ganz im Gegenteil darauf bedacht, »Kampfhandlungen möglichst zu vermeiden«; für die *New York Times* sind Pol Pots Truppen jetzt stärker als 1975, dem Jahr, in dem sie Phnom Penh eroberten. *Reuter* erwähnt eine Marktfrau, die allein bei der Erwähnung der Khmer Rouge weinend zusammenbricht; *Time* zitiert einen Ladenbesitzer: »Sie werden uns alle töten.« Das *ZDF*: »Das Gespenst der Roten Khmer hat sich im Bewußtsein der Bevölkerung auf Dauer einquartiert«, und »jetzt empfindet sie die Gefahr größer als je zuvor.« *Geo*, dem neuen Bild der Erde verpflichtet, beruhigt: »Heute redet man allenfalls beiläufig, eher pflichtschuldig über das Schreckgespenst von einst... Seine Greueltaten gehören bereits der Geschichte an«, angesichts der 65 Millionen Vietnamesen, die angeblich nur darauf warten, sich im Land der Khmer anzusiedeln. Die Überfälle, die die Khmer in Schrecken versetzen, würden, so *Geo*, entweder von »ordinären Banditen« verübt oder – her mit dem Pulitzerpreis für diese Enthüllung – von verkleideten Polizisten des Ministerpräsidenten: »Hun Sens Ordnungsmacht spielt Roter Khmer im Land, liefert der vietnamesischen Okkupation auch für die Zeit nach 1990 ein Alibi.«

Alle Betrachtungen der Journalisten über die Zukunft Kampucheas – geteiltes Land oder Sieg der Khmer Rouge oder Rückkehr der Truppen Vietnams oder ein Wunder – gipfeln beim Frühstück in der Feststellung, in jedem Fall werde das Land wieder ein journalistischer Kampfplatz ersten Ranges werden. *Eastern Horizons* brilliert mit der »Sandwich-Strategie«, dem Vorschlag, Pol Pot und seine Armee für immer aus der Welt zu schaffen, indem die Armeen Thailands und Vietnams einfach auf ganz breiter Front so lange aufeinander zumarschieren, bis sich die Soldaten beider Seiten die Hände schütteln können.

Zu Ehren der Gäste aus aller Welt lassen die Khmer vor dem Frühstückssaal eine Rockband aufspielen, die schön übersteuert und mit viel Hall »Oh, what a beautiful sunday« und ähnliche Freundschaftslieder intoniert. Die Gruppe steht auf einem Lastwagen und soll später auch den abziehenden Soldaten Lebewohl sagen. Aber wann? Zunächst warten die Kämpfer auf die Journalisten, die schon da sind und frühstücken. Dann warten sie auf die Journalisten, die mit dem Hubschrauber aus Phnom Penh nachkommen. Und dann warten sie darauf, daß es losgeht. Die grün Uniformierten der 5. und 309. Division sitzen in der asiatischen Hocke vor der Ehrentribüne, einer Horde kackender Frösche nicht unähnlich. Einige Journalisten kauern sich zu ihnen, um mit Hilfe von Dolmetschern ins Gespräch zu kommen, was die Kämpfer auch willig über sich ergehen lassen.

Die meisten dieser Soldaten waren lange an der Front, bis zu neun Jahren ohne Heimaturlaub. Aber von der Front haben sie nicht viel gemerkt. Pol Pots Truppen blieben die meiste Zeit unsichtbar. Es sei nur zu kleineren Gefechten gekommen, wenn sich die Wege mal gekreuzt hätten, erzählt Mguyen Thang Lo, einer von ihnen. Wie viele Khmer Rouge er umgebracht habe, wisse er nicht, die seien von den Guerillas immer sofort weggeschafft worden. Die Malaria sei eigentlich der schlimmste Feind gewesen, sagen die jungen Soldaten, die mehr wie schwerbewaffnete Pfadfinder wirken. Insgesamt 55000 Vietnamesen seien gefallen, sagt ihr Oberkommando, davon 30000 an der vietnamesisch-kambodschanischen Grenze schon vor dem Einmarsch. *Die Zeit* sieht 50000 Gefallene allein an der kambodschanisch-thailändischen Grenze, während *Washington Times, Le Monde* und *Sae Gae Times* ... Lassen wir das.

Newsweek photographiert die Heimkehrer auf ihren erbeuteten amerikanischen M-113-Schützenpanzern mit einer Polaroidkamera, um über die Photogeschenke ins Gespräch zu kommen, ohne Dolmetscher versteht sich, denn *Newsweek* spricht fließend vietnamesisch. Doch die Panzer rücken an, die Soldaten springen in Stellung, die Parade soll beginnen.

Leider unter Ausschluß der Weltöffentlichkeit, denn die Journalisten werden angehalten, nun ihre Wagen zu besteigen, damit sie rechtzeitig an der vietnamesischen Grenze sein können, um mit eigenen Augen die ersten Besatzer das Land verlassen zu sehen.

Das Rennen auf der Nationalstraße 22 wird ein würdiger Abschluß der Khmer-Rallye. Da in Saigon die Fernschreiber warten, erfaßt die Berichterstatter hohes Nachrichtenfieber. Spannung liegt über der sandigen Piste, und vor allem Staub, feiner roter Staub, der durch alle Fugen dringt und jeden so gründlich einsandet, daß später in den trockenen Meldungen vom Truppenabzug auffallend häufig das Wort »Staub« auftauchen wird. *Reuter* beispielsweise weiß »von einer siebzig Kilometer langen staubigen Straße« zu berichten.

Am Grenzübergang Xamat warten kambodschanische

Schulkinder und Bauern und vietnamesische Soldaten auf die Journalisten. Kokosnüsse werden gereicht und Reden; das Fernsehen Vietnams interviewt die ausländischen Kollegen; Hochrufe ertönen, Fähnchen flattern, Mädchen winken zu den Kämpfern hinauf – ein gelungener Truppenabzug, wenn man davon absieht, daß die *New York Times* auf eine Kokosnuß tritt und sich schwer am rechten Fuß verletzt. Zwischen den eingestaubten Soldaten steht, schick, wie frisch eingeflogen, der *NBC*-Reporter; in dieser Minute macht sich sein riesiger Koffer bezahlt, den er fünf Tage lang zum Gespött der Kollegen mit sich herumgeschleppt hat. Lässig plaudert er seinen Text in die Kamera, erzählt den Amerikanern daheim, daß, wie man ja sehe, die Besatzer das Land verlassen und die Khmer nun das »Comeback der killing fields« fürchteten. Als die ersten Trucks voll lachender und singender Soldaten durch das rot-gelb beflaggte Tor nach Vietnam rollen, liegt sein Kameramann auf einer der Ladeflächen und hält mit der Kamera voll rein.

Reuter gewinnt das Rennen zum Fernschreiber in Saigon, nach weiteren fünf Stunden, knapp vor *Le Monde, ap, AFP, Far Eastern Economic Review* und *UPI*. Die Reporter sind, ihren eiligen Telexberichten zufolge, nicht einig, ob die Truppen in »Xamat« oder »Samach« oder »Samat« oder »Smach« die Grenze überschritten haben.

DIE ERSCHÖPFTEN Journalisten treffen in den Lobbies ihrer Hotels auf Weihnachtsbäume. Saigon hatte und hat eine große katholische Gemeinde, aber auch die anderen Vietnamesen nutzen die Gelegenheit ausgiebig, um das Fest fröhlich zu feiern. »Merry Christmas and A Happy New Year« heißt es in den Geschäftsauslagen. Die Straßen in der Nähe der Kathedrale säumen Hunderte von fliegenden Händlern mit schrecklich-schönen Postkarten, und wer ein paar Dong entbehren kann, stürzt sich in die Glückwunschschlacht. Der Rikschafahrer, dem man ein paarmal die Ehre gegeben hat, revanchiert sich; die Telex-Dame, mit der man hin und wieder einen freundlichen Satz gewechselt hat, überreicht einen handgetuschten Gruß; das Nehmen und Geben wird so zur lieben Routine, daß man instinktiv auch von den Straßenbettlern einen zugesteckten Glückwunsch erwartet.

Je näher Heiligabend rückt, um so mehr Ausländer verlassen die Stadt und das Land. Timothy Bider ist einer der letzten, der es noch schafft, herauszukommen. Urplötzlich war er aus Kampuchea aufgetaucht, graugrün, blaß und zerstreut wie immer, feindselig die kalifornisch anmutende Weihnachtsplastik an der Hotelrezeption anstarrend und murmelnd das Resümee seiner zweiwöchigen unvoreingenommenen Beobachtungen zum besten gebend. Vietnam erinnere ihn fatal an Südkorea vor zwanzig Jahren, sagt er und verschwindet.

»White Christmas«, von Bing Crosby durchs Radio genölt, war am 30. April 1975 für die letzten in Saigon verbliebenen Ausländer das Zeichen, schleunigst den Flughafen oder die amerikanische Botschaft aufzusuchen. Durch das leere Restaurant des Majestic-Hotels klingt Bing Crosbys Stimme nun nicht mehr wie die letzte Warnung vor dem heranbrausenden Kommunismus, sondern wie die Fanfare einer neuen Zeit, zumindest eines abenteuerlichen Heiligabends. Die Kellner decken schon die langen Tische für das Essen einer Hochzeitsgesellschaft – immer häufiger ergreifen Vietnamesen Besitz von den jahrelang für Ausländer reservierten Restaurants der großen Hotels. Und an diesem Tag fallen sie ihnen vollständig in die Hände.

Saigon erlebt einen Aufstand des Vergnügens. Alle Restaurants, ob groß, klein oder luxuriös, sind an diesem Tag dreifach und vierfach ausgebucht; in Schichten speisen die Amüsiersüchtigen, schon um 16 Uhr beginnen die ersten, und um 22 Uhr die letzten. Hunderttausende schieben in fröhlicher Enge durch die Straßen des Zentrums. Was in den letzten beiden Jahren Tag für Tag fast unmerklich gewachsen ist, explodiert an diesem Heiligabend in einer Massendemonstration gegen den Notstand. In einer Art Massenorgie des Luxus.

Um 17 Uhr, in der Kathedrale, ist davon noch nichts zu spüren. Die Weihnachtsmesse ist prächtig besucht, allerdings schwächer als im letzten Jahr, was vielleicht an den Dutzenden Deckenventilatoren liegt, die nicht recht funktionieren, und dadurch den im heiligen Tropinarium Verharrenden tiefe Gläubigkeit abverlangt. Die katholische Kirche ist vielen Vietnamesen in düsterer Erinnerung. Nach 1954 beherrschten die fünf Prozent katholischen Südvietnamesen die Gesellschaft, hatten die politischen Schlüsselpositionen besetzt und machten den Buddhisten das Leben schwer. Etwa 450 000 Katholiken leben heute in Saigon, inzwischen unbehelligt. Dem Europäer fällt unangenehm auf, daß in Vietnams Kirchen leider sehr viel geredet und wenig gesungen wird.

Draußen vor dem Portal der Kathedrale, zwischen den Verkäufern mit einfallsreichem Christmas-Kitsch, haben sich die zerlumptesten und verkrüppeltsten Bettler der Stadt versammelt und zwingen die Gläubigen zum Spießrutenlauf.

Auf der »Straße der Volkserhebung«, die vom Portal der Kirche schnurgerade und leicht abschüssig zum Saigon-Fluß hinunterführt, ist der Fahrrad- und Mopedstrom schon undurchdringlich geworden wie nie zuvor, was etwas heißen will. Jeden Samstag- und Sonntagabend nämlich machen sich einige tausend Jugendliche einen Spaß daraus, stundenlang ums Karree zu fahren, und die »Straße der Volkserhebung« ist dann nur unter großen Gefahren zu passieren. Anfangs hat die Polizei diese wöchentlichen Aktionen des bescheidenen Ungehorsams aufzulösen versucht, ohne Erfolg selbstverständlich.

An diesem Tag prozessieren Zehntausende Räder und Mopeds im Schneckentempo die Allee hinunter, Schutzblech an Schutzblech, Pedale neben Pedale, ein kilometerlanger Strom um vier Ecken, ohne Anfang und Ende. Weit entfernt jault eine Polizeisirene auf, sofort übertönt durch den rauschenden Chor von Fahrradklingeln und Mopedmotoren.

Von oben, von der Dachterrasse des Rex-Hotels, sieht die Massendemonstration gefährlich aus, wie die Zusammenrottung am Vorabend einer großen geschichtlichen Umwälzung. Hier oben ist alles harmlos, posieren junge Paare in Festtagskleidung an der Theke und in den Sesseln, die bisher Ausländern vorbehalten waren. Photographen dirigieren ihre Arme und Beine, bringen ihnen bei, wie man stilgerecht an solchen Orten zu sitzen pflegt. Ellbogen auf den Tresen, Zigarette zwischen Zeigefinger und Mittelfinger, Hand abgeknickt, Beine übereinandergeschlagen, lächeln. Die Paare stehen Schlange, um ihren Besuch im Hort des Luxus auf ewig festhalten zu lassen. Die Sonne taucht die Szenerie mit letzter Kraft in ein dämmriges blaurotes Werbelicht.

Unten auf den Straßen und Plätzen lagern Familien um die Garküchen und fliegenden Cafés, die über Nacht aus den Stadtbezirken im Zentrum aufgetaucht sind. Luftballonverkäufer umkreisen die Sitzenden und Hockenden. Der starke, warme Wind zerrt an ihrer Ware und siegt. Ein ohrenschmalzgelber Ballon jagt den dunklen Wolkenfetzen hinterher, vom Gejohle des Bedauerns begleitet.

Im »Maxim's« empfangen Kühle und Doktor Schiwagos Hymne die Gäste, die sich entschlossen haben, den Jahreslohn eines Hochschulprofessors dafür zu opfern, im vornehmsten, wenn auch nicht besten Restaurant der Stadt die Geburt Christi zu feiern. Vor Urzeiten pflegte auf der Bühne eine Deutsche zu strippen, jetzt spielt ein zwanzighändiges Ballhausorchester zum Essen auf, im Repertoire zwischen Tschaikowski und Stevie Wonder tändelnd, zwischen »Gone with the wind« und schönen Tangos, zwischen »Yesterday« und den obligatorischen »Jingle bells«.

An den langen, festlich gedeckten Tischreihen tafelt

eine mysteriöse Gesellschaft, die nur das Geld vereint, das sie im Laufe des Jahres auf Schleichwegen zusammengetragen hat. Familien von Schwarzmarkthändlern sitzen neben den Lieben korrupter Zollbeamter, dubiose Geschäftemacher stoßen mit Vietnamesen an, die von Verwandten im Ausland flüssiggehalten werden. Wer auf herkömmliche Art und Weise seine Brötchen verdient, ist auf ganz natürlichem Wege von dieser Gesellschaft ausgeschlossen.

Die Neureichen Saigons genießen ihre Privilegien mit Stil. Sie könnten so auch im »Paradis Latin« in Paris sitzen, ohne aufzufallen, ihre Eleganz hat Weltniveau, wenn auch der Alkohol hier und da den Stil bricht. Von der geschwungenen Empore aus wirkt die Versammlung noch dekadenter. Die Scheinwerfer funkeln im Schmuck der Damen und in der Brillantine der Herren. Tiefe Dekolletés und hochgeschlossene Seide, Brokatfliegen und schwere Krawatten fügen sich zu einem Panoptikum der dreißiger Jahre, in dem allerdings die roten Cola-Dosen auf den Tischen stören. Vor dem Dessert kommt Santa Claus und verteilt bunte Pakete an die Kleinen der Gesellschaft, nach dem Dessert werben Dias für die künftigen Geschenke der Großen.

Ein Stockwerk höher geben sich Onkel Hos Teenager dem Tanze hin, animiert von einer Band, die den Wiener Walzer ebenso originalgetreu zu spielen versteht wie den letzten Smash-hit der Pet Shop Boys. Mühelos wechseln die Tanzpaare das Tempo, fallen vom Cha-Cha-Cha in den Rock'n'Roll und weiter in den Foxtrott. Ihre Bewegungen sind exakt, stramm nach Kurs, aber gelegentlich verblüffend erfindungsreich. So wie im »Maxim's« tanzt an diesem Abend in zwanzig Diskotheken, in fünfzig Klubs und vor Dutzenden Open-air-Bühnen die Jugend der Stadt. Eine Tanzwut hat Saigon erfaßt: Belegschaften lernen die bisher verbotenen Schritte ebenso wie Altengruppen, Jungkommunisten und Schwarzhändler.

Dabei hat Tanzen überhaupt keine Tradition in Vietnam. In früheren Jahrhunderten gab es, wenn überhaupt, nur Gruppentänze, geschlechtlich getrennt selbstverständlich und wenig kunstvoll. Lediglich der Tanz der Freudenmädchen war berühmt und verbreitet, nur unter Freudenmädchen, versteht sich. Die Franzosen brachten neben Champagner, Baguette und Bajonett auch den Paartanz mit ins Land. Doch nur die oberen Zweitausend durften sich im Kreis drehen, und die Freudenmädchen. Die Amerikaner schließlich importierten den Rock'n' Roll, den Twist und andere Veitstänze, auf die sich allerdings nur die einließen, die sich mit den Amerikanern einließen, also die Freudenmädchen.

Als die Waffen schwiegen, verstummten auch die Kapellen. Tanzen war als unmoralische Betätigung der verjagten Besatzer verdammt, verflucht und verboten. Erst 1981 wagten sich die ersten Tänzer wieder aufs Parkett, in düsteren Hinterzimmern, bei konspirativen Tanzstunden.

Tien, damals zwanzig Jahre alt, war einer der Pioniere, einer der ersten Widerstandstänzer. Seit Ende 1987 gibt er in aller Öffentlichkeit Tanzunterricht und lebt gut davon. Er trägt mit Vorliebe Lederjeans und weitgeschnittene Seidenhemden, ähnelt bei seinen Tanzdemonstrationen in den Diskotheken dem jungen Rex Gildo. Dort tritt er zusammen mit seiner Freundin Thinh auf, die im September gern Miß Vietnam werden möchte.

Ihre Cha-Cha-Cha-Nummer, getanzt nach dem Song »Da Da Da« der deutschen Idiotengruppe Trio, ist eine perfekte akrobatische Bodenkür, für vietnamesische Vorstellungen allerdings eine ziemlich schmutzige Angelegenheit. Was Torvill und Dean für den internationalen Eiskunstlauf, sind Tien und Thinh für das vietnamesische Tanzparkett. In Arbeiterkulturhäusern, Jugendzentren und anderen Vergnügungsstätten lehren sie ihr *dirty dancing*.

Im feinen Saigoner Distrikt Nummer 3 unterrichten sie ihre größten Talente Abend für Abend im Saal des Bezirkshauses, unter dem roten Banner »Es lebe die vietnamesische kommunistische Partei«. Die phantasievoll entblößten Paare üben ihre Hebefiguren, ihre eingesprungenen Pirouetten, ihre koketten Hüftschwünge und das innige Aneinanderschmiegen vor den Augen des marmornen Onkel Ho. Bei den sonntäglichen Tanzwettbewerben im Haus der Saigoner Ho-Chi-Minh-Jugend gewinnen diese Paare in der Regel. Sie sind die Vorbilder für Tausende von Jugendlichen, die nach dem Wettbewerb das Haus der Jungkommunisten in ein swingendes Tanzhaus verwandeln. In den Gängen, auf der großen Terrasse im Hof zelebrieren Onkel Hos Teenager mit tragischem Ernst und betörender Eleganz die Figuren, die sie gelernt haben. Die Fortgeschrittenen huschen herrlich leichtfüßig über den Betonboden, mit sichtlicher Lust am Lasziven. Gruppen von *Lai Cai*, »Männer, die wie Frauen aussehen«, mischen sich unter die Tanzenden und stehlen den anderen die Show.

Es ist nur eine Frage der Zeit, wann die Tanzweltmeister aller Klassen aus Vietnam kommen. All die Kreativität und die Hartnäckigkeit, mit denen die Vietnamesen in den Jahrzehnten davor unterirdische Tunnel, selbstgebastelte Sprengkörper, versenkbare Bambusbrücken und tödliche GI-Fallen schufen, werfen sie nun auf das Tanzparkett. Die Zahl der Tanzkurse allein in Saigon schätzt Tien auf 1500. Auch in Hanoi und in den Provinzstädten und selbst in kleineren Dörfern wird gerockt und gedreht und gekreiselt.

Im Ben-Ne-Kulturhaus am Saigon-Fluß lassen Tien und Thinh Senioren tanzen, Männer mit Ho-Chi-Minh-Bart und im Kriege ergraute Frauen, die sich zum Diskohit »It's a sin« schütteln und den Tango und den Walzer pflegen. Pensionierte Guerillas und Ex-Offiziere der südvietnamesischen Armee tippeln Arm in Arm durch den Saal, eins, zwei, drei, eins, zwei, drei. »Tanzen ist bei uns zur Massenbewegung geworden«, sagt der 64jährige Kung, vor 1975 Professor an der Universität von Dalat, dann Privatlehrer für Englisch und nun eleganter Mittänzer. »Das Leben wird dadurch schöner, wir fühlen uns wohler. Es ist eine angenehme Art, die Zeit totzuschlagen.« Neben ihm tanzt ein ehemaliger General der »Marionettenarmee«, wie man die früheren südvietnamesischen Truppen nun zu nennen pflegt. Der Feind a. D. litt drei Jahre im Umerziehungslager. Dreimal konnte er inzwischen seinen Sohn in Kansas City besuchen. In den Armen hält er eine Siebzigjährige, die drei Jahrzehnte lang Attentätern Unterschlupf gewährt hat.

Die Diskotheken in den fünf großen Innenstadthotels sind die Hochburgen der Tanzbewegung. Jeden Abend sind sie Fluchtpunkt für die Schickeria von Saigon. Eintritt 7000 Dong, ein Hochschullehrer verdient im Monat knapp das Doppelte. Der Aufzug der Schönen und Reichen unterscheidet sich in Eleganz und Geschmack durch nichts von ähnlichen Paraden in Paris oder New York, mit dem Unterschied allerdings, daß die jungen Frauen Saigons schöner sind und nicht im Sportwagen vorgefahren werden, sondern mit der Fahrradrikscha.

Die Modeschöpfer von Ho-Chi-Minh-Stadt lassen sich durch die Models in Anzeigen für Luxusgüter in den wenigen Westillustrierten inspirieren, die ins Land gelangen. In den kleinen Schneidereien im Chinesenviertel Sholon und rund um die »Straße der Volkserhebung« wählen die Kundinnen in den ausliegenden Magazinen ihr persönliches Traumkleid. Dank der schönen inländischen Stoffe, die jahrhundertealte vietnamesische und chinesische Muster aufgreifen, schaffen die Couturiers eurasische Modezwitter, die darauf warten, von den Photographen der Welt entdeckt zu werden. Der *Ao Dai*, das traditionell-vietnamesische, hautenge, lange, aber tief geschlitzte Kleid taucht gelegentlich schon in glitzernder Diskoversion auf. Wann sieht man es auf Mailänder und Pariser Laufstegen?

Eigentlich haben alle vietnamesischen Frauen (kleine) Mannequinfiguren und auch diesen rollenden Laufsteggang, und darum wundert es nicht, daß die Dancing girls in den Clubs allabendlich wie Models einer Modenschau erscheinen. Sie sind immer noch so geheimnisvoll wie die Phuong, der Graham Greene in »Der stille Amerikaner« ein Denkmal setzte und die zum Lustobjekt all der Ausländer wurde, die im Laufe der Jahrzehnte ins Land strömten, um den Krieg zu finden.

Die Dancing girls haben den Anfechtungen der sozialistischen Moral getrotzt. Mehr als ein Jahrzehnt lang überlebten sie, keusch verhüllt im *Ao Dai*, nur im »Rex-Club«, nun feiern sie an vielen Ecken Auferstehung. Für anderthalb Dollar stehen sie dem Gast bis 23 Uhr zur Verfügung, neuerdings auch dem vietnamesischen Gast, wenn er zahlt.

Die Diskotheken sind Staatseigentum, und die Gesellschafterinnen müssen folglich als volkseigene Bardamen betrachtet werden. Sie verdienen, wenn sie jeden Abend gefragt sind, 180000 Dong im Monat, also 40 Dollar, das Achtzehnfache eines Professorengehalts. Sie sind stolz darauf, keine Prostituierten zu sein, wenn sie keine sind, und möchten dementsprechend behandelt werden. Sie waren vorher Krankenschwestern, Lehrerinnen oder gar nichts. Sie reizen das Gehalt und der Kontakt zu Ausländern, der Wunsch nach kurzweiligem Geplauder und die Aussicht, vielleicht den Mann zu treffen, der sie hier rausholt. Tanzbegabung, Schönheit, Fremdsprachen und Sittsamkeit sind die Einstellungsvoraussetzungen. Die meisten entpuppen sich als charmante, gutinformierte Gesprächspartnerinnen und fürsorgliche Tänzerinnen. Wer meint, seine anderthalb Dollar durch indiskretes Befingern abarbeiten zu müssen, wird einen wenig entspannenden Abend verbringen. Immer wieder sieht man Männer, soweit man in der allgegenwärtigen Finsternis von »sehen« sprechen kann, gar im verzweifelten und erfolglosen Ringen um Küsse. Zwar spielen die Dancing girls gern mit geheimnisvollen Andeutungen, untergeschobenen Adressen und vielsagenden Blicken, aber nur, um eine Handvoll Dong mehr zu erspielen, nie, fast nie, um der sozialistischen Moral zu entkommen. Die staatlich geprüften Animierdamen tänzeln lächelnd auf der schmalen Mauer zwischen Kloster und Gomorra. Wer beim Fehltritt beobachtet wird, muß den Staatsdienst quittieren.

Huong hat die tiefe Rauhstimme von Tina Turner und ein ziemlich dreckiges Lachen, aber ansonsten ist sie eines der anständigsten Mädchen von Saigon. Mit 28 Jahren gehört sie schon zu den älteren des Gewerbes. Erst hat sie im »Rex« gearbeitet, bis ihr der *Ao Dai*, in dem sie dort kreiseln mußte, auf die Nerven ging. »Der macht einen so alt.« Jetzt arbeitet sie in selbstgeschneiderten Cocktailkleidern im »Maxim's« und im »Doc Lap«, dem höchsten Hotel der Stadt, wenn auch nicht dem besten. Der Dancing Club liegt im obersten Stock und besitzt eine lauschige Terrasse mit Blick auf die »Straße der Volkserhebung«. Die Kathedrale ist jetzt, Heiligabend um 23 Uhr, mit Lichterketten und hellerleuchteten großen Sternen behangen. Der eine kann sie für eine Erinnerung an den Stern von Bethlehem halten, der andere für sozialistische Insignien, auf jeden Fall thronen sie feierlich über der Stadt. Die Allee hinunter bis zum Fluß ist immer noch vollgestopft mit johlenden, pfeifenden und tanzenden Menschen. An solchen Tagen ist die Polizeistunde aufgehoben, bis in den Morgen hinein dürfen sich die Vietnamesen treiben lassen.

Für Huong hat die zweite Tanzschicht dieser Nacht begonnen. Sie sitzt auf der Terrasse, um dem Lärm der Band zu entrinnen. Das Ufftata, Ufftata, Ufftata dringt nur schwach heraus durch die Glasfront, hinter der im blauen zuckenden Licht die Schatten springen und gleiten. Ratternd wie eine Maschinengewehrsalve explodieren Chinaböller auf einem Nebenhaus, zischend erwidert ein Sonnenrad das Feuer. Der helle Schein erlaubt einen langen unbemerkten Blick auf Huongs nachdenkliches Gesicht. Huong guckt eigentlich immer nachdenklich traurig, wenn sie sich unbesichtigt wähnt, sonst bemüht sie sich, flirtend zu lächeln oder zumindest geheimnisvoll.

Sie hat im Laufe der Jahre eine vollkommen unvietnamesische Tugend angenommen, den Zynismus. Die Männer, die ihr ewige Treue oder zumindest regelmäßige Briefe versprechen, pro Woche sind das etwa vier bis fünf, unterwirft sie einer schonungslosen Probezeit. Sie verfügt über ein dichtes Informationsnetz in Saigons Nachtleben, und gelegentlich setzt sie in einer anderen Bar eine Freundin auf den Kandidaten an. In fünf Jahren hätten nur ein Japaner, ein Italiener und ein Schweizer den Test bestanden.

Unnötig zu sagen, daß Huong wunderschön ist. Würde sie nicht in Vietnam leben, bekäme sie todsicher 4000 Dollar am Tag dafür, daß man ihr Gesicht photographieren dürfte, und nicht nur anderthalb Dollar, um einen Abend lang belästigt zu werden.

Huong geizt mit Zärtlichkeiten. Sie mag es nicht, angefaßt, ja nicht einmal angeguckt zu werden. Sie setzt sich immer neben den Kunden, nie ihm gegenüber, um nicht ständig seinen Blicken ausweichen zu müssen. Sie verteilt ihre Berührungen wie zufällig, ein zartes Streicheln des Unterarms, ein kurzer Händedruck aufs Knie, am liebsten dann, wenn man sie durch eine schöne Geschichte zum Lachen gebracht hat. Sie liest gern moderne amerikanische Romane. Man kann ihr keinen größeren Gefallen tun, als ihr einen Updike, Capote oder Wolfe mitzubringen. Michael Chabon hat sie allerdings gelangweilt. Vietnamesische Literatur mag sie nicht, vietnamesische Männer mag sie nicht, das kommunistische Vietnam mag sie nicht – sie lebt in Gedanken irgendwo im Ausland, in einer Stadt, die sie sich aus den Romanen, den Briefen ihrer Verwandten und den Erzählungen ihrer Gäste aufgebaut hat. Sie gehört der nicht gerade kleinen Gemeinde der Vietnamesen an, die zwar in Vietnam leben, aber nicht im sozialistischen Vietnam. Dabei kann sie dem Regime nicht einmal im Detail vorwerfen, in ihr Leben einzugreifen. Mit der Polizei hat sie noch nie zu tun gehabt, mit Spitzeln auch nicht, die Partei ist ihr noch nie in die Quere gekommen, Kommunisten kennt sie keine. Aber ihre Armut, die sie zwingt, als Dancing girl zu arbeiten, lastet sie den Machthabern an.

Huong liebt es nicht zu klagen. Sie spricht nicht gerne über sich, wenn überhaupt, dann nur über das, was sie tut, nie über das, was sie denkt. Die Fragen danach quittiert sie mit einem schüchtern-abgründigen Lächeln und der Intensivierung ihrer Dienstleistungen. Noch schneller pult sie dann die Erdnüsse, noch beflissener schenkt sie nach, noch kräftiger wedelt sie mit dem Fächer. Nur ganz behutsam kann man in ihre Welt eindringen, und nur ein kleines Stück.

Nie würde sie sich außerhalb des Dancing Clubs mit einem Ausländer zeigen. Sie fürchtet um ihren Ruf. Immer noch werden Vietnamesinnen, die das tun, als Prostituierte abgestempelt. In den Restaurants und Hotels sieht man jetzt zwar häufiger solche Paare, doch da wird dann ein Heiratsversprechen in der Luft liegen. Auch Huong würde liebend gern ja sagen, allerdings müßte sich der

Aspirant, nach Bestehen ihrer privaten Sicherheitsüberprüfung selbstverständlich, auf gemeinhin verschüttete Tugenden besinnen. Er müßte die Hohe Schule der Konversation pflegen, das regelmäßige Vorsprechen bei der Familie und das rücksichtsvolle Herantasten an die Auserwählte.

Der Italiener war sehr weit vorangekommen auf der Heiratsschiene, doch dann ist er nach Mailand entschwunden, und wie man Huongs verletzten Augen entnehmen kann, schreibt er nicht mehr. In der Zeitung *Cong An* hat sie von neuen Möglichkeiten der legalen Ausreise gelesen, da liegt im Moment ihre Hoffnung.

Die *Cong An* ist die Zeitung der Polizei, ein sehr beliebtes Blatt, weil es nur über Verbrechen berichtet. *Cong An* ist eine Bild-Zeitung ohne Bilder. Huong liebt es, von der Dachterrasse des »Doc Lap« aus, die Tatorte der Diebstähle und Überfälle der vergangenen Woche zu rekonstruieren. Sie weiß, welche Straßenzüge besonders unsicher sind. Sie zeigt auf die Verbindungsstraßen zwischen Dong-Khoi und Nguyen-Hue-Allee, das Revier zweier Banden, die sich auf das Entleeren der Ausländer und Vietnamesen spezialisiert haben, die die Diskotheken verlassen. Heute, in diesem Karnevalsgewühl, ist die Bescherung natürlich prächtig. Als Ausländer müsse man auf besonders riesige Vietnamesen und besonders winzige Vietnamesen achten, erzählt Huong mit gespielter Sorge, zusammen seien die höchst gefährlich. Der Große umklammere den reichen Fremden von hinten, der Kleine öffne derweil den Hüftgürtel, in dem die Reisenden ihr Geld diebstahlsicher aufzubewahren pflegen.

Die Polizei, in Saigon immer unsichtbar und eigentlich

nur an den wenigen Ampeln postiert, um zu überwachen, ob die Vietnamesen die ihrem Verkehrsanarchismus widersprechenden Lichtzeichen beachten, ist bei solchen Gelegenheiten blitzschnell zur Stelle – wenn Ausländer die Opfer sind. Überfälle auf Landsleute, die spätabends die Diskothek verlassen, setzen die Polizisten nicht in Bewegung. Da man davon ausgeht, daß die Vietnamesen, die in den Nobeldiskotheken verkehren, ihr Geld auf illegale Weise beschafft haben, wird der Raub als ausgleichende Gerechtigkeit bewertet. Wer an einem Abend den Monatslohn eines Polizisten auf den Kopf haut, kann kein ehrenwerter Mensch sein.

So geringschätzig der Vietnamese den Diskobesucher betrachtet, so schätzt er doch die Diskothek als solche. Er sieht in ihr, so blöd es klingt, ein Mahnmal der Freiheit, eine Einrichtung, die es einigen, wenn auch wenigen seiner Landsleute gestattet, anders zu leben, als von der Partei geplant. Um die *politics of dancing* hat es in der vietnamesischen Öffentlichkeit, auch in den Zeitungen, eine heftige Diskussion gegeben. Den Dogmatikern in der kommunistischen Partei ist die ganze Tanzbewegung suspekt. Sie sehen in ihr das Wiederaufleben der imperialistischen Dekadenz, die die Amerikaner ins Land geschleppt hatten. Die Pragmatiker dagegen haben das Geld im Visier, das die Tänzer dem Staat in die Kasse werfen – alle Nobeldiskos sind in den Händen der Staatsmacht. Die Reformer sehen vor allem die Notwendigkeit, das Alltagsleben zu entkrampfen, die Askese der Nachkriegszeit endlich zu überwinden, das Leben im Sozialismus amüsanter zu gestalten.

Allen drei Fraktionen ist das Amüsement inzwischen

über den Kopf gewachsen. Auch viele Menschen, die mit der Partei überhaupt nichts zu tun haben wollen, stehen kopfschüttelnd vor dem Trubel, der in Saigon und Da Nang und Ben Tre und anderswo ausgebrochen ist. Das passe nicht in eine Gesellschaft, in der immer noch gehungert werde, klagen sie. Die traditionellen, immer noch sehr verbreiteten konfuzianischen Tugenden der Sparsamkeit, der Pflichterfüllung und der Unterordnung schließen einen solchen Lebenswandel aus. So stoßen die alten Konfuzianer und die alten Kommunisten Vietnams ins selbe Horn, die letzteren zornig darauf verweisend, daß nun unter der Herrschaft der Arbeiterklasse viel größere Teile des Volkes dem Tanze verfallen seien als während der Herrschaft der Bourgeoisie und ihrer amerikanischen Helfershelfer. Haben wir gegen die Imperialisten gekämpft, fragen die ehemaligen Dschungelkrieger, haben wir unsere Unabhängigkeit mit Millionen Toten bezahlt, um nun das ins Land zu holen, was wir in drei Jahrzehnten hinausgejagt haben?

Der Blonde auf der Terrasse der Doc-Lap-Hotels wirkt zwischen den tanzenden Vietnamesen wie eine Erscheinung, langhaarig wie ein Überlebender des Musicals »Hair«, aufrecht wie Jesus. Huong hat ihn nach abschätzenden Blicken bald als Amerikaner eingeordnet und beobachtet ihn mit unverhüllter Neugier. Er bewegt sich unter den Staunenden mit der Unsicherheit des Exoten, der spürt, daß alle Blicke auf ihn gerichtet sind. Er starrt vorgeblich arrogant irgendwo in die Weite des fremden Landes, hoffend, daß irgend jemand den Mut findet, ihn anzusprechen.

Er gehört, wie sich später herausstellt, zu einer Gruppe

von früheren GIs, die nicht davon abzubringen sind, nach Vietnam zurückzukehren, als Entwicklungshelfer wohlgemerkt. Ihr »Veterans Vietnam Restoration Project« soll die erste gute Tat jener Soldaten sein, die noch immer an ihrem Kriegseinsatz leiden und die hoffen, durch den Bau einer kleinen Klinik Stein für Stein der Vergangenheit entkommen zu können.

Dieser hier, mit Namen Gordon, ist der Vorreiter der Wiedergutmachungskavallerie. Er soll letzte Vorgespräche führen, damit zwei Monate später die erste Einheit der Reumütigen mit dem Spaten in der Hand dem Land zu Leibe rücken kann. Huong glaubt seiner Mission nicht. Sie hat schon einigen dieser Vietnamveteranen die Hand getätschelt, jeder hat ihr eine ergreifende Geschichte hinterlassen.

Gordon unterhält eine Gruppe von jungen Vietnamesen, die ihn angesprochen hat, mit Erzählungen über Heiligabend 1966, als er auch hier auf dieser Terrasse trank und da unten vor dem Theater, damals war es das Parlamentsgebäude, »eine Bombe von Charlie hochging«, und da drüben stand noch das Denkmal auf dem Sockel, und von der anderen Seite des Saigon-Flusses aus zischte Leuchtspurmunition in das Stadtzentrum, eine verrückte Show. Für einen jungen Vietnamesen so ungefähr das Langweiligste, was er sich vorstellen kann. Höchste Zeit, zu gehen.

Der Propeller an der Decke meines Hotelzimmers dreht sich mit der Geschwindigkeit eines Kinderkarussells und bringt statt Kühlung nur ein laues Lüftchen zustande. »Machines Machelli« steht auf dem tellergroßen Schalter, dessen Drehknopf sicher mal das Tempo dieses Ventilators bestimmt hat, damals, vor achtzig Jahren, als die Franzosen ihn installierten. Je länger die Jules-Verne-Konstruktion eingeschaltet ist, um so heißer wird sie. Morgens, nach einer langen Nacht, kann man sie nur mit einem Handtuch auf Null bringen.

Von draußen dringt noch entferntes Gejohle herein, aber die Heilige Nacht liegt eindeutig in den letzten Zügen. Auch die dumpfen Drums der Hotelband sind jäh verstummt. Fliegende Hunde klatschen gegen die geschlossenen Fenster. Gegenüber, auf der anderen Seite des großen Innenhofes, sitzen vier Gestalten um ein Balkonfeuer. Sie unterhalten sich flüsternd.

Der Lichtschein verwandelt den hohen Raum zur geheimnisvollen Location eines Werbespots für Jamaikarum. Die müde drehenden Flügel an der Decke zerschneiden die flackernden Feuerstrahlen und werfen sie aufs Bett, gegen den düsteren Schrank, ins Bidet, in die wuchtigen Holzsessel und auf die schillernde Thermoskanne aus China, mit abgekochtem Wasser zum Teebrühen oder Zähneputzen. Im Wasserhahn lauert Diarrhöe.

Jede Nacht, jeder Tag in Vietnam müssen erkämpft werden, selbst wenn man im Hotel lebt. Der Kampf fängt für den Europäer am Flughafen an, sobald er die Maschine verläßt. Zwei oder drei Tage lang wird er das Gefühl nicht los, ein riesiges Schiff betreten zu haben, so sehr bringt ihn die Schwüle aus dem Gleichgewicht. Zwar gibt es Air-Condition im Zimmer, aber die ist so laut, daß man meint, neben der Rollbahn des Flughafens zu ruhen. Das Rauschen im Kopf verläßt dich nie in Saigon. Anfangs setzt dir die Hitze zu, dann der gepanschte französische Champagner, dann die Euphorie. Der kleinste Spaziergang wird zum verzehrenden Gewaltmarsch, weil hier auf zehn Meter so viele Bilder und Töne über dich herfallen wie andernorts auf tausend Meter. Nach einer Stunde ist dein Kopf ein praller Gasballon.

Morgens wecken Hühner die Gäste des Cuu-Long-Hotels. Im Hinterhof der zweitbesten Unterkunft der Metropole herrscht wie überall in Saigon Landleben. Die Nachbarn waschen sich auf dem Balkon, werfen aus kleinen Schüsseln Wasser auf ihre Körper. Schweinezucht ist für viele Familien eine Frage des Überlebens, Gemüseanbau eine großstädtische Tugend. Auch am ersten Weihnachtsfeiertag kriecht die junge Frau, wie jeden Morgen, im Hockgang unter dieser endlosen Wäscheleine entlang, die einen halben Meter über dem Dach des langen Schuppens unten im Hof baumelt. Sie hängt weiße Handtücher und Servietten auf, Dutzende, Hunderte, jeden Morgen. Das leuchtende Weiß flackert nur knapp über dem rostigen Dach, umzingelt von Dreck, Verfall und Gestank. Hinter der Leine wachsen spakige Wände in den Himmel, übereinandergestapelte Häuser, die aus verschiedenen Jahrhunderten zu stammen scheinen, mittendrin ein mittelalterlicher Säulengang, obendrauf das geschwungene Dach einer kleinen Pagode, daneben der verschimmelte Schriftzug aus den Zeiten von Sodom. »Golden Health Club«.

Am frühen Morgen bringt der Wind noch Kühlung in Saigons Straßen, später bewegt er dann nichts mehr. Es ist die einträglichste Zeit für Erkundungen. Die »Straße der Volkserhebung« ist jetzt eine verschlafene Allee, der Spaziergang hoch zur Kathedrale ein Bummel auf den Spuren von *Doi Moi*.

In den Buchhandlungen stößt man auf immer mehr Fremdsprachiges, darunter zwar auch solch bizarre Werke wie »Fußbodenlegearbeiten« von Arnold/Kerkow, »Methoden der Viskoelastizitätstheorie«, K. Stumpfs »Primärdatenerfassung in automatisierten Leitungssystemen« und ähnliche Errungenschaften der DDR-Literatur, aber Zweig, Hemingway und Tolstoi stehen daneben. Fossilien aus der präsozialistischen Zeit tauchen in den Regalen der staatlichen Buchläden auf, Wörterbücher der vietnamesisch-amerikanischen Freundschaftsgesellschaft etwa oder Bücher der katholischen Sekte Cao Dai, einer stramm antikommunistischen Vereinigung. Die Übersetzungen ins Vietnamesische haben zugenommen, wenn auch die Auswahlkriterien mysteriös bleiben: Wallraffs »Ganz unten«, »Shogun«, »Der letzte Kaiser«, »Die unendliche Geschichte« und ähnliches.

Die hausgemachte Literatur hat, nach Meinung einheimischer Intellektueller, außer einer Flut von Comics, die noch im letzten Dorf im Mekong-Delta ausliegen, nur wenig wirklich Außergewöhnliches hervorgebracht, und wenn, dann nur im Norden. Nguyen Huy Thieps Roman »General auf Pension« etwa, der das Versagen der früheren Kämpfer in Friedenszeiten und die Verwilderung der Sitten beklagt: Die Tochter eines Armeegenerals verwurstet abgetriebene Embryos, um sie an Hunde zu verfüttern, um diese als Delikatesse zu verkaufen. Der Vater protestiert erfolglos gegen die moderne Form der Geldgier, verliert seine Autorität und geht an die Front in den Tod.

Schräg gegenüber einem der sechs Videokinos in der Dong-Khoi-Straße, im ersten Stock von »Culturimex« –

die Exportsehnsucht hat in Vietnam viele Worte mit »im« und »ex« wie »Siprodex«, »Imexco« oder »Intimimex« entstehen lassen –, darf vietnamesische Hochkultur besichtigt werden, zeitgenössische Malerei, die allerdings zeitlos wirkt, weil sie die traditionellen Genres bedient und im Realismus verhaftet bleibt. Nur einige Künstler wie Nguyen Trinh Thai, Tran Chat und Bui Xuan Phai experimentieren mit nichtgegenständlicher Seidenmalerei.

Vor dem Theater spielen zwei Mannschaften diese vietnamesische Abart des Fußballs, eine Mischung aus Volleyball, Badminton und Fußball, die die Akteure zu tänzerischer Akrobatik zwingt. Wenn man »Tay Duc« so ausspricht, daß kein Vietnamese versteht, daß man »Westdeutschland« sagt, kann man auch »Beckenbauer« sagen – der Fußballverstand ist hoch entwickelt in Vietnam. Das Volleyballspiel mit Füßen vor dem Theater ist immer dicht umlagert, ein Volksvergnügen mitten auf der Kreuzung der beiden wichtigsten Staßen der Stadt, Dong Khoi und Le Loi.

Dahinter das Theater ist nicht so gut besucht. Die Intellektuellen der Stadt halten nicht viel von dem seichten Klamauk, der dort über die Bühne geht. Es gebe kaum interessante neue Stücke, klagt eine Schauspielerin des Theaters, kaum Geld für die Schauspieler und leider immer weniger Zuschauer. Sie würden lieber Videos gukken. Im Süden seien die Leute mehr auf Amüsement aus, weil das Leben härter sei. Im Norden habe man mehr Muße für die Kultur. Wenn Theatergruppen aus Hanoi gastieren, ist das Theater stets voll. Das Stück »Jeder soll glücklich sein« beispielsweise füllte wochenlang die Zuschauerränge. Es behandelt einen Fall aus Nordvietnam, der sich vor sieben Jahre ereignete: Ein Direktor will in seiner Fabrik Reformen einleiten, wie sie jetzt gang und gäbe sind. Er kommt ins Arbeitslager, trifft dort auf einen Christen, einen Ingenieur und einen Bauern, der wegen ähnlicher Reformvergehen einsitzt. Sein Sohn verzweifelt an der Situation, verkörpert im Stück den Zynismus vieler vietnamesischer Jugendlicher, der aus der Resignation der letzten zehn Jahre gewachsen ist.

Wer vom Theater aus an der Kathedrale vorbei Richtung Präsidentenpalast läuft, stößt allmorgendlich unter den riesigen Bäumen vor dem Außenministerium auf viele kleine Diskussionsgruppen. Die Männer, es sind nur Männer, stehen, sich auf ihr Fahrrad stützend, beieinander und haben nur ein Gesprächsthema: Wie kann man Vietnam auf legalem Wege verlassen?

Hellblaue Hose, wahrscheinlich Trevira. Schmerbäuchlein. Beige-rosa Freizeithemd. Plastiksandalen. Mitte Dreißig. Weiße Visitenkarte. Blauer Aufdruck: Le Van Noui, First Secretary of the Communist Youth Union in Ho-Chi-Minh-City.

Sozialistischer Spießer, denkt man, satter Funktionär. Gegen Ende des Gesprächs beginnt er von seiner Jugend zu erzählen. 1968, nach der Tet-Offensive, sei er Stadtguerilla geworden, weil zwei Kommilitonen von der Polizei erschossen worden waren. Zwei Jahre später wird er geschnappt, wandert von Gefängnis zu Gefängnis, von Folter zu Folter. Nach fünf Jahren wird er schließlich 1975 befreit, durch nordvietnamesische Truppen.

Jetzt ist er Chef von einer Viertelmillion Jungkommunisten. Denn jeder vierte der eine Million Saigoner Jugendlichen zwischen 14 und 28 Jahren ist Mitglied der Ho-Chi-Minh-Jugend. Ob die 250000 allerdings alle überzeugte Kommunisten sind, daran hat Le Van Noui große Zweifel. »Sie sind zu jung, um den Marxismus zu verstehen, was zählt, ist, daß sie an der Schule, an der Hochschule und im Betrieb gute Arbeit machen.«

Das Interesse, Mitglied in der Ho-Chi-Minh-Jugend zu werden, hat deutlich nachgelassen. Auch die kommunistische Partei klagt darüber, daß es immer mehr junge Leute gibt, die nicht Parteimitglied werden, »die sich lieber amüsieren wollen, als Vorbild zu sein«. Inzwischen ist es nämlich nicht mehr ganz so wichtig für den, der etwas werden will in Vietnam, den richtigen Ausweis in der

Tasche zu haben. Von den zehn Millionen Jugendlichen des Landes sind zwei Millionen im Jugendverband.

Bis 1980 hätten sich die Jugendlichen darum gedrängelt, Mitglied zu werden, sagt Le Van, doch seither habe der Verband ebenso wie die Partei an Ansehen verloren. In den ersten Jahren nach dem Krieg hatte die Ho-Chi-Minh-Jugend in der Organisierung der sogenannten *Volunteers Forces* ihren Schwerpunkt gesehen: Prostituierte und Häftlinge mußten zusammen mit Freiwilligen in die durch den Krieg verwüsteten Gebiete Südvietnams ziehen und das Land wieder urbar machen. In diese neuen Zonen, in der Regel Staatsfarmen mit Reisanbau und Ananas- und Orangenplantagen, zogen dann Familien aus den überbevölkerten Städten. Viele dieser Neuansiedler blieben allerdings nicht lange, weil das Leben zu hart war in den halbkultivierten Mondlandschaften.

»Korruption und Mißwirtschaft haben die Autorität aufgefressen, die wir 1975 hatten, als wir aus dem Dschungel kamen«, sagt Le Van Noui. »Die jungen Leute von heute interessiert nicht mehr unsere Leistung im Krieg. Sie sehen, daß die Krieger von damals das Land schlecht verwaltet haben. Für sie zählt das heutige Leben, und das ist ihr gutes Recht.«

200 000 jugendliche Arbeitslose leben in der Stadt, fast alle sind Schulabgänger oder aus Kampuchea zurückgekehrte Soldaten. Weil die staatliche Arbeitsvermittlung nicht so recht klappt, hat der kommunistische Jugendverband ein Büro zur Vermittlung von Arbeitsplätzen aufgebaut. Staatliche und private Unternehmen zahlen eine Gebühr für jeden Vermittelten, »und wir als Organisation werden dadurch für die Jugend attraktiver«.

Dank der regen Auslandskontakte sind die Jugendlichen gut informiert über das Leben in kapitalistischen Ländern. »Wir verdammen den Kapitalismus nicht mehr so wie früher«, räumt Le Van ein, »wir sagen aber, daß man dort härter arbeiten muß.« Die kulturellen Einflüsse, die Pop-Musik, die Kleidung, die Filme stören Le Van nicht, »uns ist klargeworden, daß wir zwar gegen westliche Aggressoren gekämpft haben, nicht aber gegen die Kultur des Westens kämpfen können, wenn wir auch Auswüchse verhindern wollen«. Jetzt sei nicht mehr Krieg, nicht einmal mehr kalter Krieg, jetzt sei Koexistenz, »jeder lernt von jedem, wir haben zu lernen vom Kapitalismus«.

Le Van Noui gehört zu den geschmeidigen Marxisten Vietnams, zu den Erneuerern, die einräumen, »daß nicht der ganze Marxismus« auf Vietnam angewendet werden könne. »Wir müssen sehen, was für uns brauchbar ist, immerhin ist es eine europäische Theorie und 200 Jahre alt.«

Chinas Asiatisierung des Marxismus verfolgen die Erben Ho Chi Minhs mit Interesse, aber noch mit deutlicher Distanz. Vor 1975 im Norden und nach 1975 im Süden hatten die vietnamesischen Kommunisten »Fehler der Chinesen«, wie sie heute sagen, kopiert, die Kollektivierung der Landwirtschaft und die Politik des großen Sprungs nach vorn. Die Abkehr von China in den späten Siebzigern und die folgenden kriegerischen Auseinandersetzungen haben dazu geführt, daß heutzutage in Vietnam zwar einiges aus dem Reiche Deng Zhiao Pings übernommen wird, aber stillschweigend. Unter den Intellektuellen des Landes werden westliche Darstellungen der

Reformpolitik Chinas und seiner Probleme weitergereicht wie Geheimdokumente.

In der Zeitung des Jugendverbandes *Tuoi Tre* wird hin und wieder über Vorgänge in China berichtet. Sie erscheint viermal in der Woche, ist auch bei Nichtkommunisten beliebt wegen ihrer kritischen Sicht der Dinge. Einmal wöchentlich hängt die satirische Ausgabe *Tuoi Tre Cuoi* an den Verkaufsständen.

Die meisten der vierzig Redakteure wollen von der ursprünglichen Aufgabe »der allseitigen Erziehung der Jugend zum Sozialismus« inzwischen weniger wissen als von der Aufdeckung von Mißständen. Pro Woche bekommt die Redaktion 200 Briefe von Lesern mit Hinweisen auf Verfehlungen. Häufig tauchen Beschwerden über Zollbeamte auf, die eine Art persönliche Steuer auf Pakete aus dem Ausland erheben. Der Empfänger muß auf dem Zollamt erscheinen, den Erhalt der Sendung, meist von Verwandten aus westlichen Ländern, bestätigen und dann öffnen. Der Beamte bedient sich.

Tuoi Tre hat mehrfach über diese Selbstbedienung berichtet und schon den Chef des Zollamts bis vors Gericht gebracht; der wanderte auch ins Gefängnis zusammen mit einer Reihe von Beamten, aber die Korrupten beim Zoll wachsen nach wie die Köpfe der Hydra.

Die steigende Jugendkriminalität (achtzig Prozent der Straftäter sind Jugendliche), der wachsende Drogenkonsum (weniger Opium, mehr Bo Da) und der Alkoholismus (im Süden traditionell mehr verbreitet als im Norden) haben in der *Tuoi Tre* ebenso Platz wie die Wahlen zur Miß Universum, der harte Winter in den USA oder die Qualifikationsspiele zur Fußball-Weltmeisterschaft.

Das Kulturhaus der Ho-Chi-Minh-Jugend, nicht weit von der Kathedrale entfernt, sieht aus wie eine Technische Hochschule in Karl-Marx-Stadt, hat aber eine vorrevolutionäre Vergangenheit. Es war das Haus der Studentenvereinigung im früheren Südvietnam und wurde im April 1975 von kommunistischen Studenten eigenhändig erobert.

Vinh Thien, 34 Jahre alt, erstürmte damals mit und ist heute der Chef des Hauses. Als erfahrener Vietcong bevorzugt er auch im Gespräch die Rückendeckung und wagt sich nur sehr zögernd aus der Sicherheit der Ideologie hinaus auf das unbekannte Terrain des *Doi Moi*. Ihm spürt man noch die Unsicherheit an, die das neue Denken den alten Kadern beschert. Sie wissen, daß sie eigentlich offen sein dürfen, aber sie trauen dem Frieden nicht recht.

Wenn er auf eine fordernde Frage antworten soll, lächelt er wissend und schaut so, als wolle er sagen: »Du weißt doch die Antwort, du weißt, daß ich sie weiß, warum also noch darüber reden?«

Ideologie, Kultur und Sport sollen im Kulturhaus vermittelt beziehungsweise betrieben werden. 1500 Jugendliche sind in den Tanzkursen, 3000 machen Sport: Volleyball, Judo, Fußball; 32 sitzen in dem Vortrag »Die sozialökonomische Situation in Ho-Chi-Minh-Stadt«. Das Leben sei hart genug, sagt Vinh Thien mutig, da wollten die Leute abends nicht auch noch hören, warum es so hart sei.

Im »International Friendship Club« des Jugendhauses treffen sich jeden Dienstag bis zu zwanzig Jungen und Mädchen, um Englisch zu sprechen; wenn es geht, mit einem Ausländer. Mal ein Matrose aus der Sowjetunion, mal ein Ingenieur aus der DDR, mal einer aus dem Westen.

Der Leiter des Zirkels, Tran Van Dung, 29, ist Armeelehrer, aus Zufall. Er hat Englisch studiert und ist dann nach seinem Wehrdienst bei der Armee hängengeblieben. Er wirkt eher wie ein Mönch mit seiner ruhigen, fast trägen Art; wie ein Frühweiser redet er über die vietnamesische Gesellschaft, in exzellentem Englisch.

Die Teilnehmer des Zirkels sind zwischen 19 und 30 Jahre alt – Studenten, Arbeiter, Ingenieure, Lehrer. Sie wissen viel über das Leben außerhalb des Landes, sie vergleichen, aber sie zögern, offen darüber zu sprechen. Sie tasten sich vor, probieren aus, wie weit sie gehen können.

Die Grenzen zieht Tran Van Dung. Jedesmal, wenn ich in seinem Kreis Gast war, hatte sich das Terrain erweitert und berührte schließlich auch die Frage nach den Systemen. »Zugegeben, viele denken, Kapitalismus wäre besser in Vietnam«, sagte Dung eines Tages wie ein Geständiger, der sich die schlechten Gedanken von der Seele reden will, »aber die Leute ziehen falsche Vergleiche. Sie stellen Vietnam den USA gegenüber, das ist nicht richtig. Sie müssen uns mit armen kapitalistischen Ländern vergleichen und dann sagen, wo sie lieber leben wollen.«

Die Jugendlichen in der Runde verstehen diese Bemerkung als Startsignal für eine Diskussion über das Wenn und Aber des Sozialismus; zunächst zaudernd, später frecher, zuletzt fordernd entwerfen sie das Bild eines modernen Vietnam, das auf Systemgrenzen keine Rücksicht nimmt.

Nguyen Huu Toai, 24 Jahre alt, ist Arbeiter in einer

Werkzeugfabrik. Er verdient 40000 Dong (10 Dollar) im Monat; 20000 Dong gibt er für einen privaten Englischkurs aus, »um mehr von der Welt erfahren zu können«. Alle in der Runde vereinigt die Sehnsucht nach der großen weiten Welt, die Neugier auf die Weltanschauung und die Lebensweise anderer Leute.

Tuong ist kein Kommunist, aber »ein Patriot«, wie er sagt. Drei seiner Freunde haben das Land mit dem Boot verlassen, daran hat er nie gedacht. Er ist 34 Jahre alt und war Anfang der siebziger Jahre, als sich der Krieg zuspitzte, Student – unpolitisch. Ein Fünftel seiner Kommilitonen sei politisch aktiv gewesen, er aber nicht. In seinem Freundeskreis wird auch heute noch über zwei Dinge nicht diskutiert, »über Religion und Politik«.

Er arbeitet in der Verwaltung eines Waisenhauses, lebt mit seiner Frau in einem winzigen Teil der kleinen Wohnung seiner Mutter und seiner Geschwister. Alle Ersparnisse und Hochzeitsgeschenke stecken in seinem gebrauchten Honda-Motorrad, das er für 2,4 Millionen Dong (600 Dollar) gekauft hat.

Sein Tagesablauf: Um 6 Uhr aufstehen, als Frühstück den Reis vom Vorabend, dann ins Büro. Arbeitszeit von 7 Uhr bis 11.30 Uhr und von 13 Uhr bis 16.30 Uhr. Danach unterrichtet Tuong als Privatlehrer zehn Beschäftigte von Exportfirmen, die Englisch lernen, um sich ins Weltgeschäft zu stürzen. Pro Stunde bekommt Tuong 2000 Dong. Sonntags morgens gibt er zusätzlich Französischunterricht.

Abends ist er gewöhnlich erst um 21.30 Uhr zu Hause. Auch seine Frau, beschäftigt in einer Bibliothek und als Privatlehrerin, kommt spät und macht dann das Essen.

Die Hausarbeiten teilen sich die beiden, eine noch sehr ungewöhnliche Sache in Vietnam. Auf den privaten Märkten bekommen sie beim Einkauf alles, was sie brauchen – wenn sie es bezahlen können.

Selten gehen sie ins Kino, kaum ins Theater, weil ihnen die Stücke zu seicht sind. Tuong liest wenig vietnamesische Bücher, er bevorzugt Camus, Hesse und französische Literatur des 19. Jahrhunderts; im Radio empfängt er über UKW europäische Klassik. Ab und zu geht er ins Schwimmbad. Er klagt wie alle gebildeten Vietnamesen, daß der tägliche Kampf ums Brot zuwenig Zeit und Kraft läßt für die Befriedigung kultureller Bedürfnisse.

Toai, der Arbeiter aus der Werkzeugfabrik, klagt wie alle wissensdurstigen Vietnamesen darüber, daß der niedrige Lohn in den Fabriken und Büros jeden dazu zwingt, einem zweiten oder gar dritten Beruf nach Feierabend nachzugehen. Er möchte gern heiraten, aber dazu fehlt ihm das Geld.

Durch den Krieg, aber auch durch den (Nach-)Kriegskommunismus des Friedensjahrzehnts ist Vietnam ein hirnverbranntes Land geworden – die geistigen Ressourcen sind verbraucht, verkümmert, verödet.

Phuong, 27 Jahre alt, durfte nicht studieren, weil ihre Eltern als Apotheker vor 1975 zur »bürgerlichen Klasse« gehörten. Sie arbeitet als Modedesignerin, schneidert aus alten chinesischen und vietnamesischen Stoffen und Mustern europäische Modellkleider. Phuong versucht gerade verzweifelt, Hosenträger aufzutreiben, ein von vielen Kundinnen heißbegehrtes Accessoire. Sie hofft auf Pakete aus Übersee und darauf, daß die Zöllner an Hosenträgern nicht allzu großes Interesse haben.

Der Politik des *Doi Moi* traut sie nicht. Zwar sind ihre Eltern vom Staat aufgefordert worden, ihre Apotheke wieder zu betreiben, zwar spürt sie, daß nun plötzlich Dinge möglich sind, die noch vor kurzer Zeit undenkbar waren, aber die Befürchtung, daß alles nur eine neue Finte der Machthaber ist, um kurzfristig die Not im Lande zu lindern und dann wieder im alten Trott weiterzumachen, sitzt tief. Ihre Eltern, die sich mit dem Verkauf von Nudelsuppen über Wasser halten, warten denn auch erst mal ab, ob die Liberalisierung anhält und weitergeht.

Dieses Mißtrauen ist gerade in den Mittelschichten, die nach 1975 als »Teil der bürgerlichen Klasse« vom gesellschaftlichen Einfluß abgeschnitten wurden, weit verbreitet. Zwar buhlt die Regierung nun um sie, weil sie das Engagement dieser Leute für Vietnams Modernisierung nutzen will, doch das Jahrzehnt der Mißachtung und Ächtung ist nicht so schnell vergessen zu machen.

Phuongs Freund hat sich mit 200 Dollar vom Militärdienst freigekauft. »Lieber arm als in Kambodscha sterben.« Man tut Phuong nicht unrecht, wenn man sie als Antikommunistin bezeichnet, was aber nicht heißt, daß sie nicht Kommunisten in ihrem Freundeskreis hat. Hien beispielsweise ist der Sohn eines Funktionärs, war selbst auch Kader der Ho-Chi-Minh-Jugend. Er ist jetzt Tanzlehrer für den Sozialismus, gibt im Haus der Ho-Chi-Minh-Jugend und anderswo gegen Geld Tanzstunden. Er steht zum System, wenn es ihm auch bisher keine Arbeit gegeben hat. Er hat Theaterwissenschaft studiert und möchte eigentlich als Regisseur arbeiten, aber über einige kleine Nebenrollen als Schauspieler ist er bisher nicht hinausgekommen.

Sein Freund Van, 26, studiert noch Literaturwissenschaft. Er stammt aus einem Dorf im Mekong-Delta und wohnt kostenlos im Studentenwohnheim. Sein Vater ist Schlosser, seine neun Geschwister leben nach wie vor im Elternhaus. Fünf Jahre lang war Van beim Militär, danach bis 1986 als Kader beim Jugendverband.

Toai, der Arbeiter aus der Werkzeugfabrik, findet es gut, daß jemand, der sich für die Gesellschaft eingesetzt hat, auch etwas davon hat, ihn stören jedoch die Söhne und Töchter der Funktionäre, »die aus Langeweile jede Samstagnacht mit ihren Mopeds im Kreis fahren und in den Diskotheken der Hotels herumsitzen«. Er könne da nicht hinein, das sei viel zu teuer, da ginge ja an einem Abend sein ganzer Monatslohn drauf.

Le Van Noui, der Saigoner Chef der Ho-Chi-Minh-Jugend, kennt diese Kritik an der Kommerzialisierung des Tanzes, die vom Staat betrieben wird, und teilt sie, verweist aber auf die vielen Jugendklubs, in denen die jungen Saigoner billig aufs Parkett kommen können. Viele Dauergäste im staatlichen Kulturhaus träumen von einer Nacht in der staatlichen Diskothek. Und wenn es soweit ist, sind sie nervös wie am ersten Schultag.

Den Eintritt in die Gesellschaft zelebrieren sie in voller Pracht, entweder in Importware, deren Herkunft deutlich an den demonstrativ zur Schau gestellten (imitierten) Firmenemblemen abzulesen ist, oder in Festkleidung made in Saigon. Das Rouge sieht hier und da aus wie ein frischer Bluterguß, aber das ist in den Musikpalästen der westlichen Metropolen ja auch keine Seltenheit.

An Festtagen wie Silvester wächst die Zahl der Debütantinnen und Debütanten rasant, die Einnahmen der

Diskotheken steigen auf 20 bis 25 Millionen Dong. Im »Majestic«, *the best Disco in town*, sind zwei Mädchen den ganzen Abend damit beschäftigt, die Dong-Berge, die die Kellner heranschleppen, zu Dong-Gebirgen zu ordnen. Sie sitzen in Anoraks hinter der Theke, denn eiskalte Klimaluft sorgt für Temperaturen, die das Styling der Tanzbären konservieren sollen. Pappmasken, Luftschlangen und Konfetti müssen angesichts der Papierknappheit im Land als Ausdruck übelster Dekadenz betrachtet werden, was die Begeisterung der hopsenden, johlenden und swingenden Menge aber nur noch mehr anfeuert.

Wer vor die Tür tritt, ist innerhalb von Sekunden um Jahrzehnte zurückgeworfen, in eine unterentwickelte Welt ohne Glanz und Geld. Der Bummel von einer Diskothek zur anderen ist wie ein Marsch durchs Mittelalter, vorbei an schlafenden Familien, die im Rinnstein leben; an Krüppeln entlang, die einen humpelnd und kriechend ein kurzes Stück begleiten, um Geld zu erbetteln oder eine Zigarette; durch Trauben von Menschen hindurch, die noch nicht wissen, was sie morgen tun werden.

Neonröhren künden hier und da von der Rückkehr der Massage; wie Leuchtsignale der Zukunft blitzen sie in den Straßen der Vergangenheit; mancher wird sie allerdings eher als Zeichen der Vergangenheit erleben.

Wodurch unterscheidet sich der bourgeoise vietnamesische Massagesalon vom volkseigenen vietnamesischen Massagesalon? Privat wird mit Füßen getreten, staatlich dominiert die Faust. Dort trampeln zwei Mädchen auf dir herum, hier prügelt nur eine. Beide Prozeduren dauern eine Stunde (im VEB ertönt eine schnarrende Sirene) und erfordern im Gegensatz zur thailändisch-kapitalistischen

Abart keinerlei Mitarbeit des Kunden. Man liegt da wie eine angeschwemmte Robbe, mit der die Brandung spielt, und lobt Gorbatschow und Nguyen Van Linh, Perestroika und *Doi Moi* und den Kommunismus mit menschlichem Antlitz. So ungefähr muß sich Karl Marx die Zukunft der Menschheit vorgestellt haben. Macht 6000 Dong (privat) und 30000 Dong (staatlich).

Vom Sitz einer Fahrradrikscha aus betrachtet ist Saigons Nachtleben ein wildes Panoptikum. Ein paar hundert Meter hinter dem Diskobezirk beginnt das Elendsviertel der Stadt, der 4. Bezirk. Der Fahrer tritt schnell. Er möchte wieder heraus sein, bevor die beginnende Dunkelheit irgendwelchen dunklen Gestalten allzuviel Schutz bietet.

Es ist ein lauer Silvesterabend. In den engen Schlaglochgassen ist es ein Abend wie jeder andere; die Bewohner hocken schwatzend oder dösend vor ihren Holzbaracken, aber schon auf der Calmette, die zum zentralen Markt führt, reihen sich die Ballonhändler und fliegenden Cafés aneinander.

Gegenüber dem Zentralmarkt huschen auf einer Lichterwand die Losungen des Tages über die Köpfe der Menschen, die sich in der dunklen Straße schlafen gelegt haben. Aufgereiht wie Exekutierte liegen sie an der Häuserwand, als seien sie gerade eben umgemäht worden. Einige bewegen sich noch, sie suchen die bequemste Schlaflage.

Alle Straßen sind finster, die einen mehr, die anderen weniger; wo Geschäfte noch geöffnet haben oder es etwas zu trinken gibt, fällt dämmriges Licht auf die Straße; unzählige kleine Petroleumlämpchen rahmen die Fahrbahn, Lichtzeichen einer Zigarettenverkäuferin oder eines Reifenflickers. Saigon bei Nacht ist so romantisch wie Paris bei Stromausfall.

Die breiten Alleen wirken still, trotz vieler Menschen, die radelnd plappern; besonders nachts merkt man das Fehlen der Autos, besonders in den Seitenstraßen, wo keine Blechreihen die Bäume säumen. Wir gleiten an einer hohen Mauer vorbei; dahinter, in den aufragenden Häusern, sind alle Fenster hell erleuchtet. Pop-Musik dringt heraus und dumpfes Lachen. Vor dem Portal sowjetische Jeeps; die Soldaten, die ihre Botschaft beschützen, winken zurück.

An der Thang-Tam-Straße liegen ein paar Open-air-Bühnen, auf denen jeden Abend Bands, die »Crazy Dogs« heißen oder »Hope«, ihr Potpourri aus vietnamesischen Schlagern und ausländischen Hits präsentieren. Eine Parade von talentierten Kopierern steht hinter den Mikrophonen, kleine Madonnas und Whitney Houstons. Die Sängerinnen sind aggressiver und mutiger als ihre männlichen Kollegen. Während diese vornehmlich schluchzende Liebeslieder zu bieten haben, die dank des unausrottbaren Halls klingen wie das jammernde Werben läufiger Hunde, bevorzugen die Frauen immer öfter harte westliche Stücke. »Touch me, now, I want to feel your body« ist für vietnamesische Ohren noch eine echte Zumutung, und wenn Samantha Fox' Lied dann auch noch von einer Vietnamesin im schwarzen Ledermini mit Bikinioberteil vorgetragen wird, ist das schon eine kleine Kulturrevolution.

Zugegeben, die Texte englischer Songs bleiben den Zuhörern weitgehend unverständlich, weil die vorrevolutionären Soundanlagen jedes Stück wie ein Werk der »Einstürzenden Neubauten« klingen lassen, aber die Körpersprache sagt genug.

Frauen wie Männer pflegen auf der Bühne wieder mehr die vietnamesische Tradition der gesungenen Sage, des Liedes, das vom schweren Kampf und dem Leben der Vergangenheit handelt. Bis 1985 wurden diese Songs, die auf vietnamesischen Bühnen zwischen Diskohits erklingen und die sonst reservierten Zuhörer gelegentlich gar zum leisen Mitsingen animieren, als »gelbe Musik« *(nhac vang)* verteufelt, doch inzwischen nennt man sie »vorkämpferische Musik« *(tien chien)*.

Die Straßen rund um die Open-air-Bühnen sind an diesem Silvesterabend überfüllt mit Leuten, die keinen Sitzplatz mehr ergattert haben. Sie hocken am Straßenrand oder stehen in Grüppchen zusammen; trinken, schwatzen, tanzen. Je mehr wir uns wieder dem Stadtzentrum nähern, um so dichter wird der Strom der Radelnden. Der ehemalige Präsidentenpalast, den am 30. April 1975 die Panzer des Nordens umzingelten, liegt verlassen und dunkel hinter schweren Gittern. Gelegentlich wird er als Kongreßgebäude genutzt, tagsüber kann man ihn besichtigen – abends solle man ihn doch zur Diskothek machen, fordern Jugendliche. Apocalypso now.

Wir sind in die »Straße der Volkserhebung« eingebogen, die vor 1975 »Straße der Freiheit« hieß und die wildeste Straße der Welt war. GIs mit Patronengurten über der Schulter zogen von Bar zu Bar und musterten die Dirnenarmee. Die ist längst abgerüstet, war aber nie ganz verschwunden, und nun stehen hier und da in den Haustüren wieder flirtende Mädchen. Die Angst der alten

Parteikader, daß mit dem westlichen Kapital auch die Dekadenz wieder einsickert, erhält durch ihr Lächeln Auftrieb.

An der Bar des Cuu-Long-Hotels treffe ich Gordon, den Hippiesoldaten, wieder. Er ist niedergeschlagen, weil er immer noch nicht bis zu seinem ehemaligen Stützpunkt Bien Hoa vordringen durfte. Er war dort auf dem Flughafen zuständig für den Nachschub an die Front. In der Hemdentasche trägt er ein Bild seines damaligen Arbeitsplatzes mit sich herum: ein zweistöckiges Holzhaus, davor Jeeps, dahinter ein langer Schuppen, Aufschrift: »Clear all weapons«.

Bien Hoa sei 1969 der drittgrößte Flughafen der Welt gewesen, erzählt Gordon stolz, hinter Saigon und Da Nang. Den Tag über hat er sich mit einer Rikscha durch die Stadt fahren lassen und ist über alles hergefallen, was von damals noch übrig ist – die GI-Helme, die den Reifenflickern als Schüsseln dienen, amerikanische Jeeps, die von Privatleuten oder Offiziellen gefahren werden; Munitionskisten, Fallschirmfetzen, Abzeichen, alles hat er photographiert.

Am nächsten Abend schiebt jemand einige Blätter Papier unter der Tür meines Hotelzimmers durch, Photokopien von Visitenkarten, Photos und Landkarten. »Where the men are in Vietnam« steht oben auf einer drauf: Sie zeigt die ehemaligen Stützpunkte der US-Armee.

Ich klopfe bei Gordon an. Er öffnet bleich und läßt mich herein. Das Zeug ist von ihm. Die Photos zeigen einen hohen Geheimdienstmann der ehemaligen südvietnamesischen Regierung und seine Familie. Sie leben jetzt in den

USA und sind Freunde von Gordons Eltern. Und warum schleppt er das mit hierher? »Nur so, aber vielleicht treff' ich ja ihre Verwandten hier.« Daß es nicht sehr dienlich ist, mit kopierten Visitenkarten eines früheren Geheimdienstmanns durch das sozialistische Vietnam zu reisen, scheint ihm klar. Er hat einen automatischen Einbruchmelder an seiner Zimmertür installiert.

In Gordons Hotelzimmer hat sich eine mysteriöse Französin einquartiert, eine Halbvietnamesin, die zwar mit einer Reisegruppe eingereist ist, aber nun auf eigene Faust herumzieht. Die Studentin forscht ihrem Stammbaum nach, möchte gern ihre vietnamesischen Vorfahren aufspüren, wie sie sagt, und dann eventuell hier leben. Seit der vorsichtigen Öffnung des Landes zieht Vietnam die merkwürdigsten Figuren an; die alten Kolonialhotels, jahrelang modernde Denkmäler, durchweht nun der Geruch von Abenteuer.

Tagsüber ist es Gordon gelungen, mit seinem staatlichen Betreuer bis zum Flughafen von Bien Hoa vorzudringen, doch sein ehemaliges Büro liegt nun im militärischen Sicherheitsbereich, er hat es nicht besichtigen können. Von einer Anhöhe aus durfte er einen Blick auf die Baracke werfen. Sein Begleiter ermunterte ihn sogar, zu photographieren. Gordon ist nun verunsichert, er hält das für eine mögliche Falle. Sein Mißtrauen ist ausgelöst worden durch die Rechnung, die man ihm für seinen bisherigen Aufenthalt präsentiert hat. »Ich komme hierher, um den Leuten zu helfen, und sie nehmen mich aus.« Zudem nagt ein schwerer Durchfall an seinem Selbstbewußtsein. Er überlegt, seine Friedensmission abzubrechen und nach Bangkok auszureisen.

Wer wissen möchte, wie viele und welche westlichen Ausländer sich in Ho-Chi-Minh-Stadt aufhalten, braucht nur zwei, drei Abende lang in der Bar des Cuu-Long-Hotels zu sitzen. Sie liegt zu ebener Erde, ist zur Straße hin offen und nur durch eine dicke Hecke von den vorbeihuschenden Fahrradströmen getrennt. So sitzen die Gäste mitten im fernen Land und sind doch unter sich – darum ist die Bar der »Neun Drachen« so beliebt. Sie ist das Barometer für das Klima zwischen Vietnam und dem Rest der Welt.

Nach dem Abzug der Amerikaner 1975 hatte der Barkeeper Kinh, ein fast glatzköpfiger Khmer, kaum Dollarkunden, nur Rubelgäste. Dann fanden sich Mitarbeiter von internationalen Hilfsorganisationen ein, später ein paar Diplomaten, langsam kamen auch die ersten Touristen und dann immer mehr Journalisten. Ende April 1985 überschwemmten plötzlich zweihundert von ihnen, die meisten waren Amerikaner, die Stadt und die Bar: Die vietnamesische Regierung wollte die westliche Welt teilhaben lassen an den Triumphfeiern des »Zehnten Jahrestages der Befreiung«.

Für den Barkeeper waren das harte, wenn auch erfolgreiche Tage. Er mußte zwei zusätzliche Kellner einstellen, was er gerne tat. Und er mußte mit ansehen, wie amerikanische Journalisten die Unsitte aus den Kriegszeiten wiederbelebten, Zigaretten über die Hecke zu schnippen, und damit auf der anderen, der vietnamesischen Seite einen Menschenauflauf verursachten.

Seit etwa zwei Jahren hat die Cuu-Long-Bar ganz neue, ganz andere Gäste bekommen, stille Typen, die nie darauf kommen würden, mit Zigaretten zu werfen. Es sind Geschäftsleute – Japaner, Schweden, Thai, Franzosen, Südkoreaner. Zunächst waren es nur wenige. Doch seit Anfang 1988, seit ein neues Investitionsgesetz in Kraft ist, hat sich ihre Zahl vervierfacht, wie der Barkeeper schätzt. Mit diesem Gesetz legt die Partei, die Jahrzehnte gegen die französische und amerikanische Fremdherrschaft gekämpft hat, Vietnam dem ausländischen Kapital zu Füßen. Mit den neuen Gästen haben auch so merkwürdige Dinge wie Werbung und Westfilme Einzug gehalten, schon lief der amerikanische Vietnamreißer »Platoon« in sechs Saigoner Kinos – Vietnam erwacht aus der verordneten Isolation. Die schwitzenden Männer mit den kurzen Hosen verbreiten Pionierstimmung in der Cuu-Long-Bar.

Die beiden, die bei zwei Dosen *Saigon export* in einer der Hollywoodschaukeln zusammensitzen, sind ganz seltene Typen des neuen Kundenkreises. Sie kommen aus der Bundesrepublik. Der eine ist als Tourist hier, soll aber für eine große Hamburger Im- und Exportfirma nebenbei die Geschäftslage sondieren. Und der andere arbeitet als Berater für verschiedene Firmen und die Welternährungsorganisation (FAO), in deren Auftrag er gerade die Übergabe einer von Dänen und Italienern gebauten Reismühle beaufsichtigt hat. Rudolf Runde, so heißt der Experte, stellte schwerwiegende Mängel an der Anlage fest. Die Dänen hatten die Vorrichtungen für das Löschen von Reis so schlampig gebaut, daß sie praktisch unbrauchbar waren. »Die Vietnamesen machen böse Erfahrungen mit dem Westen. Sie bekommen den letzten Schrott. Sie sind zu unerfahren im Verhandeln«, erzählt Runde. »Und keiner von ihnen will Verantwortung übernehmen, aus Angst davor, zur Rechenschaft gezogen zu werden.« Das Tragische sei, daß Vietnam eigentlich große Potentiale habe. »Die Vietnamesen sind verbissene Arbeiter wie die Koreaner. Wenn erst das nötige Kapital reinfließt, dann wird hier alles sprießen wie in Südkorea oder Thailand.«

Deutsche Firmen zögern noch. Zwar erkundete schon eine Delegation des Ostausschusses der deutschen Wirtschaft das Investitionsklima. Zwar eröffneten 19 deutsche Firmen bereits ein gemeinsames Büro in Hanoi, aber fehlende internationale Bürgschaften verhindern bis heute größere Investitionen. Zudem hemmt die politische Isolation des Landes den Pioniergeist der deutschen Unternehmer. Die Japaner hingegen sind allen westlichen Ländern weit voraus. Sie unterlaufen den westlichen Boykott nicht wie früher nur klammheimlich, sondern inzwischen in aller Öffentlichkeit. Auf eine Handelsausstellung, bei der die japanischen Großkonzerne alles zeigten, was vietnamesische Investoren und Konsumenten interessieren könnte, folgte die Eröffnung einer Filiale des Großhandelshauses Nissho Iwai. Die ASEAN-Staaten und China protestieren des öfteren gegen diese »unsolidarischen« Geschäftspraktiken. Der amerikanische Senat verhinderte durch heftige Einsprüche die Errichtung eines Montagewerkes für Honda-Mopeds in Ho-Chi-Minh-Stadt. Kinh, der Barkeeper im »Cuu Long«, wird inzwischen durch einen Sanyo-Ventilator erfrischt, hört im Sony-Radio Musik und fährt mit einem Nissan-Lift in den fünften Stock.

Firmen aus Japan werden auch die ersten sein, die in Vietnam eigene Produktionsstätten errichten. Das neue Investitionsgesetz verändert die Bedingungen für ausländische Unternehmen so radikal, daß man es schon revolutionär nennen kann: Steuerbefreiung, Lohnautonomie und volle Gewinnabführung werden den Kapitalisten versprochen. Kein anderes sozialistisches Land gewährt dem Systemgegner so viel wirtschaftliche Macht im eigenen Herrschaftsbereich, selbst Fabriken, die sich zu hundert Prozent im Privatbesitz ausländischer Firmen befinden, sind möglich. Die *Far Eastern Economic Review* würdigte das Investitionsgesetz als »eines der liberalsten in ganz Asien«. Erst wenige westliche Firmen nutzen das neue Klima: Ein britisches Unternehmen läßt Aluminiumfenster bauen, eine Westberliner Firma Telefonanlagen, Michelin aus Frankreich plant ein Gummiwerk, Olivetti will Schreibmaschinen zusammenbauen lassen. Dennoch investieren Kinhs Bargäste bislang mehr Zeit als Geld in Vietnam.

Nicht nur ausländische, auch inländische Bourgeois sollen in Vietnam wieder zum Zuge kommen. »Wir halten in vielen Branchen die langfristige Existenz des privaten kapitalistischen Produzenten und des Kleinbürgertums für nötig«, erklärte der Parteistratege Truong Chinh auf dem Sechsten Parteitag der Kommunistischen Partei Ende 1986. Acht Jahre vorher hatte er noch mit Erfolg die Beseitigung des Privathandels propagiert, da dieser eine ständige Quelle kleinbürgerlichen Denkens und sozialer Ungerechtigkeit sei.

Das Verbot des Handels trieb damals die Volkswirtschaft in die Krise und erzwang so seine eigene Aufhebung. Auch jetzt ist es die Not, die die Parteikader zur Einsicht treibt. Vietnam, mit einem Pro-Kopf-Einkommen von 150 Dollar im Jahr eines der ärmsten Länder der Welt, ist durch eine rasende Inflation noch tiefer in die Armut gerissen worden. Zwar ist die Grundversorgung durch eine Rationierung der Güter halbwegs gesichert, aber alles, was mehr ist als Überlebensmittel, kann sich praktisch keiner leisten. Unterernährung, Arbeitslosigkeit, soziale Ungerechtigkeit – so beschreiben heute hohe Parteifunktionäre die Lage der Nation. Zwanzig Prozent der 32 Millionen Erwerbsfähigen haben keine feste Stelle. Ein Drittel der Beschäftigten sei praktisch arbeitslos, nur die Hälfte der Produktionskapazitäten werde genutzt.

Die Währungsreform Ende 1985 hatte die Lage so verschärft, daß die Kader hinter dem schonungslosen Eingeständnis des Elends in Deckung gingen. Ein Politbüromitglied entdeckte in seiner Partei und seinem Land nicht weniger als zwölf Grundübel, nämlich »Subjektivismus, Hast, Übereifer, Realitätsferne, Entfremdung von den Massen, bürokratischen Zentralismus, Verlassen auf staatliche Unterstützung, Stagnation, Konservatismus, Willkür, mangelnde Koordination und Disziplin«. Man habe zuviel Geld in die Schwerindustrie gesteckt (wie in der Sowjetunion), den großen Sprung propagiert und die Landwirtschaft überhastet kollektiviert (wie in China); die Steuern seien zu hoch, und das gesamte Steuersystem behindere die Wirtschaftsentwicklung; man habe viel zu lange mit zu niedrigen Preisen und zu hohen staatlichen Subventionen gearbeitet; ein Großteil der Führungskader sitze nicht wegen seiner Qualifikation, sondern wegen politischer Willfährigkeit auf seinem Posten und sei den

Aufgaben nicht gewachsen; beispielsweise gehe ein Fünftel der Reisernte verloren, weil der Transport und die Lagerung zu schlapp organisiert seien.

Auf dem Sechsten Parteitag der Kommunistischen Partei Vietnams wurde eine Kritikkampagne entzündet, die bis heute lodert. Die Hälfte der Politbüromitglieder wurde ausgewechselt, das Zentralkomitee verjüngt und eine Aktion zur Säuberung der Partei und des Staatsapparats beschlossen. In den einzelnen Provinzen gingen die Saubermänner allerdings mit unterschiedlichem Elan ans Werk: In Bin Tri Thien beispielsweise, nördlich des 17. Breitengrades gelegen, wurde ein Drittel des Staatsapparats ersatzlos gestrichen; in der nördlichen Provinz Cao Bang wurden 1763 Parteikader überprüft, gegen die Beschwerden aus der Bevölkerung vorlagen – 506 mußten gehen. Politbüromitglied Do Muoi faßte die Flut dieser Einzelfälle von Korruption so zusammen: »Es gibt Fälle, in denen hochrangige Kader und alte Parteikader durch verzuckerte Geschosse niedergestreckt worden sind. Einige Fälle gehen einem wirklich sehr zu Herzen. Man kann sagen, daß die Verluste, die wir in den vergangenen zehn Jahren erlitten haben, weit größer sind als diejenigen, die wir während unseres Widerstandskriegs gegen feindliche Aggressoren hinnehmen mußten.«

Landesweit wurden zwanzig Prozent aller Staatsbediensteten entlassen, was übrigens den erbitterten Widerstand der Reformgegner ausgelöst hat. In der kommunistischen Partei muß zukünftig bei jeder Wahl ein Drittel der Mitglieder aller Leitungen ausgewechselt werden. Führungskräfte im Staatsapparat und in den Staatsbetrieben müssen nicht mehr Parteimitglieder sein.

Die eingeleitete Landreform ist neben der Ermunterung westlicher Investoren die revolutionärste, man kann auch sagen konterrevolutionärste Maßnahme des *Doi Moi.* Die Kollektivierung der Landwirtschaft wurde aufgehoben, nun darf der Bauer wieder allein mit seiner Familie ins Reisfeld, gegen Pacht versteht sich und bei Fortexistenz einiger Staatsfarmen.

Die Öffnung Vietnams nach Westen ist für die Rikschafahrer in Ho-Chi-Minh-Stadt keine wirkliche Neuorientierung. Sie waren vom ersten Tag des Sozialismus an auf Westkurs. Die Männer mit dem kräftigen Tritt, meist frühere Offiziere der geschlagenen südvietnamesischen Armee und deshalb mit der englischen Sprache vertraut, standen in den dreizehn Jahren seit dem Abzug der Amerikaner fest zum Westen, besonders, wenn sie Gäste ihrer heimlichen Bruderländer zu fahren hatten. Thai, der uns in der Silvesternacht chauffierte, saß sechs Monate im Umerziehungslager, bekam danach keine Arbeit und begann dann als Rikschafahrer. Inzwischen hat er sich ein kleines Haus am Saigon-Fluß erstrampelt, aber wann immer man ihn trifft, sagt er: »Alles wird immer schlechter.«

Im letzten Jahr, dem Jahr des großen Neuanfangs, ist eines besonders schlecht geworden: Die Preise stiegen um etwa 700 Prozent. »Reis ist auf dem freien Markt jetzt zehnmal teurer als vor einem Jahr«, stöhnt Thai. Aber er gibt zu, daß eines besser geworden ist: Man dürfe darüber jetzt lauter klagen als früher. Vor zwei oder drei Jahren noch bückte er sich während der Fahrt immer tief hinunter zu seinem wißbegierigen Fahrgast aus dem Westen, um ihm seinen Bericht zur Lage der Nation ins Ohr zu raunen. Jetzt tritt er aufrecht, während er klagt, und es stört ihn nicht, daß die strampelnden Radler rechts und links – Autos gibt's nur wenige auf Saigons Straßen – mithören können.

Warum auch, inzwischen kann er solche Klagen ja auch in den Zeitungen lesen. Die Zeitungen Vietnams sind voll mit Berichten über Korruption, unfähige Parteikader und soziale Mißstände. Sie wurden von der Parteiführung zur Kritik regelrecht gezwungen. »Die Presse meldet nur Positives, wagt keine Kritik und beantwortet nicht die Fragen, welche sich die Bevölkerung stellt«, geißelte die Parteiführung schon 1986. Die jüngeren Parteikader aus dem Süden, die überall nach oben drängeln oder gedrängelt werden, sind in den Zeitungen besonders schnell vorangekommen. Und der neue Generalsekretär Nguyen Van Linh, seit sechzehn Monaten im Amt, griff sogar selbst zur Feder, um in Glossen den schlampigen Direktor eines Elektrizitätswerks oder den staatlichen Verkauf von Waren zu überhöhten Preisen anzuprangern und so zu demonstrieren, was er von den jungen Presseleuten verlangt.

Immer mehr Vietnamesen tun es ihm nach und greifen in den Leserrubriken Schlamperei und Korrupte an. Probleme wie Prostitution, Drogenkonsum und Kriminalität, lange verschwiegen, füllen nun die Spalten, aber auch Klatsch, Werbung und Buntes – das wahre Leben hält Einzug in das veröffentlichte Leben Vietnams.

Ende der siebziger Jahre, sagt der Chefredakteur von *Saigon Giai Phong*, einer der besten Zeitungen des Landes, habe sein Blatt wenig konkrete Informationen bringen dürfen, nicht einmal über Verkehrsunfälle durfte berichtet werden. Jetzt sieht er die Aufgabe der Medien nicht länger darin, Stimme der Partei zu sein, sondern Stimme der Bevölkerung. Die Leserbriefe sind für die Redaktion eine wichtige Informationsquelle. Monatlich etwa 200 Briefe treffen ein, mit konkreter Kritik an Wirtschaftskadern und Parteifunktionären. Die Journalisten haben das Recht, bei begründetem Verdacht die Unterlagen von Betrieben und Behörden zu durchforsten, um Vorwürfen der Unterschlagung und der Korruption nachzugehen. Beispielsweise konnte einem Abteilungsleiter im Finanzministerium nachgewiesen werden, zusammen mit Kollegen mehrere Millionen Dong in die eigene Tasche gewirtschaftet zu haben. Der Mann mußte ins Gefängnis. Wegen der verfehlten Steuerpolitik hat *Saigon Giai Phong* wiederholt den Rücktritt des Finanzministers gefordert und wegen der umstrittenen Schulgeldfreiheit für alle Kinder eine Verfassungsänderung angeregt.

Die Zeitung hat eine tägliche Auflage von 90000 Exemplaren, das Dreifache könnte verkauft werden. Doch aus Papiermangel in Vietnam – das Blatt faßt sich an wie Toilettenpapier um die Jahrhundertwende – kann nicht mehr gedruckt werden. Der Preis, eigentlich 80 Dong, liegt daher inzwischen bei den fliegenden Händlern um 200 Dong für eine Zeitung. 20000 Exemplare erscheinen übrigens in chinesischer Sprache, für die etwa eine halbe Million Chinesen in der Stadt.

Fünfzig Journalisten, Durchschnittsalter dreißig Jahre, erstellen die Zeitung. Sie verdienen zwischen 50000 und 150000 Dong, je nach Leistung, doppelt soviel wie ein Facharbeiter, bis zu zehnmal mehr als ein Hochschullehrer. Für enthüllende Artikel, die Fälle von Korruption oder Mißwirtschaft aufdecken, bekommen sie Prämien zwischen 4000 und 8000 Dong.

Nur wenige der 200 Zeitungen Vietnams sind bisher so radikal der *Cong Khai* verpflichtet, auf russisch Glasnost. Auch die *Saigon Giai Phong* erhält hin und wieder drohende Anrufe von oben, diesem oder jenem Fall nicht nachzugehen. Man ignoriere die Anrufe, versichert der Chefredakteur, bisher ohne Folgen. Aber seien nicht schon Stimmen laut geworden, daß die Führungsrolle der Partei gegenüber der Presse wieder verstärkt werden müsse, damit »Verleumdungen, Herabsetzungen und destruktive Kritik« aufhörten? Ja, das seien Stimmen von gestern. Und der Chefredakteur der Literaturzeitung *Van Nghe*, sei der nicht gerade abgesetzt worden? Nein, nicht abgesetzt, er sei mit anderen Aufgaben betraut worden. Warum? Die *Van Nghe* sei sexuell zu freizügig gewesen. Inwiefern? Sie habe das moralische Empfinden der Leser verletzt. Wer stellt das fest? Die Leser. Wie? In Leserbriefen.

Später erfahre ich, daß nicht nur der Chefredakteur der *Van Nghe*, das radikalste Organ des *Doi Moi*, abgesetzt wurde, sondern daß dem Blatt auch die Papierzuteilung gekürzt wurde.

Eine beliebige erste Seite der *Saigon Giai Phong* sieht so aus: Aufmacher ist ein Artikel über den Beschluß der Volkskammer, zwanzig Millionen Tonnen Lebensmittel mehr zu produzieren. Daneben »Truppenabzug aus Kampuchea«, darunter »Lehrer bekommen mehr Reis«. Unten auf der Seite freie Aussprache: »Jeder darf reich werden, alle sollen froh sein«. Daneben: »Illegaler Privatbesitz von Landkadern«, »Betrieb hat sehr gut gearbeitet,

Arbeiter bekommen aber nicht mehr Lohn«. Und: »Im 4. Bezirk unmoralische Filme verkauft«. Zwischendrin Oscar-Verleihung und Fußballergebnisse.

Thai, der Rikschafahrer, hat inzwischen aus der Zeitung erfahren, wenn auch mit Verspätung, daß Helmut Kohl Helmut Schmidt abgelöst hat und daß es die »Blauen« gibt in *tay duc*, im fernen Westdeutschland, eine neue politische Gruppe, die merkwürdigerweise für den Erhalt von Bäumen kämpft. Er schüttelt den Kopf und zeigt auf die kirchturmhohen Bäume links und rechts der Allee.

Die Deutschen seien sehr tapfer, die Russen dumm, die Amerikaner feige. Er verzeiht ihnen bis heute nicht, daß sie ihn, den Offizier der befreundeten Armee, vor dreizehn Jahren in Saigon zurückgelassen haben, »wie einen alten Militärstiefel«. Noch immer antwortet er mit einem schneidigen »Yes, Sir«, wenn man ihn etwas fragt.

Der Privathandel, in den Augen der marxistischen Staatsführung lange Zeit das schlimmste Überbleibsel der alten Ordnung und Brutstätte für eine neue Bourgeoisie, blüht und gedeiht. Die Märkte Saigons sind prall gefüllt und müssen den Vergleich mit den Lebensmittelabteilungen unserer Kaufhäuser nicht scheuen. Die Schwarzmärkte im chinesischen Viertel wirken wie eine Leistungsschau westlicher Konsumgüter. Und an den Straßenrändern hocken Frauen, vor sich ein Tischchen, auf dem sie Bananen, Nähnadeln oder einzelne Zigaretten feilbieten. Die halbe Stadt scheint mit dem Verkauf von irgend etwas beschäftigt zu sein, während der andere Teil der Bevölkerung offenbar von Angebot zu Angebot flaniert – allerdings ohne zu kaufen. Denn die Preise für

Kassettenrecorder, Delikatessen oder auch einfache Dinge sind für die meisten unerschwinglich hoch. Nur die Hälfte aller Waren, so heißt es offiziell, gelangt über staatliche Läden an die Käufer. Dabei handelt es sich meist um Grundnahrungsmittel. 200000 Händler gibt es in Ho-Chi-Minh-Stadt; in der Industrie arbeiten dagegen nur 100000 Menschen. Die Saigoner Kleinkrämermentalität ist inzwischen bis ins streng sozialistische Hanoi vorgedrungen und hat dort den längst abgestorbenen Kleinhandel wieder sprießen lassen.

Die Schwarzhändler werden toleriert, weil sie zu Stützen der Gesellschaft geworden sind. Sie beherrschen die Straßen und das Nachtleben. Sie, ihre Freunde und Freundinnen dominieren in den Diskotheken, Klubs und Restaurants. Und wenn ihnen nach dem dritten Glas Bier »die zweite Sonne im Gesicht« steht, geben sie den Japanern auf den Tanzflächen deutlich zu spüren, daß sie sich im Land schon viel zu breitgemacht haben.

Der Sozialismus Vietnams ist auch während seiner ideologischen Blüte Ende der siebziger Jahre nie ein porentief sauberer Sozialismus gewesen. DDR-Touristen hat immer das Schaudern gepackt, wenn sie ihre Hotels im Saigoner Chinesenviertel verließen und in den Straßen die unübersehbaren Anzeichen von Anarchie und Marktwirtschaft erblickten. Vietnam hat seinen eigenen schlitzohrigen Sozialismus aufgebaut, in dem das Pragmatische wichtiger ist als die Lehre. Die latente Doppelherrschaft, in der politisch die Partei des Sozialismus herrscht und ökonomisch die Anarchie des Marktes, diese Doppelherrschaft wird durch die neuen ökonomischen Reformen zementiert.

Angelika Nguyen, Bürgerin der DDR, sitzt nicht als Touristin in der Cuu-Long-Bar, sondern als potentielle Bürgerin Vietnams. Sie ist mit einem Vietnamesen verheiratet, acht Jahre lang haben sie in Berlin (Ost) gelebt, nun planen sie, in Saigon, der Heimatstadt des Mannes, zu wohnen. Daß in Vietnam kein Sozialismus sei, sagt sie, erkenne man schon am Straßenverkehr: Es gebe Länder mit Rechtsverkehr, Länder mit Linksverkehr und Vietnam, ein Land mit Rechts- und Linksverkehr. Hier herrsche die Anarchie.

Angelika Nguyen spricht recht gut Vietnamesisch. Sie braucht keinen Dolmetscher, um sich mit ihren zukünftigen Landsleuten über ihr Heimatland und den Sozialismus zu unterhalten. Ihr sind wenige Kommunisten über den Weg gelaufen und noch weniger, die man als überzeugte Kommunisten bezeichnen könnte.

Ihr Mann gehört zu den 45 000 in der DDR ausgebildeten Vietnamesen. Die meisten von ihnen konnten mit der in erster Linie technischen Ausbildung in Vietnam nichts anfangen, weil das Niveau des einheimischen Maschinenparks weit hinter ihrem Ausbildungsstand zurückbleibt. Dennoch ist die Ausbildung in der DDR beliebt, leben die Auszubildenden doch eine Zeitlang im Luxusland des sozialistischen Lagers und kommen mit Moped, Fernseher und ähnlichen Reichtümern zurück. Sie kehren reicher heim und schlauer, aber nicht überzeugter. Sozialismus haben sie sich anders vorgestellt – wärmer, fröhlicher, kreativer.

Umgekehrt ist Vietnam für DDR-Bürger ein beliebtes Reiseland, das Exotenland im sozialistischen Lager, wenn auch nicht die große weite Welt. Die Urlaubsfreude wird getrübt durch die Undankbarkeit, die den Gönnern des vietnamesischen Volkes, wie sie meinen, auf ihrer Ferientour entgegenschlägt. Die Ostmark ist nichts wert im Bruderland; der DDR-Bürger braucht Dollars, um Dong eintauschen zu können, bekommt aber nur 15 Dollar mit auf den Weg, das sind 15 Bier. Die Vietnamreisenden führen daher einen Haufen Kleidung mit sich, den sie Stück für Stück verkaufen, um zu Dong zu kommen.

Angelika Nguyen wird Jeans und Blusen auf den Markt werfen. Lautstark zieht sie in der Cuu-Long-Bar über diesen Zwang zur Tauschwirtschaft her. Gordon, der GI in guter Mission, hört am Nebentisch mit und ist fasziniert von dieser gediegenen Völkerfreundschaft. Je länger die Kommunistin aus der DDR lästert, um so näher rückt der stille Amerikaner, je mehr er fragt, desto sympathischer scheint sie ihn zu finden. Sie verwickeln sich in einen gierigen Austausch von Informationen, wie die Abgesandten zweier Planeten, die das erstemal voneinander Notiz nehmen. Friedliche Koexistenz ist es allemal, mehr schon Konvergenz. Selbst darüber, daß man Profit und Markt in beiden Systemen brauche, einigen sie sich schnell. Der Schrecken, der diesen beiden erzkapitalistischen Begriffen in sozialistischen Ländern jahrelang anhaftete, ist verflogen, in Vietnam allemal. Das Systemdenken stirbt bei den Jugendlichen besonders schnell, nicht mehr »sozialistisch« und »kapitalistisch« beherrschen die Köpfe, sondern »gut« und »schlecht«, »alt« und »modern«. Die Ent-Ideologisierung stößt auf wenig Barrieren, im Gegensatz zur Sowjetunion und China, wo das marxistische Dogma mehr Zeit hatte, sich festzusetzen.

Der neue Parteichef Nguyen Van Linh liberalisiert

nicht nur die Wirtschaft, er beseitigt, gegen den erbitterten Widerstand der Hardliner, auch Relikte des Befreiungskriegs und der Isolation: Die letzten 4000 von ehemals hunderttausend Offizieren und Beamten Südvietnams konnten die Umerziehungslager und Gefängnisse verlassen; die Intellektuellen, die in die innere oder äußere Emigration getrieben worden sind, sollen zurückgewonnen werden; geflüchtete Vietnamesen dürfen unbehelligt das Land besuchen und erhalten Sonderkonditionen, wenn sie im Land investieren; ein neues Ausreisegesetz gestattet das Verlassen Vietnams bis zu drei Monaten, um Verwandte zu besuchen oder Urlaub zu machen. Jeden Monat verlassen 2000 Vietnamesen legal ihre Heimat, aber es wird immer schwieriger, Aufnahmeländer für sie zu finden. Und immer noch flüchten Tausende mit dem Boot, besonders, da es nicht mehr so riskant ist, erwischt zu werden.

Manchmal sitzen schon jetzt Vietnamesen in der Bar des Cuu-Long-Hotels, die fließend Deutsch oder Englisch sprechen. Duong Thi Bich Van lebt seit 1972 in der Nähe von Stuttgart, mit ihrer vierjährigen Tochter ist sie in Ho-Chi-Minh-Stadt bei ihren Verwandten zu Besuch, um auszuprobieren, ob sie mit ihrem Kind hier leben könnte. Doch sie ist skeptisch, das Leben sei zu hart. Ihr Bruder ist Lehrer, verdient aber so wenig, daß seine Frau Schweine züchtet, damit sie genug zu essen haben.

Zwei Tische weiter sitzt eine junge Vietnamesin, die perfekt Englisch spricht. Sie lebt in Ho-Chi-Minh-Stadt, hat Anglistik studiert und arbeitet jetzt als Verkäuferin. Sie darf eigentlich nicht in der Cuu-Long-Bar sitzen, nur Ausländer hatten bisher Zutritt, aber auch diese Vorschrift sieht im Zuge der neuen »Offenheit« keiner mehr so eng. Sie freut sich auf neue Bücher aus Amerika, Klassiker und moderne, die nun wohl wieder ins Land dürfen.

Die Partei- und Staatsführung kennt die Risiken der »Erneuerung«, der zweiten Revolution. Man holt sich jene wieder ins Land, als Investoren und Ideologen, gegen die man für die Unabhängigkeit gekämpft hat – drei Jahrzehnte lang und unter dem Opfer von Millionen Toten. Aber Vietnam bleibt kein anderer Weg.

Der Parteichef Nguyen Van Linh ist kein gelber Gorbatschow oder vietnamesischer Deng Zhiao Ping, er ahmt nicht nur nach, was die russischen und chinesischen Erneuerer ihm vormachen. Die innere Not Vietnams ist die Triebfeder seiner Revolution, wenn es auch ein Segen für die Vietnamesen ist, daß im Kreml ein Mann sitzt, der aus der inneren Not der Sowjetunion ähnliche Konsequenzen zieht. Eine der ersten Amtshandlungen des neugewählten Generalsekretärs Gorbatschow war es 1985, die Wirtschafts- und Militärhilfe an Vietnam für die nächsten fünf Jahre zu verdoppeln – für die Sowjetunion ist Vietnam wegen des Stützpunkts Cam Ranh Bay in Asien so wichtig wie für die USA die Bundesrepublik in Europa. In letzter Zeit allerdings kritisieren die Sowjets immer heftiger, daß die rund sechs Millionen Dollar, die täglich ins Land fließen, nicht effizient genug genutzt würden. Die Vietnamesen ihrerseits wollen aus dieser Abhängigkeit heraus. Ihr Außenminister äußerte gegenüber westlichen Diplomaten, auf Dauer strebe Vietnam eine Annäherung an die asiatische Staatengemeinschaft ASEAN an, weg von der östlichen Handelsgemeinschaft

COMECON, weil die Zusammenarbeit mit den natürlichen Nachbarn näherliegend sei als die mit politischen Verbündeten.

Immer am Wochenende erlebt Kinhs Bar tagsüber den Zulauf ganzer Familien. Sowjetische Berater und Touristen nehmen die Terrasse im Sturm. Sie machen es sich in den Hollywoodschaukeln und Strandkörben – so ungefähr muß man sich die Sitzgelegenheiten in Kinhs Bar vorstellen – bequem und picknicken ungeniert. Selbst die Getränke bringen sie mit, Wodka, Bier und Cola.

Kinh balanciert dann sein silbernes Tablett mit besonderer Eleganz, so, als wolle er den schlechten Stil seiner Gäste wettmachen. Ohne eine Miene zu verziehen, serviert er das Leergut ab. Nur wenn die Kundschaft die leeren Dosen gegen die Hecke trudeln läßt, hebt er irritiert die Augenbrauen.

Geliebt haben die Vietnamesen ihre russischen Brüder und Schwestern nie von Herzen, aber richtig gehaßt haben sie sie auch nicht. Die Wahrheit ist, daß es wohl kaum zwei Völker auf der Welt gibt, die so wenig zueinander passen. Das beginnt beim Alkohol. Man muß nur einmal einer russisch-vietnamesischen Tischrunde zugeschaut haben, um das Mißverhältnis zu begreifen. Oder miterleben, mit welch diebischer Freude die Vietnamesen die Haltbarkeit von Ehrentribünen testen, auf denen Sowjets Platz nehmen sollen – drei Männchen drängeln sich auf der Stelle, die später ein Verbündeter einnehmen soll. 1975, als die nordvietnamesischen Soldaten den amerikanischen Flughafen in Da Nang, ein militärtechnisches Juwel, erobert hatten, flochten sie aus den bunten Drähten dieser merkwürdigen Riesenantennen, Computer und

Radaranlagen Handtäschchen für ihre Lieben daheim, zum Entsetzen des sowjetischen Geheimdienstes, der wenige Tage später anreiste, um einen Einblick in die amerikanische Militärtechnik zu erhaschen. Solche Mißverständnisse sind nicht selten in der Geschichte der vietnamesisch-sowjetischen Völkerfreundschaft, und im Extremfall haben sie Blechsärge zur Folge, die man gelegentlich auf dem Flughafen gen Moskau entschwinden sehen kann.

Naiv wie Kinder könnten die Vietnamesen tun, erzählt ein russischer Ingenieur an Kinhs Theke, dabei seien sie gerissen wie Greise. Wenn sie etwas nicht verstehen wollten, dann stellten sie sich konsequent begriffsstutzig. Sie seien gemeinhin freundliche Menschen, in letzter Zeit allerdings würde das Klima schlechter. Wegen des Kraftwerks Tri An, klagt der Ingenieur, laufe in den Zeitungen eine hundsgemeine Kampagne gegen die Russen.

Der Staudamm von Tri An war zu dünn gebaut worden, so daß das Kraftwerk, das mehr Strom produzieren soll als alle anderen Kraftwerke Südvietnams zusammen, nicht in Betrieb gehen konnte. An dieser dünnen Mauer entlud sich der Ärger der Vietnamesen über die Hilfe des großen Bruders, den Russen wurde Sabotage vorgeworfen. Inzwischen ist die Mauer verstärkt, das erste Aggregat liefert Strom.

Die Sowjetunion baute oder unterstützte bisher 300 solcher Projekte im Land; die Hilfe, einschließlich der militärischen, soll sich bis 1990 gegenüber dem vorherigen Jahrfünft noch einmal verdoppeln. 65 Prozent der vietnamesischen Exporte gehen in die Sowjetunion, gleichzeitig der Hauptimporteur Vietnams. In die Dankbarkeit der Vietnamesen mischen sich immer öfter Klagen darüber, daß man übers Ohr gehauen werde, alte, unproduktive Maschinen bekomme und dafür das eigene Obst, Gemüse, die Fische und Industriewaren zu Schleuderpreisen abgebe.

Die Abhängigkeit von der Sowjetunion möchten die Vietnamesen lockern, ohne allerdings eine japanische Kolonie zu werden, und darum schaut die Staatsführung sehnsüchtig nach Amerika und Europa, besonders in die Bundesrepublik. Wo in der Dritten Welt gebe es ein Land mit soviel Deutschsprachigen – werben die Wirtschaftsplaner, denn 45000 in der DDR ausgebildete Facharbeiter warten auf Arbeit.

Schützenhilfe bekommen die Vietnamesen von einem, der als Legionär für die Fortdauer der französischen Kolonialherrschaft kämpfte und als Journalist den Abzug der Amerikaner betrauerte. Peter Scholl-Latour: »Die Europäer leiden nicht unter dem Trauma eines verlorenen Krieges in Vietnam wie die Amerikaner ... Die Europäer sollten endlich den Vietnamesen helfen, aus ihrer Isolation herauszukommen. Denn wenn es ein Volk in der Dritten Welt gibt, das unsere Hochachtung und unseren Beistand verdient, dann sind es die Vietnamesen.«

Vom Fremdenverkehr versprechen sich die Planer die dringend benötigten schnellen Dollars. Westdeutsche Touristen gehören schon zu den Stammkunden an den Stränden; in Hamburg eröffnete »Vietnam Tourist« sein erstes Auslandsbüro.

SONNE, STRAND UND DIOXIN

DIE SOWJETS tanzen. Ein bißchen tapsig, aber sauber im Takt. *Born in the USA*, dröhnt es aus den Boxen des Recorders auf der Theke, *born in the USA*, singt der amerikanische Rockstar. Die Hüften der Russen rollen, ihre Beine zucken wild. Die Vietnamesen staunen. Kichernd halten sich die Kellnerinnen an den Händen und versuchen zaghaft, den Rhythmus mit ihren Körpern aufzunehmen.

Draußen lärmt ein harmloser Taifun, klatscht schwere Regentropfen gegen die Restaurantfenster des Hotels »Orient« in Da Nang. Anfang der siebziger Jahre tanzten und tranken hier die US-Offiziere. Das fünfstöckige 90-Betten-Haus war ihr nächtliches Headquarter. *Send me off to the foreign land to go and kill the yellow man*, singt die rauhe Stimme. Die Musik stampft.

Ein Vietnamese springt auf. Vor Scham und Vergnügen grinsend, drängt er sich zwischen zwei Russinnen, denen er knapp bis zur Brust reicht, und zappelt verzweifelt gegen den Takt an. Die Serviererinnen tippeln prustend in die Küche, nicht ohne sich noch ein paarmal verschämt umzudrehen. *Had a brother fighting off the Vietcong, they are still there he is all gone.*

Bill ist zurückgekommen. Ende der sechziger Jahre lag er als Soldat 15 Kilometer von hier entfernt im Dschungel. Jetzt sitzt er in einer Ecke des Restaurants, knabbert Saigoner Frühlingsröllchen und bestaunt wie wir die fröhlichen sowjetischen Touristen. Heute morgen hat er die alte Gefechtslinie abgefahren, ist durch die Dörfer der

Partisanen gekommen, die er ein Jahr lang beschossen hat und die ihn ein Jahr lang beschossen haben. Kinder fragten ihn, wer er sei: »Lien Xo?« Russe? Nein. Deutscher? Nein: Franzose? Nein. Ja, was denn? Amerikaner! Da haben sie ihn ausgelacht, der macht Quatsch, das kann nicht stimmen.

»Wenn die hier clever sind, können sie 'ne Menge Touristen rüberholen«, sagt Bill. Viele der über zwei Millionen Vietnamveteranen möchten ganz gern mal wiederkommen, meint er, einfach so, ganz friedlich, um in der Bucht von Da Nang zu surfen, um an den unendlichen Sandstränden zu buddeln, um in den bizarren Marmorbergen herumzuklettern und um den Schwarzmarkt von Ho-Chi-Minh-Stadt anzukurbeln.

Bis es soweit ist, füllen die Touristen aus der DDR, der UdSSR und einigen anderen Ländern die Hotels, was nicht sehr schwierig ist, da es kaum welche gibt. Denn Hotels haben die Amerikaner zu wenige gebaut in Vietnam, wahrscheinlich glaubten sie insgeheim nicht so recht an einen längeren Aufenthalt. Vor ihnen die Franzosen waren wesentlich optimistischer, sie haben beachtliche Kolonialherbergen hinterlassen.

Tatsächlich erzählen die Hotels Vietnams viel über den dreißigjährigen Krieg und den zehnjährigen Frieden. Wie ein koloniales Museum thront beispielsweise das »Majestic« in Saigon, das jetzt zwar »Cuu Long«, »Neun Drachen«, heißt, in dem aber die uralten Kellner immer noch so frankophil wirken, als habe sich im Land nie ein Amerikaner blicken lassen. Das »Orient« in Da Nang, ein hastig hingehauener Kasten, verließen die amerikanischen Gäste damals so schnell, daß es noch heute wirkt wie die vorübergehend ungenutzte Kulisse einer US-Fernsehserie. Der von den Chinesen 1963 in der Halong-Bucht errichtete Hotelkomplex belegt den damals starken Einfluß der Maoisten in Vietnam: Chruschtschow versagte seinerzeit die Hilfe für den bewaffneten Kampf im Süden, eine Fehlentscheidung, die maßgeblich zu seinem Sturz beitrug. Das »Thong Loi« in Hanoi, »Sieg« heißend, schenkte Fidel Castro aus Anlaß der amerikanischen Niederlage im Jahre 1973 – eine ursprünglich elegante Konstruktion mit Club-Méditerranée-Schick, allerdings möchte man den Vietnamesen wünschen, daß ihr Sieg stabiler ist als der Siegesbau. Das namenlose Hotel in der Bucht von Da Nang schließlich, dort, wo Bills Veteranen so gern surfen würden, von den Vietnamesen selbst errichtet, darf wohl als marmornes Bekenntnis zum planmäßigen Wiedereinstieg in den Welttourismus gelten. In Saigon entsteht das erste »Holiday Inn«.

Wer auf die Realisierung der nächsten beiden Fünfjahrespläne nicht warten möchte, sondern schon jetzt das Land entdecken will, muß sich auf zwei oder drei Wochen harten Pionierlebens einstellen, braucht viel Großmut und noch mehr »Rei in der Tube«. Wer allerdings hierherkommt, in eines der ärmsten Länder der Welt, um die Reiskörner in der Suppe und die Löcher in den Moskitonetzen zu zählen, dem seien lieber die touristisch voll erschlossenen Fleckchen dieser Welt empfohlen.

Zur Erinnerung: Vietnam wurde von der Kriegsmaschinerie hundertfünfzigprozentig zerstört. Die US-Generäle wollten das Land »in die Steinzeit zurückbomben« und sind dabei ein gutes Stück vorangekommen. Die generalstabsmäßige Verwüstung der Umwelt, die Entlaubung des Dschungels, die Zerstörung der in 2000 Jahren gewachsenen Dammkultur, die Entvölkerung riesiger Landstriche – darüber wächst in 14 Jahren kein Gras. Und dennoch: Vietnam ist noch und schon wieder ein wildes, grünes Land, voller Palmenhaine, Bananenstauden und Reisebenen, voller Dschungelhänge, Ananasplantagen und Gärten.

Heute morgen sind wir aus dem Hotel »Orient« aufgebrochen, um von Da Nang in die Kaiserstadt Hue zu fahren. Der Sturm hat über Nacht noch etwas zugelegt und schaukelt unseren Bus kräftig durch. Da die Straße einem Schüttelrost gleicht, sitzt man etwa so ruhig wie auf einem bockigen Elefanten. Vietnams Straßen sind allesamt mehr oder minder geteerte Ho-Chi-Minh-Pfade. Mit aufheulendem Motor quält unser Fahrer den Bus die Serpentinen hoch, dem »Wolkenpaß« entgegen.

Der Wolkenpaß, ziemlich genau in der Mitte des schmalen Landes gelegen, trennt den subtropischen Norden vom tropischen Süden. Als wir den höchsten Punkt des Passes überfahren haben, liegt vor uns die Schönheit der vietnamesischen Küste. Tiefgrünes Dschungelgestrüpp zieht sich die Hänge hinunter bis zu dem breiten, glatten Sandstrand, auf dem das tintenblaue Wasser weiß ausläuft. Eine schmale Halbinsel, bis zum Rand voller Palmen, schwingt sich von der Küste ins Meer. Die schwarzbraunen, seltsam gebogenen Boote, die die Fischer an Land gezogen haben, wirken wie abgefressene Stückchen Kokosnußschale. Hier will der Club Méditerranée ein Feriendorf errichten. Doch über dem Paradies hängt ein pechschwarzer Himmel, nur hier und da einem grellen Sonnenstrahl gnädig Durchlaß gewährend. Die Luft ist trotz des starken Windes klebrig-schwül.

Auf der Halbinsel halten wir an einem kleinen Verschlag direkt an der Straße. Unter dem Dach aus riesigen Bananenblättern verkauft eine Frau große gelbbraune Kokosnüsse und grüne Orangen. Mit einer Machete schlägt sie eine Nuß auf, kühl fließt der dicke weiße Saft durch unsere Kehlen.

Kurz vor Hue hängt der Himmel so tief, daß man mit einer Nadel hineinstechen möchte. Minuten später fahren wir wie unter Wasser. Durch jede noch so kleine Fensterritze spritzt die Gischt der Sintflut. Schließlich kommt das Wasser auch von unten: Der »Fluß der Wohlgerüche« ist über die Ufer getreten und erstickt halb Hue unter einer braunen, schlammigen Brühe.

Die Kaiserstadt – hier herrschten von 1805 bis 1945 dreizehn Oberhäupter, ab 1884 von Frankreichs Gnaden – ist gewöhnlich eine ansehnliche Museumsstadt mit einigen protzigen Grabstätten und dem, wenn auch desolaten, Kaiserpalast. Sie vereinigt europäische Stadtviertel und vietnamesische Baudenkmäler. Jetzt wirkt sie wie ein ersaufendes Floß. Auf der Fahrt zum Palast kommt uns die Soße so dick entgegen, daß wir schleunigst umdrehen. Nur das etwas höher gelegene Khai-Dinh-Grab – ein beachtlich geschmackloser Zwitter zwischen chinesischem Tempel und französischem Schloß – wird vom Wasser zur Besichtigung freigegeben.

Von den Grabtreppen aus haben wir einen genauen Blick auf die Hügel rund um Hue, die ehemals undurchdringlich bewachsen waren, jetzt jedoch kahlköpfig sind wie ein buddhistischer Mönch. Das Wasser schießt ungebremst die Hänge hinunter, in einigen Stunden wird es den Wasserpegel in der Stadt weiter in die Höhe treiben. Wir sehen zu, daß wir noch herauskommen.

Wer will, bekommt sie gezeigt, die Dioxinlandschaften, die früher wilder tropischer Regenwald waren, und die Museen, in denen die Kriegsverbrechen dokumentiert sind. Eine Reise nach Vietnam kann so eine Studienreise in neuerer Geschichte werden, ein Trip auf den Spuren einer Niederlage, die die Welt veränderte.

Der Fahrer unseres Reisebusses beispielsweise erweist sich als – wenn auch zunächst wortkarger – Geschichtslehrer. Er transportierte während des Krieges Munition aus dem Norden in den Süden, auf dem legendären Ho-Chi-Minh-Pfad. Zwölf Jahre lang fuhr er nachts und ohne Licht. Für eine seiner rund 1500 Kilometer langen Touren brauchte er drei Monate. Von hundert Wagen eines Konvois kamen nur zwanzig durch. Über die Amerikaner, die Tausende Tonnen Bomben auf ihn warfen, spricht er ohne Haß und über den Krieg wie über einen besonders grausamen Taifun. Wenn er von den großen Irrtümern der Amerikaner erzählt, blitzen jedoch Stolz und Schalk in seinen Augen: Nicht ein einziger Weg sei der Ho-Chi-Minh-Pfad gewesen, sondern ein ganzes Geflecht von Wegen, darum sei der Nachschub nie abgebrochen; das Benzin für die lange Strecke hätten sie aus einer unterirdischen Pipeline gezapft, die später bis zu zwanzig Kilometer vor Saigon reichte – die US-Generäle hätten jedoch darauf vertraut, daß ihnen irgendwann der Sprit ausgehen würde; ernährt hätten sich die Partisanen von Maniok, einer Pflanze, die die Amerikaner deshalb über der Erde systematisch abhackten, übersehend, daß nur die Wurzeln eßbar sind. Schnell vergißt man bei solchen Geschichten voller List und Tücke, daß hier nicht der pfiffige Onkel Ho mal eben den übermächtigen Uncle Sam aufs Kreuz gelegt hat, sondern daß dieser Schultersieg Millionen Menschen das Leben kostete.

Dreiviertel der Fläche Vietnams ist von Gebirgen bedeckt. Westlich von Hanoi, rund um Hoa Bien, lebt das Bergvolk der Muong, eine der sechzig Völkerschaften Vietnams. Die Muong haben lustig-runde Gesichter, eine eigene Sprache und eine unbeirrbare Vorliebe für Opiumpfeifchen. Sie wohnen in langgestreckten hölzernen Pfahlhäusern. Der Fußboden der von uns besuchten Hütte gibt bei jedem Schritt nach, die Bambuslatten liegen angenehm glatt und kühl unter unseren nackten Fußsohlen. In der Mitte des halbdunklen, zehn Meter langen Raumes schaukelt ein kleines Kind in einer Hängematte, daneben, an der Feuerstelle, kocht seine Mutter Tee. Sie bietet uns eine Tasse an.

Ein Hotel hat der Ort auch, natürlich ein Pfahlbau-Hotel. Die Managerin, eine 26jährige, die hier vor zehn Jahren als Serviererin angefangen hat, begrüßt uns im langen, violetten Rock. Ihre schwarzen Haare trägt sie hochgesteckt, was erwähnenswert ist, weil sie mit einer verblüffenden Lässigkeit ihren Kugelschreiber aus dem Dutt zieht, wenn sie ihn braucht, und ihn auch dort wieder verschwinden läßt. Sie ist von einer auffallenden Selbstsicherheit und strahlt eine Ruhe aus, die Damen bei uns meist erst jenseits der Vierzig erreichen.

Die uns servierte Gemüsesuppe essen wir mit silberglänzenden Löffeln, die aus den Tragflächenfetzen abgeschossener B-52-Flugzeuge gebogen wurden, eine hier sehr verbreitete Art, den Krieg aufzuarbeiten: Bombenhülsen wurden zu Glocken, Raketen zu Torpfosten, Stahlhelme zu Kochtöpfen.

Der Suppe folgen Saigoner Röllchen, Hähnchen mit Sojabohnenkeimen, Fisch mit grüner Zitrone sowie Curryfleisch und Bananen. Eine typisch vietnamesische Menüfolge, die in Meeresnähe gern um Krebse und Langusten erweitert wird. Ein Idiot, wer sich von den stets zu höflichen Küchenchefs überreden läßt, »europäisches« Essen zu bestellen.

Da wir in dem Hotel der Muong nicht bleiben dürfen (seit eine Ratte einer schlafenden Touristin ausgerechnet den Gurt ihres Photoapparats durchgebissen hat, möchte Vietnam-Tourist den Ausländern eine Übernachtung in dem sehr lebendigen Haus nicht mehr zumuten), machen wir uns auf den Weg nach Hanoi. Sobald wir die Tiefebene des Roten Flusses erreicht haben, huschen rechts und links der Straße die Reisfelder vorbei, durchschneiden wir ein endlos grünes Meer, das von Palmeninseln durchsetzt ist. Je tiefer die Sonne sinkt, desto höher scheint das Wasser auf den Feldern zu steigen – schließlich ist die ganze Ebene ein glitzernder Spiegel, der von Millionen zarter Reisspitzen durchbrochen und durch hauchdünne Dämme gegliedert wird. Kaum hat die Sonne sich mit ihrem Spiegelbild vereinigt, steigt zartblauer Nebel aus den Feldern auf und erstickt das Grün.

In Hanoi sollte man nur nachts ankommen. Nicht, daß die vietnamesische Hauptstadt tags besonders häßlich wäre (die *Frankfurter Allgemeine Zeitung* nannte sie sogar »die schönste Stadt in Südostasien«), sie ist jedoch bei Dunkelheit unendlich spannender, was daran liegt, daß man so gut wie nichts sieht. Straßenlaternen gibt es kaum, nur Abertausende winziger Öllampen verbreiten einen Schimmer von Licht, geheimnisvoll wie in der Geisterbahn. Schwärme unbeleuchteter Fahrräder huschen vorbei; erstaunlicherweise fährt dich keines um. Neugierige Blicke junger Männer verfolgen dich, Mädchen lächeln dich an und sind sofort wieder im Dunkel verschwunden. Da, wo auf einem Hocker oder Tischchen ein Licht flackert, kann man Zigaretten kaufen, Tee trinken oder sich hinhocken und zu Abend essen.

Tagsüber ist Hanoi die wohl kleinstädtischste Großstadt der Welt, eine Millionenmetropole ohne Betontürme und Autoschlangen. Nur auf den wenigen Hauptstraßen herrscht Trubel, dort tobt ein stiller Zweikampf zwischen Fußgängern und Fahrrädern, ähnlich dem Auflauf nach Schluß wichtiger Bundesligaspiele. Verzweifelt hupen sich die wenigen Autos ihren Weg frei.

Frauen mit schweren Tragejochen balancieren elegant durch das Gewimmel. Sie tragen, wie seit Jahrhunderten, den spitzen Strohhut, während die Köpfe der Männer moderne Koexistenz demonstrieren: Die einen bevorzugen den grünen Kampfhelm, die anderen die blaue Baseballmütze. Auch T-Shirts mit »Levi's«-Aufdruck sind schon lange keine Seltenheit mehr in den Straßen Hanois. Vergessen die Zeiten, als maoistische Garden gegen »Affenhaare« und »Elefantenhosen« vorgingen. Bei der Befreiung des Südens von den Amerikanern hat der Norden einige Spritzer Coca-Cola abgekriegt.

Das alte Hanoi ist kolonialgelb wie eh und je, säumt zweistöckig die grünen Boulevards und wurde weitgehend unter den Franzosen erbaut. Das vorkoloniale Vietnam aber, das ist vornehmlich in den 400 Pagoden und Tempeln zu besichtigen, in der berühmten »Ein-Baum-Pagode« etwa oder in dem im Jahre 1070 erbauten konfuzianischen »Tempel der Literatur« oder in der im 8. Jahrhundert errichteten »Tay-Phuong-Pagode«, einem der ersten buddhistischen Tempel. Er liegt westlich von Hanoi und muß über 380 Steinstufen erklommen werden. Er ist aus Holz gebaut und hat etwa 100 Statuen aus dem 15. bis 17. Jahrhundert zu bieten.

Die älteste Sehenswürdigkeit des Landes liegt nordwestlich von Hanoi, kurz vor der chinesischen Grenze, und ist ein im Meer schlafender fünfzig Kilometer langer Drache. Die Wissenschaftler erklären die in der Halong-Bucht aus dem Wasser ragenden dreitausend Zacken und Inselchen zwar mit dem Versinken eines ganzen Gebirges, die Vietnamesen jedoch sehen in dieser gespenstischen Inselwelt ein antichinesisches Denkmal: Als mal wieder Chinesen von Norden her eindrangen – Vietnam war ein Jahrtausend lang vom mächtigen Nachbarn besetzt –, kam ein riesiger Drache den Unterdrückten zu Hilfe, spuckte Goldklumpen und versenkte so die Schiffe der Invasoren. Erschöpft und glücklich legte sich das Biest daraufhin zur Ruhe und erstarrte zum Naturwunder. Der Feind im Norden hat neuerdings seinen Schrekken verloren. Nach den jahrelangen Scharmützeln ist nun die Grenze wieder offen, ein reger Warenaustausch hat sich entwickelt, und die Eisenbahnstrecke wird restauriert.

So herb diese stille wasserdurchflutete Felslandschaft wirkt, in der nur struppiges Grün und eine Horde Affen für etwas Leben sorgen, so übertrieben paradiesisch ist die Flußlandschaft des Mekong, am anderen Ende des Landes gelegen und von der Halong-Bucht so weit entfernt wie die Riviera von der Nordsee. Thoi Son heißt die Insel, die in einem der neun Arme des Deltas liegt und auf der wir nach einer längeren Bootsfahrt landen. Dschungellärm wie in der »Bounty«-Fernsehwerbung empfängt uns, durchsetzt mit gellenden Kinderrufen, die durch den dichten Wald dringen wie Tarzans Urschrei. »Lien Xo! Lien Xo!« Wer's nicht erträgt, überall im Land als Russe begrüßt zu werden, sollte den Ruf, je nach Weltanschauung, mit »Freund« oder »Fremder« übersetzen.

Obwohl die Sonne grell vom Himmel sticht, ist es auf den schmalen Lehmpfaden angenehm dunkel. Nur manchmal findet ein Strahl den Weg durch das grüne Chaos. Der Schatten ist schwül genug, kein Windhauch nimmt den Schweiß von der Haut. Die Kinder, anfangs hin und her gerissen zwischen Scheu und Neugier, bieten bald Fächer aus Arekarinde und Apfelsinen zum Tausch an gegen Kugelschreiber, Buntstifte oder Brötchen. Über Affenbrücken, gefällte Baumstämme, die die Wasserläufe kreuzen, gelangen wir immer tiefer in das Innere der Insel.

Die GIs, damals am nördlichen Zipfel von Thoi Son stationiert, hatten sich nie so weit vorgetraut. Sie ließen die Schönheit der Insel und ihre Bewohner unberührt.

Der Badeort Vung Tau, nördlicher gelegen, war damals eine Rest & Recreation Area der amerikanischen Soldaten. Dort erholten sie sich vom Krieg und prügelten sich mit den australischen Verbündeten um die Prostituierten. Heute ist er der Strandflecken jener Saigoner, die das Geld haben, um mit dem Bus oder dem Moped 120

Kilometer zu fahren. In den Liegestühlen, unter den Sonnenschirmen, bei Hummer und Fisch, bei Wein und Sekt, in der Brandung, in der Abendsonne verliert Vietnam jegliche Kriegsaura. Endgültig.

EIN BISSCHEN KRIEG

STILL ist der Alte aus dem Dickicht getreten und hat sich wortlos an die Spitze unserer Gruppe gesetzt. Seine flinken Füße wirbeln fortan dem hinter ihm gehenden Major gelbbraune Lehmspritzer an die grüne Uniformhose. In der Hand trägt der Alte eine Armbrust, auf dem Rücken baumelt ein großer Köcher mit Pfeilen. Sein nackter Hintern schimmert bronzen.

Als der Pfad immer steiler und glitschiger wird, hebt er die Hand, verschwindet kurz im Gehölz, kommt mit einem Bündel angespitzter Bambusspeere zurück und verteilt sie an uns. Mit einem der Stöcke tippt er an meine Brust und fragt: »Avez vous une cigarette?« Früher, vor 1954, hat er französische Söldner durch den Dschungel geführt, danach die Partisanen der Nationalen Befreiungsfront und nun – ungefragt, aber wie selbstverständlich – mich und meine vietnamesischen Begleiter. Wir marschieren entlang der kambodschanischen Grenze, von Loc Ninh Richtung Norden – auf dem Ho-Chi-Minh-Pfad, dem längsten, dem verhaßtesten und dem glorifiziertesten Pfad der Welt.

Wir dürfen den Spuren des Krieges und des Sieges nachgehen, wollen Generälen in die Karten gucken, Partisanen ausfragen.

Glaubt man dem einstigen amerikanischen Präsidenten Richard Nixon, dann war dieser schlammige Weg, auf dem wir entlangschlittern, die Wunderwaffe, welche die Führungsmacht des Westens im längsten Krieg ihrer Geschichte schließlich in die Knie gehen ließ. Major Vo

Kim Cuong, dessen Hosenbeine inzwischen mehr braun als grün sind, hört solches Lob gern, denn der Pfad ist ein Unternehmen seiner Familie: Sein Vater, der nordvietnamesische Brigadegeneral Vo Bam, war der Erfinder dieses Wunderweges und er der Ingenieur, der schwierige Brükken, geschickte Tarnkonstruktionen und komplizierte Dschungelpassagen baute.

Bereits Anfang 1959, so erzählt Major Vo, als wir in einer halb unter der Erde liegenden Grabenhütte rasten, habe das nordvietnamesische Politbüro in Hanoi beschlossen, eine militärische Versorgungslinie vom kommunistischen Norden in den von Amerikanern beschützten Süden aufzubauen, um den Revolutionären Waffen zukommen und Soldaten einsickern zu lassen, zumeist im Süden beheimatete Vietminh, die sich 1954, nach dem Waffenstillstand und der Teilung des Landes, in den Norden abgesetzt hatten. Zu dieser Zeit hatten die Kommunisten die Hoffnung aufgeben müssen, durch politische Aktionen doch noch zu den im Genfer Abkommen von 1954 vorgeschlagenen allgemeinen Wahlen in ganz Vietnam zu gelangen. Immer mehr Kommunisten und andere Oppositionelle fielen den Säuberungsaktionen des Diem-Regimes in Saigon zum Opfer.

500 Soldaten begannen, zunächst von Vinh bis zum Fluß Ben Hai in der Nähe des 17. Breitengrades, der den Norden vom Süden trennte, den Pfad anzulegen und trieben ihn Stück um Stück voran, immer tiefer in den südlichen Teil hinein. Anfang 1961 hatten die Waffentransporte bereits einen solchen Umfang angenommen, daß es zu riskant war, sie weiterhin durch das von südvietnamesischen Truppen stark bewachte Gebiet süd-

lich des 17. Breitengrades zu schleusen. General Vo Bam entschied, auf die westliche Seite des mächtigen Truong-Son-Gebirges auszuweichen, den Ho-Chi-Minh-Pfad also auf laotischem Gebiet fortzuführen. Kommunistische Pathet-Lao-Rebellen im Königreich Laos hatten einen achtzig Kilometer breiten Korridor für den nordvietnamesischen Verbündeten freigemacht. Bergstämme entlang des Pfades wurden mit Lebensmitteln und Kleidung versorgt und so zu Komplizen der Waffenträger gemacht.

Selbst zwei Zentner schwere Kanonenrohre wanderten auf Schultern in den Süden, schwerere Teile auf Fahrrädern (Marke »Favorit« aus der Tschechoslowakei) oder auf Elefanten. Das Heer der Träger war bis Anfang 1963 auf 10000 angewachsen, der Pfad reichte inzwischen bis Loc Ninh, bis hierher, wo wir marschieren.

Dort, wo der Urwald nicht dicht genug ist, um den Pfad gegen Einsicht von oben zu schützen, hängten die Partisanen Töpfe mit Schlingpflanzen in die Baumwipfel. Über eine zwanzig Meter lange Affenbrücke gelangen wir ans andere Ufer eines reißenden Flusses. Unsere Hosen haben wir unten zugebunden, gegen Blutegel und Zekken. Bald erreichen wir eine Versorgungsstation, eines jener Depots, in denen die Träger eine Schale Reis bekamen und schlafen konnten. Die rechteckig ausgehobene Erdhöhlen sind oben abgedeckt mit luftigen Laubdächern. Der Rauch aus der Kochhöhle wird durch einen Tunnel hundert Meter entfernt aus der Erde geleitet. Es gibt Reis mit Hühnerfleisch.

Bei Luftangriffen krochen die Partisanen in die dreiekkigen Tunnel am Ende der Höhle. Major Vo hatte sie mittels doppelter Bambusrohrwände so konstruiert, daß selbst in unmittelbarer Nähe explodierende Bomben wirkungslos blieben.

Ende 1964 hatten Saigoner Truppen Abschnitte des Ho-Chi-Minh-Pfades entdeckt, die sofort bombardiert wurden. Zu spät. Die 1960 im Süden gebildete Nationale Befreiungsfront, besser bekannt als »Vietcong«, und ihre bewaffneten Streitkräfte kontrollierten bereits weite Teile des Landes und trieben die Regierungstruppen in die Enge. Daraufhin entschloß sich die amerikanische Regierung, das sogenannte Freie Vietnam nicht länger nur mit 16000 Militärberatern, sondern mit eigenen Truppen zu unterstützen.

Im März 1965 landeten die ersten Marineinfanteristen am Strand von Da Nang; bis Ende des Jahres war die Zahl der GIs in Vietnam auf 250000 angewachsen (und stieg später auf 550000). Für die vietnamesischen Kommunisten muß das Eingreifen der Amerikaner ein Schock gewesen sein. General Tran Kin Chi, der mir vor meinem Marsch auf dem Ho-Chi-Minh-Pfad einen Überblick über den Krieg aus der Sicht Hanois gegeben hatte: »Wenn es in all den Jahren des Kampfes eine Phase gegeben hat, wo wir glaubten, es nicht zu schaffen, dann war es 1965.«

Den GIs ging der Ruf der Unbesiegbarkeit voraus; weder in Europa noch im Pazifik, weder in Korea noch in Mittelamerika hatten sie jemals einen Krieg verloren. Die Vietcong, bisher nur im Bodenkampf geübt, fürchteten besonders die Armada der Hubschrauber (die »fliegende Kavallerie« der US-Army), aber bald auch die modernen Kampfflugzeuge und die B-52-Bomber. Hinzu kam, daß China, bis dahin Hauptwaffenlieferant der Nordvietnamesen, nach der Landung der Marines die militärische Hilfe drosselte. General Tran: »Schon als die Amerikaner 1964 anfingen, den Norden zu bombardieren, dachten die Chinesen nicht daran, unseren Luftraum, wie im Beistandspakt von 1962 festgelegt, zu schützen.« Diese Darstellung mag von den Konflikten zwischen China und Vietnam in den letzten Jahren gefärbt sein. Tatsächlich hatte China damals allen Grund, die Vereinigten Staaten nicht unnötig zu provozieren; amerikanische Militärs verhehlten nicht ihre Pläne, das chinesische Atomversuchszentrum Lop Nor zu bombardieren.

Die Sowjetunion, bis zur Ablösung Chruschtschows im Oktober 1964 kein großer Freund militärischer Aktionen in Vietnam (beim Sturz des Kremlführers diente auch diese Enthaltsamkeit seinen Gegnern als Argument), nutzte die Lücke in der kommunistischen Solidarität und begann, ihre Waffenlieferungen nach Vietnam immens zu steigern.

Der Vietcong und seine Genossen im Norden reagierten auf das Eingreifen der Amerikaner zunächst mit dem generalstabsmäßigen Ausbau des Ho-Chi-Minh-Pfades. Große Teile der nordvietnamesischen Armee eilten an diese »Front«, und der Dschungelpfad wurde zu einer breiten Chaussee ausgewalzt. Es begann die, wie die Vietnamesen sagen, »motorisierte Phase«; Schultern und Fahrräder hatten ihre Schuldigkeit getan. Zunächst auf klapprigen sowjetischen Lastern, die schon 1954 in der Schlacht gegen die Franzosen bei Dien Bien Phu dabeigewesen waren, dann auf modernen chinesischen und russischen Transportern rollten leichtes und schweres Kriegsgerät sowie Munition in Richtung Süden.

Vo Chinh Vu, einer meiner Begleiter, fuhr in dieser Zeit regelmäßig auf einem 300 Kilometer langen Abschnitt in Laos und Kampuchea. Bei Nacht und ohne Licht. »Das war ganz einfach. Die Amis machten alles hell mit ihrer Leuchtmunition.« Was genau er transportierte, wußte er nie; es war wasserdicht verpackt. Nur aus dem jeweils anzufahrenden Zwischenlager konnte er Rückschlüsse auf die Art seiner Ladung ziehen. Im Depot wurde sein Frachtgut auf einen anderen Lkw umgepackt und weitertransportiert. Er fuhr zurück, um neue Kisten zu holen. Bis zu drei Monate brauchte er für seine 300 Kilometer; denn die Amerikaner schütteten Splitter-, Napalm-, Kugel- und andere Bomben auf ihn und seine Kollegen, insgesamt vier Millionen Tonnen. Die Räumkommandos, die nach jedem Angriff die Straßen wieder in Schuß brachten, entschärften 57 000 Blindgänger, 13 000 Magnetbomben, 80 000 Minen.

Nur einmal hat es Vo während seines zehnjährigen Fahrdienstes auf dem Pfad erwischt: Eine Napalmbombe traf seinen Laster. Innerhalb von einer halben Stunde lag er schon in einer der vielen Sanitätsstationen am Wegesrand. Eine Woche später saß er wieder am Steuer eines Lasters. Aber bis heute schmerzen ihn die verbrannten Hautpartien auf dem Rücken und an den Armen.

Ab und zu kommen wir an kleinen Erdhügeln vorbei, besetzt mit Steinen oder Holzschildchen – Soldatengräber. Wie viele Vietnamesen am Ho-Chi-Minh-Pfad gestorben sind, erfährt man nicht. Nur über die Verluste des Feindes wurde Buch geführt: 16 933 Menschen und 2450 Flugzeuge seien »liquidiert« worden, heißt es.

Vor allem aus der Luft versuchten die Amerikaner den

stetigen Waffenstrom von Nord nach Süd zu stören. Spezialflugzeuge vom Typ AC-130, ausgerüstet mit Nachtsicht-Zielgerät, zerstörten rund 1500 Lkws und brachten den Nachschub zeitweise fast zum Erliegen. Doch in aller Eile legten die Vietnamesen eine neue 500 Kilometer lange Trasse, die gänzlich mit Laub abgedeckt wurde und für die AC-130 unsichtbar blieb – am Tage war der Wundervogel blind.

Der Ho-Chi-Minh-Pfad wuchs allmählich zu einem Netzwerk von Haupt-, Parallel- und Querwegen, gespickt mit Reparaturwerkstätten und Sanitätsstationen, verbunden durch versenkbare Brücken, geschützt durch moderne Luftabwehrbatterien und primitive Gewehre. Die Bergbewohner, die entlang des Pfades leben, waren von Trägern zu Selbstverteidigern befördert worden, die losballerten, sobald sich am Himmel etwas regte.

Unser Führer, der Alte mit der Armbrust, gehört zum Stamm der Stieng, einem Khmer-Volk, das zu beiden Seiten der kambodschanisch-vietnamesischen Grenze lebt und die Befreiungsfront unterstützte. Als wir schließlich sein Dorf erreichen, stellt er uns stolz dem Dorfältesten vor, einem 101jährigen Mann, der während des Krieges unter großen Gefahren täglich Partisanen über den Song Be gesetzt hat. Die Flüsse, besonders der Sekong und der Mekong auf kambodschanischem Gebiet, waren trudelnde Ho-Chi-Minh-Pfade, auf denen unbemannte und bemannte Waffentransporte schwammen.

Drei Jahre rollte der Nachschub, drei Jahre bereitete sich die Befreiungsfront auf den großen Schlag vor, drei Jahre hatten die GIs mühsam einige Höhen gewonnen und Gebietsfetzen erobert, verloren und zurückerobert –

da begann am 31. Januar 1968 die berühmte Tet-Offensive des Vietcong. Die Partisanen krochen überall im Lande aus ihren Erdlöchern; die Stadtguerillas stürmten Regierungsgebäude und sogar die US-Botschaft in Saigon; die regulären Truppen der Befreiungsfront attackierten 24 amerikanische Stützpunkte und 33 Provinzhauptstädte, eroberten die alte Kaiserstadt Hue (für sieben Wochen) und wichtige Landstriche. Auch wenn dieser Ansturm letztlich in einem blutigen militärischen Debakel endete, der erhoffte allgemeine Volksaufstand gegen das Saigoner Regime ausblieb und die bereits gedruckten, für ganz Vietnam gültigen Banknoten vorerst in den Hanoier Safes bleiben mußten, so war es doch eine Niederlage, die den Sieg vorbereitete. Die amerikanische Öffentlichkeit, drei Jahre lang durch die euphorische Zuversicht der Militärs getäuscht, war über das Ausmaß des vietnamesischen Untergrunds entsetzt. Mit jedem GI, der fortan im Sarg heimkehrte, wurde die Antikriegsbewegung stärker. Der Vietnamkrieg wurde nicht länger nur in Indochina ausgefochten, sondern auch auf den Straßen Amerikas.

General Tran räumt heute ohne weiteres ein, daß der Vietcong erst nach der Tet-Offensive erkannte, »daß die Kraft nicht ausreichte, um überall gleichzeitig zuzuschlagen«. Als dann die Amerikaner vorübergehend die Bombardierung des Nordens einstellten und (im Mai 1968 in Paris) Friedensverhandlungen mit Nordvietnam aufnahmen, sah der Vietcong sein erstes Ziel erreicht: »den Amerikanern zu zeigen, daß sie hier nicht gewinnen können«.

Den Anfang 1985 geführten Prozeß des ehemaligen

amerikanischen Oberbefehlshabers in Vietnam, General Westmoreland, gegen die Fernsehstation *CBS*, die ihm vorgeworfen hatte, in seinen Lageberichten vor der Tet-Offensive die Stärke des Vietcong bewußt heruntermanipuliert zu haben, hat General Tran mit Vergnügen verfolgt. Sein Urteil: Einerseits habe Westmoreland wahrscheinlich tatsächlich gelogen – schließlich habe im Vietnamkrieg jeder jeden belogen; die CIA den General, der General den Präsidenten, der Präsident den Kongreß und alle Verantwortlichen sich selbst –, andererseits habe der Oberbefehlshaber die wirkliche Stärke der Befreiungsfront sicherlich nicht genau abschätzen können, da selbst das Oberkommando in Hanoi nur die regulären Einheiten der Befreiungsfront, nicht aber das Heer der Partisanen überblicken konnte.

Für die Partisanen bedeutete die Tet-Offensive im Februar 1968 die endgültige Abkehr vom maoistischen Guerilla-Rezept. Die Strategie des »Zuschlagens und Ausweichens« *(du kich)*, jahrelang von den chinesischen Beratern empfohlen, wurde abgelöst durch die Strategie des »Zuschlagens und Dableibens«. Immer mehr Gebiete sollten »befreit« und verteidigt werden. Die Verfechter der chinesischen Linie, die auf größere militärische Auseinandersetzungen verzichten und lieber durch Nadelstiche und Abwarten zum Sieg kommen wollten, verloren in der Befreiungsfront an Einfluß.

Die amerikanischen Militärs antworteten auf die Tet-Offensive mit einem neuen Oberbefehlshaber (General Abrams), einer neuen Strategie und Operationen, denen sie siegesgewisse Namen gaben (»Certain Victory« und »Complete Victory«). Während der Operation »Pinkville« landete die Einheit »Charlie« der 11. Infanteriebrigade am 16. März 1968 in Tinh Khe. Auf der Karte des Einsatzplanes hieß das Dorf »My Lai 4«.

504 Frauen und Kinder starben an diesem Morgen, fünf Kinder überlebten.

Die Bewohner der Nachbardörfer, die die Operation »Pinkville« überlebten, wurden von den GIs fünfzehn Kilometer entfernt in eines jener strategischen Wehrdörfer gebracht, welche die Südvietnamesen vor den Vietcong schützen sollten. In diesem Krieg wurde nicht nur verbissen um Meter, sondern auch um Menschen gekämpft.

Das Mekong-Delta galt in Teilen als »befriedet«; amerikanische Militärs und Entwicklungshelfer zeigten es gern als Musterländle für den Erfolg ihrer *pacification* vor. Die Partisanen waren hier, tief im Süden, vom Nachschub über den Ho-Chi-Minh-Pfad abgeschnitten und besaßen keine modernen Waffen. Die auf dem Mekong patrouillierenden Schnellboote waren ein Hauptziel ihrer Angriffe. Chu Hung, damals Mitglied einer Partisaneneinheit in der Provinz Cuu Long, erzählt: »Wir hatten nur kleine Busukas, die B 40, um die Boote zu versenken. Die hatten eine Reichweite von fünfzig Metern; darum bauten wir Flöße, die aussahen wie schwimmendes Gestrüpp, um näher heranzukommen.« Von Land aus warfen die Partisanen mit riesigen Schleudern aus dicken Bambusrohren und Kautschukbändern selbstgebastelte Handgranaten auf die Patrouillenboote. Den Spähtrupps der GIs versuchten sie mit Giftpfeilen beizukommen oder mit Dschungelbomben, vom Baum fallenden schweren Holzkugeln mit Metallhaken.

»Wir haben dann begonnen, richtige Waffen von den Thieu-Soldaten zu kaufen«, erzählt Chu, »das waren Wehrpflichtige, die wollten ihre Ruhe und Geld für Mädchen. Außerdem haßten sie die Amerikaner, weil sie selber nichts mehr zu sagen hatten, auch nicht bei den Mädchen.« Ganze Lastwagenladungen von amerikanischen Schnellfeuergewehren, Panzerfäusten und Handgranaten landeten auf diese Weise beim Vietcong statt bei der südvietnamesischen Armee. Chu: »Der Nachschub für die Thieu-Armee war auch unser Nachschub.«

Das Geld für die Waffenkäufe beschafften sich die Partisanen von den Ladenbesitzern in den Städten: Der Vietcong erhob selbst in den von Saigon kontrollierten Gebieten Steuern, eine Art Kampfsteuer oder Schutzgebühr. Die Stärke der bewaffneten Partisaneneinheiten in der Region um die Provinzhauptstadt Vinh Long gibt Chu mit 900 Mann an. 15000 GIs und südvietnamesische Soldaten standen ihnen gegenüber.

Mit häufigen Säuberungsaktionen in den Dörfern und Wäldern versuchte diese Übermacht die Partisanen aufzustöbern. Mit geringem Erfolg. Warum? Chu setzt mit uns zu einer Insel mitten im Mekong über. Sie heißt An Benh und liegt nördlich von Vinh Long. Er will uns eine »rote Adresse« zeigen, ein Versteck für Waffen und Partisanen. Wir treffen auf einen Siebzigjährigen, der uns Papayas serviert, Mangos aus seinem Garten holt, Kokosnußmilch bringt, aber wenig Lust zeigt, über seine revolutionäre Vergangenheit zu plaudern. Zwischen Ananashäppchen und Kaiserbananen erwähnt er beiläufig, daß seine Eltern schon Vietminh-Kämpfer vor den Franzosen versteckt hätten. Als die Eltern starben, habe er sie neben dem Haus unauffällig in der Erde begraben und das eigentliche Grab als Unterschlupf für Partisanen angelegt. Er steht auf, führt uns an ein hohes Steingrab, schiebt die schwere Platte beiseite und läßt uns hineinschauen: Drei Mann hatten darin Platz. Andere Partisanen versteckte er in dem doppelbödigen Dach seines Hauses; Waffen lagerte er unter den Bananenstauden im Garten.

Die Partisanen hielten sich jeweils nur kurz bei dem Alten auf; nach ihren bewaffneten Aktionen zogen sie in andere Gebiete, zu anderen »roten Adressen« oder in vom Vietcong verwaltete Regionen. Der Alte bekam neue Gäste. In der Provinz Cuu Long gab es 200 dieser Verstecke, in Saigon über 700, in allen von den Regierungstruppen und Amerikanern kontrollierten Regionen etwa 6000. Chu allerdings lebte ganz normal in Vinh Long, mit falschen Papieren – ausgestellt vom Leiter der örtlichen Paßstelle, einem eingeschleusten Vietcong.

Nach diesem Gespräch nimmt mich ein älterer hagerer Vietnamese zur Seite, einer unserer Begleiter in dieser Provinz. Ich hatte in ihm bis dahin einen der Sicherheitsleute gesehen, die bei einer Reise durch Vietnam obligatorisch sind. In flüssigem Französisch beginnt er zu erzählen, daß er schon 1954 ein Bo Doi, ein Dschungelkrieger, geworden sei, im Kampf gegen die Franzosen, daß er 1954 wie alle Vietminh-Partisanen in den Norden habe gehen müssen, weil es das Genfer Abkommen so vorschrieb, und daß seine Frau hier zurückgeblieben sei. »Wir dachten, in ein, zwei Jahren ist Vietnam vereinigt, und dann komme ich zurück.«

Aus den zwei Jahren wurden 21. Seiner Frau direkt aus

Hanoi schreiben konnte er nicht, das war für sie zu gefährlich, es ging nur über Pariser Verwandte. Später verließ er Nordvietnam und wurde Botschaftsrat des Vietcong in Algerien. Erst als 1975 der Krieg endete und er zurückkehrte, erzählte ihm seine Frau, daß die beiden Söhne auf der anderen Seite, in der Luftwaffe der Thieu-Streitkräfte, gedient hatten. Er sorgte dafür, daß sie nicht wie die anderen Offiziere in ein Umerziehungslager mußten; er übernahm es, »sie selbst zu überzeugen«. Nach einem halben Jahr hat er dann den einen der Söhne eigenhändig in einem Lager abgeliefert: Er war rauschgiftsüchtig.

Seine Frau ist bald nach der Wiedervereinigung gestorben; vier seiner Geschwister sind im Krieg gefallen; die beiden letzten Schwestern haben vor kurzem einen Antrag auf Ausreise gestellt. »Sie haben sich zu sehr an die amerikanische Lebensweise gewöhnt«, sagt er entschuldigend. Er selber war vor einigen Monaten in der DDR, zur Behandlung eines Magengeschwürs.

Die Vietcongveteranen, die großen Kämpfer von damals, sind heute zermürbte Greise im Alter von vierzig, fünfzig oder sechzig Jahren, eine erschöpfte, sieche Generation. Kaum einer, der nicht Malaria, Schrumpfleber oder Magengeschwüre hat. Zehn oder gar zwanzig Jahre Dschungelleben in Angst und in Erdlöchern haben ihre Gesundheit ruiniert. Drei meiner Gesprächspartner während der Rundreise baten darum, die Unterhaltung kurz zu halten, weil sie gerade wieder einen Fieberanfall hatten; andere, schon avisierte, waren überhaupt nicht zu sprechen, weil sie im Krankenhaus lagen.

Nicht nur die Kämpfer, auch ihre Kinder sind Kriegsopfer. Das Bedrückendste, was ich sah, war ein großer Krankensaal voller trauriger junger Frauen. Mit der Hoffnung, schwanger zu sein, waren sie eingeliefert worden; mit der Verzweiflung, Gebärmutterkrebs zu haben, müssen sie nun fertig werden. Aus dem befruchteten Ei hatte sich kein Kind, sondern ein Tumor entwickelt – Spätfolge der Dschungelbesprühung mit dem dioxinhaltigen Entlaubungsgift »Agent Orange«.

Bis 1971 hatten amerikanische Spezialflugzeuge des Typs C-123 rund vierzig Prozent der südvietnamesischen Waldflächen berieselt, um den Vietcong das schützende Dach über dem Kopf zu nehmen.

Im März 1972 hatte die Befreiungsfront eine neue Offensive mit dem Ziel gestartet, Amerika bei den schleppenden Pariser Verhandlungen unter Druck zu setzen. Präsident Nixon, der seit 1969 die Zahl der amerikanischen Divisionen schrittweise reduziert und sich auf die »Vietnamisierung« des Krieges verlassen hatte, antwortete mit einer Bombenoffensive gegen Nordvietnam, die Weihnachten 1972 ihren Höhepunkt erreichte.

Damals setzte Hanoi eine – so meinen die Militärs – kriegsentscheidende Waffe ein: die neue Version der russischen Sam-2-Rakete. Bisher waren die amerikanischen B-52-Maschinen, die aus großer Höhe ihre Bomben auf das Land warfen, für die Luftabwehr unerreichbar gewesen. Nun hatten vietnamesische Ingenieure die Sam 2 so weit entwickelt, daß sie Flugzeuge bis zu einer Höhe von 12000 Metern treffen konnte. Bereits Mitte 1970 war die neue Rakete einsatzfähig, doch die nordvietnamesischen Militärs wollten sie für die Schlußphase aufsparen. Die Überraschung war vollkommen: Die Hälfte der über

Vietnam eingesetzten B-52-Flotte wurde abgeschossen. Seither spricht man vom »Dien Bien Phu in der Luft«. Nicht nur die Amerikaner waren schockiert, auch die Sowjets staunten, wie mir die Offiziere lächelnd erzählen: Die Vietnamesen hatten ohne Wissen Moskaus die Rakete perfektioniert.

Kurz darauf, am 27. Januar 1973, wurde das Pariser Waffenstillstandsabkommen unterzeichnet. Schon am nächsten Tag begann das Oberkommando in Hanoi mit den Planungen für den Sturm auf Saigon. Dazu Generaloberst Nguyen Ngoc Bang, damals im Generalstab: »Wir wollten nicht den Fehler von 1954 wiederholen, als wir uns buchstabengetreu an das Genfer Abkommen hielten, alle Leute in den Norden zurückzogen und darauf vertrauten, daß sich die Gegenseite auch an den Vertrag halten werde.« Die Thieu-Armee hat denn auch die ersten Wochen nach dem Pariser Abkommen dazu benutzt, in schweren Kämpfen das eigene Territorium zu erweitern.

Ende April 1973 verließen die letzten amerikanischen Truppen Südvietnam. Bis Anfang 1975 war der Ho-Chi-Minh-Pfad, nun unbedroht durch Bombardierungen, von den Nordvietnamesen und den Vietcong zu einem System von fünf parallelen Autochausseen mit einer Länge von 5500 Kilometern ausgebaut worden. Zusammen mit den Seitenstraßen und Ausweichstrecken war ein Netzwerk von insgesamt 16000 Kilometern entstanden. Außerdem hatte das Oberkommando in Hanoi quer durch Kampuchea eine Telefonleitung bis zu den südlichsten Frontabschnitten legen lassen und die im Mai 1968 begonnene Benzinpipeline bis Loc Ninh verlängert.

Am 8. Januar 1975 beschloß das Zentralkomitee der Kommunistischen Partei Vietnams, innerhalb von zwei Jahren den gesamten Süden und Saigon vom Thieu-Regime zu »befreien«. Laut Generaloberst Bang wurde das militärische Kräfteverhältnis damals so eingeschätzt: Die Befreiungsfront hatte 418 000 Mann an regulären Truppen unter Waffen, zusätzlich 60 000 Mann in örtlichen Milizen und 15 000 Stadtguerillas. Anzumerken ist, daß die Vietcong-Truppen nach den blutigen Verlusten der Tet-Offensive bereits zu zwei Dritteln mit Soldaten der nordvietnamesischen Armee aufgefüllt waren. Die CIA gab übrigens die Stärke der kommunistischen Verbände damals mit 300 000 Mann an. Die Streitkräfte General Thieus umfaßten 690 000 Krieger und 1,5 Millionen Polizisten und Volksmilizionäre. 500 Panzer, 500 Flak- und Artillerieeinheiten und 350 Flugzeuge hatte Nordvietnam bis dahin in den Süden gebracht. Thieu gebot über 2100 Panzer, 1500 Flak- und Artillerieeinheiten und 1800 Flugzeuge. Die weltpolitische Lage wurde von Hanoi als günstig eingeschätzt: Amerika war noch mit dem Watergate-Skandal und dem Nahen Osten beschäftigt, China mit der »Viererbande«. Der Sturm auf die Provinzhauptstadt Phuoc Binh wurde zum Test: Würden die amerikanischen Militärs den frechen Bruch des Waffenstillstands hinnehmen oder nochmals mit eigenen Streitkräften eingreifen? »Als sich nichts rührte, war es für uns das Zeichen: Wir haben freie Fahrt«, sagt Generaloberst Bang. Nach jedem Schritt vorwärts wurde allerdings kontrolliert: Wohin bewegt sich die Siebente Flotte der Amerikaner, welche amerikanischen Generäle landen in Saigon?

Nach fünfzehn Tagen Offensive wurde der Fall Saigons bereits für Ende 1975 angepeilt. Der Vormarsch lief schneller als geplant. Am 28. Februar kreuzte zum erstenmal seit 1961 wieder eine chinesische Militärdelegation in Hanoi auf. China, Mitunterzeichner des Pariser Waffenstillstandsabkommens, zeigte sich über die Offensive beunruhigt und riet zur Mäßigung. »Wir ließen die Chinesen darüber im unklaren, daß wir zwei Wochen später das mittlere Hochland einnehmen und dann den entscheidenden Vorstoß auf Saigon wagen wollten«, erzählt Generaloberst Bang.

Wenige Tage danach besuchte der stellvertretende sowjetische Außenminister Hanoi. Auch die Sowjetunion fürchtete, daß die Amerikaner doch noch zu einem großen Gegenschlag ausholen könnten, wenn ein Zusammenbruch der mit amerikanischen Waffen hochgerüsteten Saigoner Armee abzusehen sei. Die Sowjets favorisierten eine politische Lösung, nämlich den im Pariser Abkommen vorgesehenen »Rat der nationalen Aussöhnung«, eine Übergangsregierung aus Anhängern Thieus, dem Vietcong und der neutralen »dritten Kraft«, darum bremsten sie ihre Waffen- und Munitionslieferungen seit Anfang 1973.

»Wir sind arme Leute, wir sind daran gewöhnt, in guten Zeiten immer etwas zurückzulegen«, antwortet ein hoher Militär auf die Frage, wie man unter solchen Umständen trotzdem zur Offensive übergehen konnte. Obendrein hätten die Waffenverkäufe aus der Thieu-Armee immer mehr zugenommen, je näher die Niederlage rückte.

Am 11. März überrannten die Vietcong die Stadt Boun

Me Thuot und vertrieben die Thieu-Truppen aus dem gesamten Hochland. Auch bei Hue und Da Nang gelang ihnen der Durchbruch; in Panik flüchteten die südvietnamesischen Regierungstruppen. Der Generalstab in Hanoi ließ nun die gesamte nordvietnamesische Armee über die offene Grenze am 17. Breitengrad einmarschieren. Auf dem Ho-Chi-Minh-Pfad, nun eine Autobahn, rollte sie zum Sieg.

DER TUNNEL ist maßgeschneidert. Die Knie berühren den Boden, der Rücken scheuert an der Decke. Auf allen vieren kriechend, kommt man schnell voran. Doch man sollte lieber nicht allzu schnell vorankommen: Um so mehr läuft der brennende Schweiß in die Augen, um so schneller wird die Luft dünn. Nach wenigen Minuten im stockdunklen und stickigen Stollen ist der Drang, wieder nach oben zu kommen, so stark, als wäre man unter Wasser. Pham Thi Sot hat drei Jahre lang in diesen Tunneln gewohnt.

Das Tunnelsystem erstreckt sich über 200 Kilometer südwestlich von Saigon. Bereits 1950 hatten die Eltern von Pham Thi Sot begonnen, im Erdreich unter ihrer Hütte kleine Höhlen zu graben, um die Familie zu verbergen, wenn die Legionäre der französischen Kolonialmacht das Gebiet durchkämmten. 1960, im Alter von achtzehn Jahren, schloß sich die junge Bäuerin den Partisanen an, die gegen das südvietnamesische Regime aufbegehrten. Plünderungen und Vergewaltigungen durch die Regimesoldaten waren alltäglich in Cu Chi, einer Region, in der Aufsässigkeit Tradition hat. Tagsüber arbeitete Thi Sot auf dem Feld, nachts schürfte sie die Höhlen unter dem Haus Zentimeter für Zentimeter zu einer Wohnung aus, mit Schlafzimmer, Küche, Vorratsecke und Waffenkammer.

Die Nachbarn machten es ebenso, bald begannen die Familien, ihre unterirdischen Quartiere durch Tunnel zu verbinden. Als Anfang 1966 amerikanische Truppen zur

Unterstützung des Saigoner Regimes nach Cu Chi vordrangen, sahen die GIs lediglich die obere Hälfte von Cu Chi. Unter ihren Stiefeln lag ein unsichtbares Dorf von 180 Quadratkilometern Ausdehnung, mit Krankenstation, Versammlungsräumen, Schulen und Pagoden.

»Wir hatten noch nie vorher Amerikaner gesehen«, erzählt Thi Sot. »Sie wirkten so riesig und sahen so mutig aus.« Die Vietcong fürchteten besonders die Hubschrauber und die modernen Waffen der Fremden, den GIs ging der Ruf der Unbesiegbarkeit voraus. In Europa und im Pazifik, in Korea und in Mittelamerika, erfuhr Thi Sot, hatten sie triumphiert. Doch gleich am ersten Tag in Cu Chi machten sie sich daran, hastig Bäume zu fällen und sich zu verbarrikadieren. »Sie hatten Angst, mehr noch als wir.« Schon in der ersten Nacht krochen die Vietcong überall aus den Tunneln hervor und töteten in Cu Chi Hunderte GIs.

Die Amerikaner erklärten Cu Chi zur *Free fire zone*: Es durfte nicht nur auf jedes Lebewesen ohne Warnung geschossen werden, die Wälder und Pflanzungen wurden niedergebrannt und mit Bulldozern plattgemacht; Flugzeuge versprühten Giftstoffe und warfen Napalmbomben. Pham Thi Sot kam nur noch nachts aus der Erde, um die Versorgung der Unterirdischen mit Lebensmitteln zu organisieren. Tagsüber war es ihre Aufgabe, aus den Tunneln heraus unbemerkt die Suchtrupps der Amerikaner zu beobachten. Die GIs entdeckten nur einige unterirdische Stollen, nie das ganze System. Sie versuchten mit Wasser, Giftgas und Feuer, die Partisanen aus ihren Löchern zu vertreiben. 12000 Vietcong starben im Laufe der Jahre unter der Erde.

In jedem US-Platoon, in jeder Einheit, gab es *tunnel rats*, kleine, schlanke Soldaten, oft Thais, die in die Tunnel kriechen mußten, um Vietcong aufzuspüren. Den Hals oder das Fußgelenk umschloß ein Seil, mit dem die Tunnelratten herausgezogen werden konnten, falls sie es nicht mehr aus eigener Kraft schaffen sollten. Viele wurden mit durchschnittener Kehle ans Tageslicht zurückgezerrt.

Auch deutsche Schäferhunde, geliefert vom Bundesgrenzschutz, hetzten durch die Tunnel von Cu Chi. Pham Thi Sot und andere Frauen besorgten Seife und Rasierwasser, das GIs benutzten, damit die Vietcong so rochen wie die Amerikaner. Bei einer dieser Beschaffungstouren wurde sie gefaßt – aber nicht als Vietcong entlarvt – und in ein »strategisches Wehrdorf« verschleppt, eines jener vielen Lager, in die man die Bauern hinter Stacheldraht verbannte, um sie vor den Vietcong zu schützen und die Vietcong von den Bauern zu trennen. Pham Thi Sot agitierte unter den Insassen, machte zwei Frauen zu Komplizinnen und konnte durch einen Tunnel fliehen. Sie kehrte zurück in ihre unterirdische Wohnung.

Vor zwanzig Jahren wäre Pham Thi Sots Tunneldasein, wenn die Partisanin damals darüber hätte sprechen können, hierzulande Gegenstand von Flugblättern, Theateraufführungen, Gedichten und Illustriertenberichten geworden. Der Vietnamkrieg reichte bis in deutsche Wohnzimmer und spaltete die Nation. Während die schweigende Mehrheit annahm, in Saigon werde um die Freiheit Berlins gekämpft, und dem Verbündeten nicht nur deutsche Schäferhunde, deutschen Stacheldraht und deutsche Pflanzenvernichtungsmittel, sondern auch deutsche Soldaten schicken wollte, ging für eine große Minderheit im Dschungel Vietnams der moralische Führungsanspruch der westlichen Supermacht verloren.

Die Spaltung der Deutschen in Amerikaner und Antiamerikaner ist geblieben, ihr Ursprung jedoch in Vergessenheit geraten. Nur in unseren Kinos flackert der Vietnamkrieg von Zeit zu Zeit wieder auf. Nach den skeptischen Heimkehrerfilmen, nach den kriegsverherrlichenden Rambo-Filmen folgt nun eine Welle von amerikanischen Landserfilmen. Darin ist kein Platz für Vietnamesen, schon gar nicht für Vietnamesinnen wie Pham Thi Sot. Die Filme von heute sind schon wieder so ahnungslos wie die GIs von damals.

Cu Chi, nur dreißig Kilometer von Saigon entfernt, war immer wieder Ausgangsbasis für Angriffe der Partisanen auf die Hauptstadt. 3500 Bewaffnete konnten sich in den siebzig großen Versammlungshallen des Labyrinths verbergen. Die Besetzung der amerikanischen Botschaft während der Tet-Offensive im Jahre 1968, die Zerstörung der US-Garnison Dong Su und ähnliche Aktionen gingen von diesen Tunneln aus. Die Vietcong sickerten einzeln nach Saigon ein und fanden dort Unterschlupf bei den »roten Adressen«, den unverdächtigen Bürgern, die die Partisanen für einige Tage versteckten, ernährten und an die nächste Adresse weiterreichten.

Do Thi Huu Bich war eine »rote Adresse«. 1944 schloß sich die damals 19jährige in Saigon der Widerstandsbewegung Vietminh an. »Aus Liebe zum Vaterland«, wie sie sagt. »Damals hielten die Japaner unser Land besetzt, und nach ihnen fielen die Franzosen ein. Ich verstand von Politik nicht viel, aber in der Zigarettenfabrik, die einem

Franzosen gehörte, haben sie uns wie Arbeitstiere gehalten.« Bei kleineren Vergehen bekamen die Arbeiterinnen Eisenstücke auf die Schultern geschnallt, bei größeren sperrten die Aufseher sie ein. Nach Arbeitsschluß, vor dem Verlassen der Fabrik, mußten sie sich regelmäßig ausziehen – damit sie kein Gramm Tabak stahlen.

Eines Tages bekam Huu Bich Flugblätter in die Hand gedrückt. Sie verteilte sie weiter. Im Jahr darauf war sie bereit, auch an Arbeiterinnen aus der Textilfabrik und der Seifenfabrik im Chinesenviertel Flugblätter weiterzugeben. Zwei Jahre später ging sie das erstemal ins Gefängnis, wegen Anstiftung zum Aufruhr. Sie machte Bekanntschaft mit der Badewanne, *la baignoire*, wie die Folterer sagten. Ihr Kopf wurde immer wieder unter Wasser getaucht. Sie verriet nichts, aber sie lernte immer besser Französisch, je länger sie im Gefängnis war.

Viele Vietminh-Kämpfer hatten sich aus den Städten in den Dschungel verzogen, seit die Franzosen zurückgekehrt waren. 1946 bei den allgemeinen Wahlen gewann der Vietminh 230 von 300 Sitzen, doch die alte Kolonialmacht Frankreich ließ nicht ab von Indochina, ignorierte das Wahlergebnis. Die Vietminh griffen zu den Waffen, sie attackierten französische Truppen, die die Dörfer durchkämmten, und verübten in den Städten Attentate.

Huu Bich beteiligte sich nicht an solchen Aktionen, sie agitierte in den Armenvierteln Saigons. »Neunzig Prozent der Vietnamesen wollten die Franzosen loswerden, nur eine kleine Oberschicht und ihre Helfer profitierten von ihnen.« Als die Franzosen 1954 schließlich militärisch und politisch am Ende waren, stand schon die nächste fremde Macht Gewehr bei Fuß.

»Wir haben damals wirklich geglaubt, nun werde es in ganz Vietnam Wahlen geben und die Vietminh kämen an die Macht.« Nach dem Genfer Friedensabkommen wurde das Land am 17. Breitengrad geteilt, die bewaffneten Einheiten des Vietminh mußten sich in den Norden zurückziehen, bis 1956 sollte durch eine Wahl das weitere Schicksal des Landes bestimmt werden. Weil die amerikanische Regierung einen Sieg des populären Vietminh-Führers Ho Chi Minh verhindern wollte, bestärkte sie den südvietnamesischen Präsidenten Diem, die Wahl zu verhindern. Dieser überzog Südvietnam ersatzweise mit Säuberungen, die 70000 Menschen das Leben kosteten.

Huu Bich kam wieder ins Gefängnis, diesmal für drei Jahre. »Wenn jemand für die Wahlen sprach, reichte das, um ihn einzusperren. Wer offen für Ho Chi Minh eintrat, kam unter die Guillotine.« Bei den Verhören tauchten die ersten Amerikaner auf, CIA-Beamte, und die Polizisten schleuderten ihr jetzt Englischbrocken um die Ohren, *shit, fuck, hell.* Im Gefängnis brachte Huu Bich ihr erstes Kind zur Welt.

Nach der Entlassung baute Huu Bich in ihrem Saigoner Stadtteil die Nationale Befreiungsfront (FNL) mit auf, ein Widerstandsbündnis, dem neben den Kommunisten auch Bauernverbände, Gewerkschaften und religiöse Gruppen angehörten. Die Partisanen, die sich 1954 in den Norden zurückgezogen hatten, kehrten zurück, forcierten den Guerillakrieg und eroberten schnell immer größere Landstriche. Nur die wachsende Zahl amerikanischer Soldaten konnte Diem und seine Nachfolger an der Macht halten – immer mehr Boys stolperten aus den Transportmaschinen der Air Force in den Dschungel.

Für viele der insgesamt drei Millionen US-Soldaten in Vietnam war das Land nicht mehr als ein gutbewachsener Schießstand. Sie wußten nur, daß es dort jede Menge Rote gab und ein Volk von gelben Teufeln, denen man die Grundregeln von Freiheit und Zivilisation beizubringen hatte. »Wir können das ganze Land asphaltieren und Parkplätze darauf anlegen und immer noch bis Weihnachten wieder zu Hause sein«, erklärte 1965 ein aufstrebender kalifornischer Politiker namens Ronald Reagan.

»Sie haben in uns nicht Menschen gesehen, sondern verkommene Wilde«, sagt Huu Bich, »sie haben nicht begriffen, daß wir für unsere Ideale kämpften, für Unabhängigkeit und Frieden. Sie haben nur an den nächsten Urlaub in Bangkok gedacht, wir an den Sieg.« Haß ist nicht in ihrer Stimme, eher Nachsicht. Gehaßt habe sie die GIs schon damals nicht, die meisten seien ja nicht einmal freiwillig dagewesen.

Doan Thi Anh Tuyet war 14 Jahre alt, als sie bei einem Landbesuch in die Säuberungsaktion eines amerikanischen Platoon geriet. Die Einheit durchsuchte ein Dorf vergeblich nach Vietcong. Die GIs steckten erst die Reisvorräte in Brand, dann die Hütten. Einige griffen sich ein paar der schreienden jungen Mädchen und vergewaltigten sie. »Die Soldaten erschossen eine junge Frau, die ihr Baby stillte. Sie kippte um, drückte es aber fest an sich. Es saugte weiter, immer weiter.« In der Schule hatte Anh Tuyet vorher von solchen Aktionen gehört, eine Freundin ihrer Schwester hatte es ihr erzählt. An die Freundin wandte sie sich nach diesem Erlebnis. Sie wollte etwas tun. Sie geriet an die FNL.

Die FNL verlangte, daß die Vierzehnjährige ihre gutsituierten Eltern verließ, wenn sie mitarbeiten wollte. Sie müsse untertauchen, sonst sei die Gefahr der Festnahme zu groß. Anh Tuyet kam in eine von der FNL bereits kontrollierte Provinz, wurde drei Monate lang geschult und kehrte dann mit neuen Papieren nach Saigon zurück: Sie war nun Waise, lebte als Gast vom Land bei unauffälligen Leuten und besuchte eine neue Schule. Sie agitierte unter Schülern und Studenten, bereitete Demonstrationen vor und transportierte Propagandamaterial. Das war ihr bald zuwenig. Mit 16 Jahren meldete sie sich zur Sondereinheit, das hieß: Sprengstoffanschläge.

Für mehrere Monate verließ sie Saigon, um das Handwerk eines Attentäters zu erlernen. Bei ihrer Rückkehr schmuggelte sie Sprengstoff in die Stadt, wiederholte diese Transporte wochenlang. Sie spionierte CIA-Mitarbeiter aus, klärte, wie man sie erpressen oder töten konnte. Sie sprengte GI-Bars, Offiziersbordelle und Brükken in die Luft.

Ihr letzter Anschlag galt dem streng abgeschirmten Pressezentrum des Saigoner Regimes. Zusammen mit einer Komplizin, beide als junge Journalistinnen auftretend, becircte sie geduldig das Wachpersonal, bis sie regelmäßig ein und aus gehen konnte. Die Fünfkilobombe, die sie Anfang 1970 ins Gebäude schmuggelte, war als Hochzeitskuchen getarnt. Sie zerfetzte 28 Menschen, alles »CIA-Agenten«, wie Anh Tuyet meint.

»Unschuldige dürfen bei solchen Aktionen nicht getötet werden, dann war es schlechte Arbeit«, sagt Anh Tuyet. Arbeit, sagt sie. »Diese Leute waren schuldig, im Gegensatz zu den Bauern, die zu Zehntausenden von den Bomben der B-52-Piloten getötet wurden.« Sie hatte sehr kühl berichtet, etwas gelangweilt und widerspenstig, fast europäisch cool, ohne die den Vietnamesinnen anhaftende lächelnde Freundlichkeit; jetzt, bei dieser Rechtfertigung, blitzen ihre Augen auf, und ihr Gesicht wird lebhaft. Später, als sie von den Folterungen in den Gefängnissen erzählt, von den Schlangen, Flaschen und Elektroschocks in der Scheide, den Seifenlösungen im Darm, lächelt sie beiläufig, als rede sie von der Dauerwelle beim Friseur.

Ende 1970 hatte man Anh Tuyet als Vietcong entdeckt, wenn auch nicht als Attentäterin entlarvt. Zwei Jahre lang wurde sie in Saigoner Gefängnissen gefoltert, danach in den berüchtigten Tigerkäfigen auf der Insel Con Son. Ihre Eltern sah sie nach der Befreiung 1975 wieder. Sie hatten sie überall im Lande gesucht, in dem Glauben, ihr verwöhntes Kind arbeite als Nutte für die Amerikaner.

»Schon die Lehrer in der Schule haben mir gesagt: Die Amerikaner halten sich für etwas Besonderes und uns für eine gelbe Schafherde«, erinnert sich Tran Cong Tuan an den Beginn seines Verhältnisses zur Schutzmacht. Es endete damit, daß er für den Vietcong ganze Lastwagenladungen mit amerikanischen Schnellfeuergewehren, Panzerfäusten und Handgranaten von Soldaten der südvietnamesischen Armee kaufte. Die Wehrpflichtigen, viele von ihnen Schulkameraden von Tran Cong Tuan, hielten wenig vom Krieg und den verbündeten GIs, die ihnen die Mädchen wegnahmen.

Tuan lebte in der Provinzhauptstadt Vinh Long, im Mekong-Delta. In dieser Region standen 900 bewaffnete Partisanen 15000 amerikanischen und südvietnamesischen Soldaten gegenüber. Der Vietcong war, tief im

Süden, vom Nachschub über den Ho-Chi-Minh-Pfad abgeschnitten und besaß lange Zeit keine modernen Waffen. Tuan war 1961 als Student zur FNL gestoßen, wirkte als Agitator in Vinh Long. Er besaß falsche Papiere, ausgestellt vom Leiter der örtlichen Paßstelle, einem verkappten Vietcong. Tuan kassierte von Händlern und Ladenbesitzern die Schutzgebühr, mit der er die Waffenkäufe finanzierte. Selbst in den vollständig von Saigon beherrschten Gebieten erhob der Vietcong auf diese Weise Steuern. Die Bauern im fruchtbaren Mekong-Delta gaben – gegen Gutscheine der FNL, einzulösen nach der Revolution – große Mengen Reis, die nicht nur die Partisanen des Deltas ernährten.

»Wichtiger als der bewaffnete Kampf war die Überzeugungsarbeit«, sagt Tuan. »Wir mußten die Bauern und die Städter dazu bringen, uns zu vertrauen, zu decken oder gar zu verstecken. Je länger die Amerikaner im Land waren, desto einfacher wurde das. Sie trieben uns die Leute in die Arme.« Tuan warb für den Frieden und den Abzug der Amerikaner, vom Sozialismus war nicht die Rede. Der Bauer, dem die GIs die Reisfelder zerstörten, damit die Vietcong nichts zu essen hatten, war leicht zu gewinnen. Zukünftig gab er nicht nur Reis, er gab ihn mit Überzeugung, selbst wenn er den Kommunismus fürchtete.

In der Nachbarstadt Tra Vinh fand Tuan, falls nötig, Unterschlupf in einer Pagode, beim buddhistischen Mönch Son Sa Ra. Er hatte sich der Befreiungsfront angeschlossen, als die Verfolgung der Buddhisten durch das Diem-Regime brutaler geworden war. »Sie haben uns nicht in Ruhe gelassen, sie haben Mönche verschleppt und Pagoden zerstört«, erzählt Son Sa Ra, »da habe ich jemanden gesucht, der mich zu den Partisanen führt.« Ein paar Monate lang wurde der Buddhist in einem Vietcong-Gebiet geschult. »Sie haben mir beigebracht, unter den Mönchen zu agitieren, ohne aufzufallen.« Einige seiner Glaubensbrüder hatten die Kutte gegen das Gewehr getauscht, Son Sa Ra jedoch sollte als Mönch Kontakte zwischen den Untergrundkämpfern und Sympathisanten aus dem öffentlichen Leben knüpfen.

»Bewaffnet sein heißt nicht töten, sondern sich wehren«, sagte er sich. 1970 hat er getötet. Als ein Trupp der Thieu-Armee einige Mönche im Dorf Choc Sun zwangsrekrutieren wollte, erschlug er zusammen mit Glaubensbrüdern zwei Soldaten.

Auch im Mekong-Delta füllten sich die Reihen der Partisanen von 1971 an immer stärker mit Soldaten aus dem Norden. Als die Amerikaner abzogen, tauchten bald Einheiten der nordvietnamesischen Armee im Süden auf, 1975 marschierte die hochgerüstete Nordarmee auf breiter Front gen Süden, bis zum Saigoner Präsidentenpalast. Die Partisanen waren arbeitslos.

Son Sa Ra, der Buddhist, ist wieder nur Mönch.

Tran Cong Tuan, der Agitator, ist Kulturchef in Vinh Long.

Doan Thi Anh Tuyet, die Attentäterin, ist Major der Armee. Vor neun Monaten gebar sie ihr erstes und letztes Kind, das wegen der Folterungen behindert zur Welt kam.

Pham Thi Sot, die Tunnelkämpferin, kümmert sich im Bezirk Cu Chi um die Wiederaufbereitung des immer noch verseuchten Bodens.

Do Thi Huu Bich, die Stadtpartisanin, leitet das Traditionshaus der Frauenunion in Ho-Chi-Minh-Stadt, früher Saigon. Auf die Frage, ob sie manchmal noch vom Krieg träume, antwortet sie verbittert: »Nicht im Traum lebt der Krieg weiter, sondern in der Wirklichkeit.«

Am Ende des Films »Platoon«, dem vielfach ausgezeichneten und als authentisch gelobten Abbild des Vietnamkriegs, heißt es: »Gewidmet den Männern, die im Vietnamkrieg fielen.« Man tut dem engagierten Autor und Regisseur Oliver Stone kein Unrecht, wenn man unterstellt, daß er nicht nur die 600 000 gefallenen vietnamesischen Frauen übersah, sondern auch die 1,4 Millionen gefallenen vietnamesischen Männer. Schlicht vergessen.

KLEINER AUSFLUG NACH MY LAI, GEORGIA

Der Filmheld Rambo tötet in neunzig Kinominuten 43 vietnamesische Soldaten. Der Lieutenant William Calley Jr. ermordete in neunzig Minuten 102 vietnamesische Bauern. Warum gibt es über Calley noch keinen Film?

DAS JUWELIERGESCHÄFT »V. V. Vick« liegt in einem großen Einkaufszentrum von Columbus, Georgia. Die schwere Glastür läßt sich leicht öffnen. Aus dem Hintergrund des weitläufigen Ladens kommt eine junge Verkäuferin auf mich zu. »Kann ich Ihnen helfen?« »Ich suche William Calley ...«

»Ja, bitte, dort der Herr, der ist Mr. Calley.« Sie zeigt auf einen Mann in einem grauen Anzug mit Weste, der hinter einer Schmuckvitrine sitzt. Er hat meine Frage gehört, schaut herüber. Während ich auf ihn zugehe, senkt er den Blick und guckt erst wieder auf, scheinbar überrascht, als ich ihn anspreche.

»Mr. Calley?«

»Ja?«

»Ich möchte mich gern mit Ihnen unterhalten.«

»Worüber?«

»Über das Massaker von My Lai.«

Eine leichte Röte huscht über sein helles, fleischiges Gesicht. Die eine Hand fährt über die Stirnglatze, die andere greift nach einem Geschäftsformular. Calley starrt aus wässerigen Augen von seinem Stuhl hoch. Das Telefon auf dem Schreibtisch neben der Vitrine klingelt. Schnell hebt Calley den Hörer ab. Ein Geschäftsfreund muß am anderen Ende sein, Calley bedankt sich wortreich für irgendeine Hilfeleistung. Während des Gesprächs richtet er unablässig seine silbrige Krawatte, »... den Rest wird die Versicherung klären«.

Calley legt auf und schaut wieder hoch. »Was wollen Sie?« »Über das Massaker sprechen.« »Sind Sie Journalist? Ohne Anwalt sage ich nichts. Ich sage überhaupt nichts. Ich habe genug Ärger gehabt, damals.« Wie er heute über den Vietnamkrieg denke, frage ich. »Wenn Sie über Vietnam reden wollen, dann machen Sie das doch mit Jimmy Carter, der wohnt ein paar Straßen weiter!«

Obwohl Calley auch durch hartnäckiges Nachfragen nicht dazu zu bringen ist, sich zu äußern, macht er keine Anstalten, mich hinauszuwerfen. Er will zwar nichts sagen, scheint aber froh, gefragt zu werden. In seinem Blick liegen Angst und Trotz. Je länger ich frage, um so mutiger wird Calley. »Na ja, eine Heldentat ist das damals wohl nicht gerade gewesen«, sagt er schließlich und versucht ironisch zu lächeln. »Aber ich möchte darüber nicht reden, wirklich nicht.« »Warum nicht?« »Dann fängt alles von vorne an, und die Tür steht nicht mehr still.«

Die fünf Verkäuferinnen des Ladens sind etwas näher an uns herangerückt, jede ist damit beschäftigt, irgendwelche Ringe, Uhren und ähnliches in den Vitrinen zu ordnen. Calley spricht nicht besonders leise, man hat nicht den Eindruck, daß er den Inhalt unseres Gesprächs verheimlichen möchte. »Ich bin in My Lai gewesen, Mr. Calley, und habe mit dem Mädchen gesprochen, das Sie damals nicht getötet haben.« Calley guckt unbeeindruckt, wenn auch vielleicht etwas verlegen. Er grübelt, spielt mit einem Formular. Ich sage ihm, daß er ruhig mit seinem

Anwalt sprechen solle. Wenn er es sich überlegt habe, könne er mich hereinholen, ich säße draußen im Auto.

Pan Thi Trinh zeigt zwischen zwei Bananenbäumen hindurch auf einen Graben. »Hier an dieser Stelle haben sie gelegen, über hundert Frauen, Kinder und Babys, und alle voller Blut.« »Was ist passiert, an jenem 16. März 1968?« »Ich war an dem Morgen sehr früh wach«, erzählt die junge Frau, die damals ein zehnjähriges Mädchen war. »Ich hörte in der Ferne die Hubschrauber. Wir krochen schnell in unsere Erdlöcher. Eine Stunde lang Granaten, Maschinengewehre. Dann war es still. Ich dachte, alles sei vorbei, und kroch heraus. Aber da standen drei Soldaten vor mir, auch ein Neger. Die schrien mich an, ich verstand aber nichts. Sie schlugen mit den Gewehren und trieben uns zu unseren Nachbarn und schossen auf uns. Meine Mutter fiel um. Ich hatte einen Schuß im Arm. ›Lauf weg‹, flüsterte meine Mutter. ›Lauf weg, ganz weit weg.‹ Ich lief nach hinten in eine Kammer, dort lag schon meine Tante mit ihrem Baby. Wir hatten Angst, weil es so laut weinte. Sie haben von draußen in die Kammer geschossen. Das Baby hörte auf, aber dann fing es wieder an, und die Soldaten kamen zurück. Wir hörten ihre Stiefel. Ich lag unter meiner Tante. Sie hat viele Kugeln abgekriegt, ich nur drei. Sie hat geflüstert: ›Sei still, sei still.‹ Da bin ich eingeschlafen.

Später bin ich aufgewacht. Alles war still. Meine Tante lag tot über mir. Meine Großmutter hatte sich in einem Schrank versteckt, jetzt hing sie halb heraus, die Kugeln waren durch das Holz gegangen. Draußen lag meine Mutter, ihr halbes Gesicht war weg. Viele Häuser brannten, etwas weiter fand ich meine Geschwister, daneben meinen Freund Huang. Dann bin ich an diesen Graben gekommen. Er war voll mit roten Leibern.«

Dort fanden Bauern aus dem Nachbardorf die bewußtlose und blutende Pan Thi Trinh und brachten sie ins Krankenhaus. Fünf Dorfbewohner überlebten das Massaker; 504 starben an diesem Morgen, unter ihnen 173 Kinder, 76 Babys und 60 Greise.

»Glückwünsche den Offizieren und Mannschaften zum ausgezeichneten Gefecht«, telegraphierte General Westmoreland, damals Oberbefehlshaber der US-Streitkräfte in Vietnam, an die Einheit »Charlie Company«, welche die Unbewaffneten hingerichtet hatte. »128 Gegner im Kampf getötet, 13 Verdächtige festgenommen und drei Waffen erbeutet«, so hieß es im offiziellen Gefechtsbericht. Die Aktion prangte auf den Titelseiten der amerikanischen Zeitungen, als großer Schlag gegen den Vietcong, als erfolgreichste Aktion der »American«-Division im gesamten Vietnamkrieg. 18 Monate später erfuhren die Amerikaner und der Rest der Welt, was in My Lai wirklich passiert war – eigentlich nur durch Zufall.

Der Soldat Ron Ridenhour, dem Kameraden vom Massaker berichteten, hatte nach seiner Entlassung aus der Army, ein Jahr nach dem Vorfall, einen Brief verfaßt und ihn an dreißig Personen geschickt, unter anderem an Präsident Richard Nixon, Senator Edward Kennedy und verschiedene Abgeordnete. Nur zwei der Abgeordneten gingen den Vorwürfen nach und veranlaßten eine (streng geheime) Untersuchung der My-Lai-Aktion. Der Journalist Seymour Hersh kam dahinter und veröffentlichte seine Story in dreißig kleineren Zeitungen, nachdem zwei große abgewinkt hatten. Kurz darauf tauchten in Zeitungen Photos vom Massaker auf, aufgenommen vom damals beteiligten Army-Photographen, der sie nun – als Zivilist – für 55 000 Dollar verkaufte.

Amerika war schockiert: Amerikanische Soldaten, Vorkämpfer für Freiheit, Demokratie und Menschenrechte, entlarvt als Bande von Massenmördern, die Frauen, Babys und Greise schlachtete. Unter dem Druck der Öffentlichkeit setzte die Army eine Untersuchungskommission ein. Ein Name tauchte in allen Berichten immer wieder auf: Lieutenant William Calley Jr.

Calley damals: »Unser Hubschrauber war der erste, der an dem Dorf ankam. Wir sprangen heraus und suchten Deckung. Unsere Bomber bearbeiteten das Dorf noch. Dann kam unser Einsatzbefehl. Wir begannen mit schwerem Feuer ... Das ist die amerikanische Taktik: Feuerübergewicht erkämpfen und es halten. Wir halten den Feind am Boden. Darum ist die amerikanische Armee die beste, die es gibt ... Es war kein Abwehrfeuer des Vietcong zu hören. Wir marschierten in Linie auf das Dorf zu. Wegen der Häuser und Bäume war sie nicht zu halten ... Ich kam an ein großes Haus aus Steinen und guckte durch ein Fenster. Sechs oder acht Menschen lagen auf dem Boden. Ein Mann ging gerade zum Fenster. Ich erschoß ihn. Dann stand da ein Mann am Kamin, sah aus, als ob er da rausgekrochen sei. Ich erschoß ihn ... Einer von meinen Leuten hatte sich ein vietnamesisches Mädchen geschnappt, seine Hosen waren schon runter. Es mag altmodisch klingen, aber ich bin gegen Vergewaltigung im Gefecht. Das gehört nicht zu unserem Job, das lenkt nur ab ... Meine Männer hatten eine große Gruppe von Dorfbewohnern zusammengetrieben. Wir kamen zu langsam voran. Über Funk beschwerte sich Captain Medina, warum wir so lange brauchen. ›Beseitigen Sie diese Leute, aber schnell.‹ Ich sagte zu Mitchell: ›Stell dein Maschinengewehr da bei den drei Bäumen auf ...‹ An einem Wassergraben hatten meine Leute einen Haufen Vietnamesen vor sich und schossen auf sie. Ich stellte mich dazu und hielt auch hinein.«

Die Untergebenen von Lieutenant Calley schilderten während der Untersuchungen das Vorgehen ihres Vorgesetzten detaillierter. Paul Meadlo, von dem Calley sagte, er sei ein perfekter Soldat, einer, die nie Fragen stelle, sagte aus: »Wir hatten dreißig bis vierzig Dorfbewohner zusammen und bewachten sie. Lieutenant Calley kam und sagte: ›Ich will sie tot.‹ Er trat ein paar Schritte zurück, stellte seine MP auf Automatik und feuerte los. Er sagte, ich solle ihm helfen. Ich schoß auch. Wir wechselten sechs- oder siebenmal die Magazine ... Danach trieben wir siebzig bis hundert Leute in einen Graben. ›Da wartet noch ein anderer Job auf uns, Meadlo‹, sagte der Lieutenant. Ich konnte nicht mehr, ich begann zu heulen. Calley feuerte in den Graben und ich auch ...«

Grenadier Conti: »Ich sah das Mündungsfeuer, schaute nach unten und sah eine Frau, die versuchte, noch hochzukommen. Lieutenant Calley zielte auf sie und schoß ihr den halben Kopf weg.«

MG-Schütze Olsen: »Im Graben waren in der Mehrzahl Frauen, Kinder, Babys. Manche schienen schon tot zu sein, andere verfolgten mich mit ihren Augen, als ich den Graben überquerte.«

Funker Sledge: »Jemand schrie, da ist ein Kind! Es rannte ins Dorf zurück. Lieutenant Calley lief hinterher, grapschte den Kleinen am Arm, warf ihn in den Graben und schoß.«

Calley: »Babys! Die kleinen unschuldigen Babys! Falls Ihr Sohn eines Tages von diesen Babys getötet wird, werden Sie mich anschreien: Warum haben Sie damals diese Babys nicht umgelegt?«

Im Juwelierladen V. V. Vick herrscht reger Betrieb. Ein Geschäft mit Renommee, das sieht man den Leuten an, die es an diesem Morgen betreten. Das Geschäft gehört Calleys Schwiergervater, Calley ist Geschäftsführer. Durch das Schaufenster sehe ich ihn an seinem Schreibtisch sitzen, sehe ihn telefonieren, essen, schreiben, dösen, seine Goldrandbrille putzen. Manchmal tritt eine Verkäuferin vor ihn, sagt etwas, er lächelt freundlich, antwortet, sie geht wieder. Sie scheinen ihn zu mögen.

Nebenan im »Sweetbriar Smokeshop« wissen die Leute, wer William Calley ist, aber sie äußern sich über ihn weder besonders begeistert noch besonders abschätzig. Ein berühmter Nachbar, bescheiden, nett und grüßt immer. Die Verkäuferin in »White's Bookstore« schildert ihn als ausgesprochen höflich. Alle sprechen von ihm, als sei er ein in Ehren ergrauter Baseballstar.

»O ja, ich habe Mr. Calley immer bewundert und respektiert«, sagt Jack Mickells, in den siebziger Jahren Bürgermeister von Columbus. »Er ist einer der besten Männer, die ich je kennengelernt habe. Er spendet für alle noblen Zwecke. Ich würde alles für ihn tun. Wir haben ihn den ganzen langen Weg unterstützt.«

Entdeckt haben die Bewohner von Columbus ihren hervorragenden Bürger am 5. September 1969. Bis zu diesem Tag war William Calley Jr. ein Niemand: Der 666. Beste eines Jahrganges von 731 Schülern auf der High-School, der 120. von 156 Offiziersanwärtern auf der Militärschule von Fort Benning. Zwischen Schule und Militär war er als Tellerwäscher, Busschaffner, Versicherungsdetektiv gescheitert; ein 160 Zentimeter kleiner, unscheinbarer 24jähriger ohne Freund und Freundin, für den der Krieg die letzte Chance war, aus seinem Leben noch etwas zu machen. Seine 26 Untergebenen dirigierte er mit dem Standardsatz: »I'm the boss.« Er erkämpfte sich einen »Bronce Star« und das »Purple Heart« und verlängerte freiwillig seinen Dienst in Vietnam. Als das Pentagon ihn von der Front ins Heimatfort beorderte, dachte er: »Jetzt kriege ich noch einen Orden.«

Am 5. September 1969 verkündete die Armee, nach Abschluß der Voruntersuchungen und 18 Monate nach dem Massaker, daß Lieutenant William Calley Jr. wegen Mordes an 102 »menschlich-orientalischen Wesen« angeklagt sei. Die Zeitungsmeldung erregte noch kein großes Aufsehen, erst als die Bilder vom Massaker erschienen, schreckten die Amerikaner auf. Nachdem sich das erste Entsetzen gelegt hatte, beruhigten sie sich mit der Feststellung, daß ein Amerikaner wohl nicht ohne Grund 102 Vietnamesen töte. Im November 1970, als im Fort Benning in Columbus der Militärprozeß gegen Calley begann, war der Lieutenant schon ein Volksheld, ein Opfer und kein Täter mehr. In Columbus konnte er in den Restaurants kostenlos essen, aus allen Teilen der Staaten bekam er von Familien Briefe mit Einladungen, und die

Offiziere klopften ihm auf die Schulter. Unbefangene Geschworene waren kaum zu finden; ein für das Amt vorgeschlagener Hauptmann äußerte gar, der Angeklagte gehöre nicht bestraft, sondern befördert.

Als Calley schließlich zu lebenslänglich Gefängnis verurteilt wurde, wegen 22fachen vorsätzlichen Mordes, schlug ihn das Volk endgültig zum Märtyrer. »Sie haben ihn gekreuzigt!« riefen Menschen vor dem Gerichtsgebäude. Mehr als 100000 Telegramme überschwemmten das Weiße Haus. Selbst Vietnamkriegsgegner forderten »Free Calley«. Hunderte von Soldaten erklärten: »Wir haben das gleiche getan wie Calley, verurteilt uns auch!«

Calley war zum Inbegriff des pflichtbewußten amerikanischen Soldaten geworden, der tut, was man ihm befohlen hat, und dafür verurteilt wird. Calleys Verteidiger: »Sie waren gute amerikanische Jungs, die zum Töten erzogen und zum Töten nach Übersee geschickt wurden, denen das Töten befohlen wurde und die nun Mörder sein sollen, weil sie ihren Job gemacht haben?« Während des Prozesses bestritt Calley nie, Frauen, Kinder und Alte erschossen zu haben, lediglich um die Anzahl wurde gestritten und darüber, ob es einen Befehl von oben gab, das Dorf auszurotten, oder nicht.

Calley über die Einsatzbesprechung am Vorabend: »Captain Medina zeichnete eine Karte unseres Operationsgebietes in den Sand. ›Das ist My Lai 4. Unser Job ist es, schnell durchzugehen und alles zu neutralisieren. Jeden töten.‹ – ›Auch Frauen und Kinder, Captain Medina?‹ ›Ich sagte jeden, alles, was sich bewegt.‹« 21 GIs bestätigten diese Darstellung. Medina selbst und zwei GIs bestritten sie.

Calley: »Ich habe an diesem Tag in My Lai keinen Menschen getötet, nicht ich als Person tat es. Ich tat es für die Vereinigten Staaten von Amerika, mein Land. Und wir waren nicht da, um menschliche Wesen zu töten. Wir waren da, um eine Ideologie zu töten. Um den Kommunismus zu zerstören.«

Dörfer und ihre Bewohner zu zerstören, um sie vor den Kommunisten zu retten, das war Teil der amerikanischen Strategie im Vietnamkrieg. Ganze Landstriche wurden zur *Free fire zone* erklärt, die Bevölkerung dieser Gebiete zum Verlassen ihrer Häuser aufgefordert, und fortan war jedes menschliche Wesen in diesen Zonen Freiwild. Bomben, in 10000 Meter Höhe irgendwo über den Wolken ausgeklinkt, töteten hier Zehntausende Zivilisten. Calleys Verteidiger: »Es ist in Ordnung, wenn die Air Force Städte bombardiert. Es ist in Ordnung, wenn die Artillerie Gebäude zusammenschießt und das Leben aller auslöscht. Aber wenn ein Infanterist sein Gewehr für denselben Zweck einsetzt, soll das auf einmal falsch sein?« Calley: »Was ist ein Massaker? Eine Atombombe auf Hiroshima ist kein Massaker, aber hundert Leute sind eins?«

Je länger der Prozeß dauerte, um so gewöhnlicher, normaler, alltäglicher wurde das Massaker von My Lai. Colonel Oran Henderson, der Kommandeur von Calleys Brigade, konnte schließlich erklären: »Jede Brigade in Vietnam hatte ihr My Lai, aber nicht jede hatte einen Ridenhour, der es verrät.« Bei einer Umfrage nach dem Prozeß äußerte die Hälfte der befragten Amerikaner, Massaker wie das in My Lai seien keine Ausnahme, sondern die Regel im Vietnamkrieg. Und 79 Prozent sprachen sich gegen Calleys Verurteilung aus. Aber immerhin 32 Prozent verlangten, daß hohe Militärs und Regierungsmitglieder wegen der Kriegsverbrechen vor Gericht gestellt werden sollten.

Den Durchschnittsamerikaner empörte, daß ein guter Durchschnittsamerikaner, der seine Pflicht tut, wegen der Liquidierung von ein paar Schlitzaugen ins Gefängnis wandern sollte; den Kriegsgegner regte auf, daß ein kleiner Durchschnittsamerikaner stellvertretend für seine Vorgesetzten ins Gefängnis wandern sollte. *Time* veröffentlichte eine Befehlskette, die von Calley über den Kompaniechef, den Divisionskommandeur, den Oberbefehlshaber Westmoreland bis zum Verteidigungsminister Clark Clifford und dem damaligen Präsidenten Lyndon B. Johnson reichte. *Newsweek* fragte auf der Titelseite: »Wer noch ist schuldig?«

Prozeßbeobachtern war aufgefallen, daß der Anwalt von Calley während der sechsmonatigen Verhandlung wenig getan hatte, um höhere Militärs zu belasten oder sie vor Gericht zu laden. Der Ankläger hielt sich strikt daran, nur Calleys Verhalten anzuklagen: »Er veranstaltete das ganze Unternehmen in eigener Initiative und auf seine eigene Art.« Von dem anfangs von Millitärjuristen geäußerten Vorhaben, einen Massenprozeß nach dem Vorbild der Kriegsverbrecherprozesse von Nürnberg abzuhalten, war nicht mehr die Rede. 25 Mitwisser und Mittäter hatte die militärische Untersuchungskommission ermittelt, Calley jedoch wurde als einziger verurteilt. Nur fünf Soldaten kamen überhaupt vor Gericht.

Ein Sergeant wurde mit der Begründung freigesprochen, er habe lediglich Befehle ausgeführt. Einer seiner

Richter erklärte: »Ein Soldat sollte auch ungesetzlichen Befehlen eines Offiziers gehorchen, denn er ist ein blinder Vollstrecker der Anordnungen seines Vorgesetzten.« Calleys Divisionskommandeur Koster, zum Zeitpunkt der Ermittlungen Leiter der Militärakademie West Point, wurde von der Anklage freigesprochen, das Massaker zumindest vertuscht zu haben. Sein Richter war Lieutenant General Seaman, als Kommandeur der 1. US-Division beschuldigt, in Vietnam für besonders grausame Morde an Zivilisten verantwortlich zu sein.

»Es ist uns offensichtlich nicht gelungen, das zu lernen, was wir uns angemaßt haben, in Nürnberg zu lehren«, urteilte resigniert der amerikanische Hauptankläger bei den Nürnberger Kriegsverbrecherprozessen, Telford Taylor. Der pensionierte General forderte vergeblich, den Oberbefehlshaber in Vietnam, William Westmoreland, vor Gericht zu stellen.

Auch als Verurteilter blieb Calley seiner Regierung ergeben und sah sich als Sündenbock für Volk und Army. Calley über seine Rolle: »In den Zeitungen ein Haufen von toten Frauen, Kindern und Babys. Die amerikanische Regierung konnte nicht sagen, oh, so ist es überall in Vietnam. Sie mußte zwei Millionen Kriegsveteranen und hundert Millionen Bürger schützen. Sie mußte jedermann sagen: ›Ein verrückter Killer hat es getan.‹«

Erst drei Jahre nach Calleys Verurteilung und sechs Jahre nach den Vorfällen gab die Regierung Teile des Peers-Reports über die militärinternen Untersuchungen des Massakers zur Veröffentlichung frei. Nicht nur die Verstrickung von 25 zum Teil hohen Militärs wurde darin aufgedeckt. Es wurde auch über ein zweites Massaker an

Zivilisten berichtet, das von derselben Division, aber einer anderen Einheit am selben Tag in My Khe, nicht weit von My Lai entfernt, begangen worden war. Zwischen 90 und 150 Frauen, Kinder und Alte wurden dabei getötet. Die GIs waren – das hatte die Befragung durch die Ermittler der Army ergeben – ähnlich vorgegangen wie Calley und seine Leute. »Ich erinnere mich, daß das Baby nicht weit entfernt war. Er feuerte mit seiner 45er und schoß daneben. Wir lachten alle. Er ging näher ran. Wieder vorbei. Wir lachten. Dann stand er direkt über dem Kind und hat es vollgepumpt ... Ein Hubschrauber brachte eine Extraladung TNT, hundert Stangen. Sie wurden in die Bunker geworfen, in die sich die Leute verkrochen hatten. Wir veranstalteten eine Art Wettbewerb, wer es mit der kürzesten Lunte schaffte.«

Mit den Worten »Das ist das, worauf ihr gewartet habt, aufspüren und zerstören, ihr kriegt es« waren die GIs dieser Einheit am Abend vor dem Massaker auf die Aktion eingestellt worden. »Wir wurden informiert, da runterzugehen und den verdammten Ort auszumisten ... Alle waren begeistert, dort runterzugehen. Wir wollten sie beseitigen, das Nest säubern ...« Man hatte den Soldaten gesagt, sie würden dort unten auf das 48. Vietcong-Bataillon treffen, eine Einheit, die während der gerade zu Ende gegangenen Tet-Offensive den Amerikanern die bis dahin größte Niederlage des Vietnamkriegs zugefügt hatte. Doch statt auf bewaffnete Guerillas trafen die GIs in My Khe auf ängstlich davonlaufende Frauen und Kinder.

Massaker wie in My Lai und My Khe habe es Anfang März 1968 in 31 Orten Südvietnams gegeben, behauptete damals die vietnamesische Befreiungsfront. Die Aktionen sollten die Bevölkerung einschüchtern und von der Unterstützung der während der Tet-Offensive so erfolgreichen Partisanen abhalten.

Die im Peers-Report beschriebenen Vorfälle in My Khe blieben ohne Folgen für die beteiligten GIs. Keiner wurde angeklagt oder verurteilt. Erst nach Calleys Prozeß erfuhr die amerikanische Öffentlichkeit von dem anderen Massaker am selben Tag. Die Regierung Nixon hatte den Peers-Report unter Verschluß gehalten. Erst der erzwungene Rücktritt des Präsidenten machte den Weg frei, zumindest Teile zu publizieren. Nixon, so hieß es nun, habe die My-Lai-Debatte nach dem Calley-Prozeß nicht neu aufleben lassen wollen und darum die Freigabe des Reports jahrelang verhindert.

Bereits unmittelbar nach dem Schuldspruch hatte sich Nixon in das Calley-Verfahren eingemischt. Der Präsident ordnete an, den Verurteilten aus dem Gefängnis von Fort Leavenworth zu entlassen und bis zu seiner Berufungsverhandlung lediglich unter Hausarrest zu stellen. Calley durfte in seine Wohnung im Militärstützpunkt in Columbus zurückkehren und eine Sekretärin zur Erledigung seiner Fanpost beschäftigen. Der Ankläger der Army schrieb Nixon einen entsetzten Brief, der mit den Worten schloß: »Ich hätte erwartet, daß der Präsident der Vereinigten Staaten ... in einer moralischen Angelegenheit, die klar zutage liegt und bei der es keinen Kompromiß geben kann, voll hinter den Gesetzen dieses Landes stehen würde.«

Unbeirrt ließ Nixon verkünden, er persönlich werde den Fall überprüfen, die endgültige Entscheidung treffen und obendrein in seiner Rolle als Oberbefehlshaber der Streitkräfte »nach eigenem Ermessen« in das militärische Berufungsverfahren eingreifen.

Fünf Monate nach Calleys Verurteilung zu lebenslanger Haft reduzierte die Army seine Strafe auf zwanzig Jahre Arrest. Nixons Heeresminister Callaway kürzte noch einmal, auf zehn Jahre, und entließ Calley nach Verbüßung von dreieinhalb Jahren endgültig aus dem Militärgefängnis. Der Lieutenant habe während des Massakers geglaubt, »in Übereinstimmung mit den Befehlen zu handeln, die er erhalten habe«, erklärte der Minister, außerdem sei er »nur einer von vielen, die in diese Affäre verstrickt sind«. Da es keine Anzeichen dafür gebe, daß Calley eine Gefahr für irgend jemanden sei, könne man ihn freilassen.

Der Massenmörder verließ das Gefängnis als gemachter Mann. In Columbus war seine Popularität am größten, und so blieb Calley dort, wo sein Leben diese glückliche Wendung genommen hatte. In der Nähe von Fort Benning, dort, wo er vom Durchschnittsamerikaner zum Lieutenant ausgebildet worden war und wo er des mehrfachen Mordes an »menschlich-orientalischen Wesen« für schuldig befunden wurde, kaufte er sich von dem Geld, das er für Interviews bekommen hatte, ein Haus. Der berühmteste Bürger von Columbus blieb nicht lange allein. Sein Leben lang hatte Calley kein Glück bei den Frauen gehabt, nun interessierte sich die Tochter des Juweliers Vick für den tapferen Soldaten. Er heiratete sie – und den Laden ihres Vaters. Rambo war Juwelier geworden. »Verfolgt haben mich die Toten von My Lai nie«, sagte er damals.

Pan Thi Trinh hat Calley nie aus den Augen verloren. Nachdem die Wunden des Massakers im Krankenhaus versorgt worden waren, kam sie in ein Nachbardorf zu Verwandten. Dort sah sie Calley drei Jahre später auf den Photos wieder, die inzwischen durch die Weltpresse gegangen waren und schließlich auch in der Zeitung der Provinz Quang Ngai auftauchten.

Sechsmal noch mußte Pan Thi Trinh mit ihren neuen Eltern vor amerikanischen GIs und südvietnamesischen Soldaten fliehen, als diese die Dörfer nach Vietcong durchkämmten und in Brand steckten. Jetzt lebt sie wieder dort, wo ihre Familie ausgelöscht wurde. Trinh führt Besucher durch die Gedenkstätte My Lai, zeigt den Graben, in dem hundert Dorfbewohner starben und die Wegkreuzung, wo vierzig Menschen umkamen, erläutert die Einsatzpläne der US-Army und die Photos von den Tätern – Calleys hängt auch an der Wand. Auf einer großen Tafel stehen die Namen der Ermordeten, dahinter das Alter: Pham Cu 6 Jahre, Pham Chanh 1 Jahr, Pham T Hoat 72 Jahre ...

Wie eine routinierte Museumswärterin erklärt Pan Thi Trinh die Bilder der zerstückelten und blutverschmierten Leichen, scheinbar teilnahmslos spricht sie von den Maschinengewehrtypen der Amerikaner und dem Zeitplan des Massakers. Ihr Blick ist dabei starr geradeaus gerichtet, ihr Gesicht bleibt hart wie eine Maske. Nur die Lippen beben manchmal schwach. Als wir uns setzen, um Tee zu trinken, zittern ihre Hände so stark, daß sie ein wenig Tee aus der Tasse über ihre weiße Bluse schüttet. Sie müsse sich mehr zusammennehmen, entschuldigt sie sich.

Mehrmals in der Woche erzählt sie die Geschichte des Massakers, fünfzehn-, zwanzigmal im Monat sterben ihre Eltern und Geschwister. »Ich möchte nicht noch einmal von solch einem Massaker hören, nirgends auf der Welt. Darum muß ich mich zusammennehmen und erzählen. Das muß ich tun, das ist das Beste, was ich tun kann.«

Drei Sack Reis hat Pan Thi Trinh von der südvietnamesischen Regierung als Wiedergutmachung bekommen, damals, als das Massaker durch die Zeitungen ging. Von der amerikanischen Regierung hat sie bis heute nichts erhalten.

Trinh weiß, daß Calley aus dem Gefängnis kam, noch ehe der Vietnamkrieg zu Ende war. Sie weiß, daß die anderen Täter vollkommen ungeschoren blieben. Sie weiß, daß die meisten Amerikaner die Ausrottung ihres Heimatdorfes nicht einmal als Verbrechen ansehen. Doch wie die meisten Vietnamesen empfindet auch sie keinen Haß auf »Amerikaner«. Aus einem Kassettenrecorder plärrt amerikanische Rockmusik über die Gedenkstätte: »Born in the USA«.

Aus Calleys Juwelierladen tritt ein GI im Kampfanzug. Ich steige aus dem Auto aus, folge ihm und spreche ihn an. Er stammt aus Atlanta und ist zur Ausbildung im Fort Benning; noch immer befindet sich in Columbus eines der größten Trainingscamps der Army. Von My Lai hat er gehört, schlimm sei das gewesen. Es gebe einen Trainingsfilm über die Behandlung von Zivilisten im Krieg, der werde den GIs zur Abschreckung gezeigt. »Uns wird gesagt, daß wir solche Befehle verweigern müssen.« Lieutenant Calley? Nie gehört.

Am Abend vorher hatte ich im Kino-Center von Columbus mit einer Gruppe von GIs gesprochen. Auch ihnen sagte der Name Calley nichts. Vietnam sei eine Tragödie gewesen, womit sie aber nicht den Krieg meinten, sondern seinen Ausgang.

Sie hatten gerade den Film »Iron Eagle« gesehen: Der Sohn eines in Vietnam mehrfach ausgezeichneten Kampffliegers stiehlt eine F-16, um damit seinen inzwischen »irgendwo in Nordafrika« in Gefangenschaft geratenen Vater aus den Klauen eines unberechenbaren Diktators freizubomben. Laut johlend hatte das GI-Heer im Kino jeden Treffer gefeiert. Im Vorprogramm lief die Ankündigung des Films »Top Gun«: Der Sohn eines in Vietnam verschollenen Fliegerhelden schießt sich zum Topflieger hoch und holt im Finale mehrere sowjetische MIGs vom Himmel – trampelnder Beifall.

Zehn Jahre nach seinem Ende verwandelt sich der Vietnamkrieg auf der Leinwand in einen Krieg voller Heldentaten, der nur deswegen nicht gewonnen wurde, weil die Männer mit den nackten Oberkörpern nicht so bomben und töten durften, wie sie wollten; nun soll zumindest in Breitwand das *unfinished business* zu Ende gebracht werden, in Vietnam, Libyen und überall sonst, wo diese *gooks* und *dinks* hausen.

»Ich fühle mich diesen Leuten überlegen. Ich bin der Amerikaner von der anderen Seite des Ozeans. Ich kann es diesen Leuten zeigen.« (Calley)

Einer der Soldaten im Kino trägt ein T-Shirt mit dem Aufdruck: *Join the Army, travel to distant countries, meet interesting people – and kill them.*

Der *CBS*-Chefkommentator prophezeite 1971: »Der

Calley-Prozeß ist erst der Anfang eines anderen Prozesses, der Anfang bei der Suche nach der vollen Wahrheit: Was haben wir den Asiaten und uns selbst angetan?« Die Amerikaner haben nicht nur nicht nach der Wahrheit gesucht, sie haben das, was sie über den Vietnamkrieg wußten, systematisch vergessen. Wie für die jungen Soldaten im Kino von Columbus, so sind für die meisten Amerikaner in Vietnam nur 58721 Menschen gefallen. Zwei Millionen tote Vietnamesen sind vergessen, drei Milliarden Dollar versprochene Wiedergutmachung ebenso.

Der Vietnamkrieg wurde während des vergangenen Jahrzehnts einer Schönheitskur unterzogen. »Ich denke, die Amerikaner haben in Vietnam einen guten Eindruck gemacht«, sagt Ex-GI und »Dallas«-Star Ray Krebbs. »Meine Einheit hat ausgezeichnete Arbeit geleistet. Ich bin den Leuten überlegen, die diese Erfahrungen nicht gemacht haben.« Am Memorial Day erklärte der Präsident der Amerikaner die »Jungs von Vietnam« zum Vorbild für die heutige Jugend: »Sie entschieden sich, ehrlich zu sein. Sie entschieden sich, dem modischen Skeptizismus ihrer Zeit zu widerstehen. Sie entschieden sich, dem Ruf der Pflicht zu folgen.«

»Ich führe meine Befehle aus. Dafür ist die Armee da. Wenn die Amerikaner sagen: ›Löscht Südamerika aus‹, wird es die Army machen. Wenn eine Mehrheit sagt, Lieutenant, los, massakrieren Sie tausend Feinde, werde ich tausend Feinde massakrieren.« (Calley)

Die völkische Gehirnwäsche, die in zehn Jahren aus einem viehischen Krieg eine noble Sache gemacht hat, findet außer in Präsidentenreden im Kinosaal statt. Im

Kino-Center von Columbus waren fünf von sechs Filmen hochmoderne Kriegsstreifen, in denen der Vietnamkrieg weitergeführt oder woanders neu begonnen wird. Die GIs auf der Leinwand zeigen ihren Kollegen im Parkett, wie geil Krieg ist, wie erotisch der Luftkampf und wie orgastisch der Abschuß – Krieg als die Fortsetzung des Lebens mit lustigen Mitteln.

»Vier fünfzigkalibrige Maschinengewehre am Heck gaben Dauerfeuer: das war Ballerei à gogo. Das ist das Großartigste auf der Welt ... Ein LSD-Trip ist in etwa so wie ein Morgen in My Lai. Oder sonstwo. Hinterher fragst du dich: Nun, was habe ich getan, einen Haufen Deutsche oder Japaner oder Vietnamesen umgebracht. Big goddamn deal.« (Calley)

»Damals«, so sagte ein Vietnamveteran am Memorial Day in einer Fernsehsendung, »fanden alle meine Freunde Krieg fürchterlich, aber ich ging nach Vietnam. Heute habe ich das komische Gefühl, Krieg ist schick geworden, und ich komme mir vor, als sei ich nicht von heute.« Keiner verkörpert den Sinneswandel besser als »Rambo« Sylvester Stallone. Während des Vietnamkriegs entzog sich Stallone dem Wehrdienst und diente als Leibwächter in einem Schweizer Mädcheninternat, heute ist Rambo der Rammbock der modernen Kriegsmentalität.

Calley tritt aus seinem Juweliergeschäft. An der Hand führt er seinen fünfjährigen Sohn, sie gehen in »White's Bookstore«, kaufen Malblöcke und kehren in den Laden zurück. Calley baut sich hinter der Schaufensterscheibe auf, schaut zu mir herüber. Er muß die Kamera in meiner Hand sehen, rührt sich aber nicht von der Stelle.

Hat ein Massenmörder ein Recht darauf, in Ruhe

gelassen zu werden? Soll ich an seine Schmuckvitrine treten und ihm die Bilder von Pan Thi Trinh zeigen?

Ein Mercedes-Kombi fährt vor. Calley eilt aus dem Laden, hinter einer Aktentasche sein Gesicht verbergend, und schlüpft in den Fond des Wagens. Seine Frau sitzt am Steuer und gibt Gas. Hinter der Schaufensterscheibe stehen die fünf Verkäuferinnen Calleys und schauen, ob ich ihrem Boß folge. Wozu?

WER HAMBURG anfliegt, sieht Parzellen. Wer Los Angeles anfliegt, sieht Swimmingpools. Wer in Saigon zur Landung ansetzt, überquert Tausende von hellbraunen Flecken, häßlich wie verkrustete Herpesbläschen. Bombenkrater.

Jeder Amerikaner, der nach Vietnam zurückkehrt, muß die Narben der Apokalypse überfliegen, minutenlang. Er habe damals keine Schuld gefühlt, sagt Fredy Champagne, und jetzt auch nicht, »I did my job«. Seinen Job hat er 1965 und 1966 erledigt, dreißig Kilometer nördlich von Saigon, in Lai Khe, mit der M 16 im Anschlag.

Nun hat er einen Spaten in der Hand und hebt Fundamente aus. Er ist der Boß jener 16 GIs, die nach Vietnam zurückgekehrt sind, um eine Krankenstation zu mauern. Gordon Smith hat gut vorgearbeitet, »a dream comes true«, wie er als guter Amerikaner zu sagen pflegt. Fredy Champagne – der Mann heißt so, weil er eines Tages Sherry Champagne geheiratet hat – will mit der Krankenstation »alle Wunden heilen, auch die zwischen den Völkern«.

Am 4. Januar 1988 war er schweißgebadet aufgewacht, weil ihn wieder einmal die Erinnerung an seinen Job in Vietnam aufgeschreckt hatte. 486 000 *Vietnam Veterans* plagt *post-traumatic stress disorder*. Fredy Champagne beschloß, etwas dagegen zu tun – und zwar in Vietnam.

Er wandte sich an den UN-Vertreter Vietnams in New York und besuchte im Oktober das Land seiner Alpträume. Durch Zufall traf er den Distriktarzt von Vung Tau, dem Badeort östlich von Saigon, und schlug vor, dort die Krankenstation zu errichten. Außenminister Tach gab sein Okay und Fredy diplomatischen Status – das Projekt konnte anlaufen.

Champagne rief mit Veteranenfreunden aus Kalifornien das VVRP ins Leben, das »Veterans Vietnam Restoration Project«, und begann Geld einzutreiben. Eine schwierige Sache in den USA, weil Hunderte von Organisationen in den Staaten unter dem Stichwort »Vietnam« eine rege Sammeltätigkeit entwickelt haben, größtenteils Schwindelunternehmen, die vorgeben, nach den in Vietnam vermißten Soldaten suchen zu wollen.

Dann mischte sich das State Department ein, weil US-Bürgern immer noch verboten ist, in Vietnam zu investieren. Eine Krankenstation könne schließlich blitzschnell zur Giftgasfabrik umgerüstet werden, argumentierten die besorgten Staatsdiener und verfügten, daß die investierte Summe 40 000 Dollar nicht überschreiten dürfe.

Die Vietnamesen wiederum zeigten sich enttäuscht von dem kleinen Krankenhüttchen, daß damit errichtet werden sollte, zumal sie noch gut in Erinnerung hatten, wie groß solche Geschenke von Uncle Sam in den sechziger Jahren auszufallen pflegten.

Rund tausend Amerikaner häuften Dollar auf Dollar, bis die Pioniereinheit der Friedenstruppe schließlich starten konnte. Leider ließen die Veteranen die Baupläne zu Hause liegen, so daß ein vietnamesischer Architekt die Krankenstation in großer Eile neu aufs Papier bringen mußte. Dabei wuchs die Zahl der Zimmer von sechs auf vierzehn.

Fünf vietnamesische Arbeiter gingen den Amerikanern zur Hand. Tuong, mit 43 Jahren der älteste, hatte am Ho-Chi-Minh-Pfad gegen die GIs gekämpft. Nguyen Van Rep, der betreuende Mediziner aus dem Gesundheitsministerium, hatte in den Tunneln von Cu Chi die Vietcong wieder zusammengeflickt, die von den Amerikanern verwundet worden waren.

Die sechzehn Veteranen, zwischen 36 und 68 Jahre alt, begannen ihre Arbeit mit dem Roden und Abbrennen des Baugeländes, eine Tätigkeit, die auch in den Kriegszeiten zum Alltag gehörte, um den Vietcong Rückzugsmöglichkeiten abzuschneiden.

»Wir haben genau gearbeitet wie im Krieg«, sagt Roger Shane, der von 1966 bis 1969 in Vung Tau als Hubschrauberschütze stationiert war, »genau wie im Krieg, von 7 Uhr bis 11 Uhr und von 14 Uhr bis 17 Uhr.« Mittags sei es zu heiß gewesen, »to go out and kill«.

Am ersten Tag seines Aufenthalts ist Shane durch die Straßen von Vung Tau gelaufen, um altbekannte Flecken und Leute wiederzufinden. »Wir sind hier freundlicher aufgenommen worden als damals in den USA, als wir aus dem Krieg zurückkamen«, sagt Shane. Der Elektriker hatte in den 19 Jahren zwischen seinen beiden Vietnamtrips 29 Jobs, war zeitweise obdachlos. Hier hat er die Leitungen der Station verlegt, ist auf Kokosnußpalmen herumgeturnt, um sie zu Strommasten zu machen.

Eines Tages ist er zu den riesigen Parabolantennen hinaufgeklettert, die oberhalb von Vung Tau auf einem Hügel wie ein Mahnmal des Krieges blinken. Sie sind nicht mehr in Betrieb; den Vietnamesen und auch ihren russischen Verbündeten fehlen die passenden Geräte.

Über die vietnamesischen Arbeiter, die beim Bau helfen, erzählen Shane und seine Mitkämpfer selbstverständlich nur Gutes. Sie seien einfallsreicher und zäher als die Exkämpfer. Im Gegenzug attestieren die Vietnamesen ihren Gastarbeitern, sich sehr einzusetzen, wenn man auch von ihnen außer der Sprache nicht viel lernen könne.

Richard Anderson, der im Krieg mit großen Bulldozern ganze Landstriche platt machte, ist beim Graben auf eine M-79-Granate gestoßen. Das Gelände wird geräumt, Spezialisten der Armee rücken an, um das Souvenir zu entschärfen. Ein leichtes, ein ganz leichtes Grinsen können die Soldaten nicht verbergen.

Für Anderson war es nicht wichtig, sein altes Schlachtfeld im zentralen Hochland noch einmal zu sehen. Im Gegensatz zu den meisten anderen versucht er während der zwei Monate Bauzeit und danach nicht, an die alte Front vorzustoßen. Für ihn sei es das Wichtigste, sagt er, Vietnam im Frieden zu sehen, egal, wo.

Ihm reicht es, mit dem Fahrrad herumzufahren und keine Angst mehr haben zu müssen. »Wir haben damals hier gelernt, Gefahr früh zu erkennen: Wenn Leute zusammenstehen – ist einer dabei mit besonders schmutzigen Händen und Füßen, mit nervösen Augen, dann kann er ein Vietcong sein.« Nun sehe er hier nur freundliche Gesichter, mehr freundliche Gesichter als in den USA.

Phan Thi The betreibt den ältesten Kopierladen außerhalb Saigons. Ihr Mann ist darauf spezialisiert, Photos mit dem Pinsel zu vervielfältigen, und sie kann virtuos mit dem Xerox hantieren. Als in Vung Tau noch die amerikanischen und die australischen Soldaten um die Vietnamesinnen kämpften, hatte sie schon ihren Laden. Die Bauarbeiter aus den Staaten haben ihrem Geschäft so gutgetan, daß sie ihnen zum Abschied ein Essen versprochen hat.

Sie beschreibt die Reaktion der Einwohner von Vung Tau auf das amerikanisch-vietnamesische Versöhnungsbauwerk als eher zurückhaltend. Die meisten wissen wenig über das Haus, das am Stadtrand langsam Gestalt annimmt. Sie sehen nur die großen, kräftigen Männer mit Baseballmütze und wilder Aufmachung, die durch die Straßen schlendern oder radeln. »Früher haben sie geschossen, jetzt mauern sie, das ist gut«, sagen die Leute, aber mehr auch nicht. Zu amerikanisch-vietnamesischen Freundschaftsschwüren lassen sie sich noch nicht hinreißen.

Mittags und abends speisen die Veteranen gern im besten Hotel Vung Taus, in dem sowjetische Reisegruppen fernöstliche Exotik und Sonne tanken. Die Russen seien unfreundliche Zeitgenossen, klagt Richard Anderson, alle Kontaktversuche seien fehlgeschlagen. Die Vietnamesen jedoch mühten sich, obwohl sie viel schlechter Englisch sprächen.

Einige der Ex-GIs können Vietnamesisch. Tom Bonn hat die Sprache gelernt, während er als Green Beret zusammen mit vietnamesischen Soldaten das Mekong-Delta durchkämmte. Jetzt, vor der Reise in die Vergangenheit, hat er wieder drei Monate lang geübt. Wenn er zum Kellner spricht, verwandelt sich sein kauendes, tiefes Amerikanisch in säuselndes Mickymaus-Vietnamesisch, und sein ernstes, trauriges Gesicht überzieht ein verlegenes Dauerlächeln.

Weder bei Tisch noch bei der Arbeit sprechen die

Männer über ihren Krieg. »Zwanzig Jahre lang wollte keiner unsere Geschichten hören«, sagt Tom Bonn, »wir haben verlernt, darüber zu reden.« Allenfalls noch »damals war ich...«, sagen sie von sich aus. Erst wer nachbohrt, stößt auf Erinnerungen und auf Rechtfertigungen. »Wir waren keine Babykiller«, versichert Anderson. »Die Calleys in unseren Reihen, die haben wir doch selber umgelegt«, sagt Bonn. »Als in unserer Einheit einer so durchdrehte, haben wir den abgeknallt, im Gefecht. Und das ist vielen so ergangen.«

Das lockere Geplauder am Tisch ist verstummt. Wir sind mitten im Krieg. Die Soldaten erzählen von ihrer Pflicht, von ihrem Auftrag, von der Freiheit, die es zu verteidigen galt, von dem guten Willen, der mißbraucht wurde. Sie erzählen das, was alle Soldaten immer erzählt haben und immer erzählen werden. Es ist für Soldaten die einzige Art, den Frieden nach dem Krieg zu überleben.

Den Vietnamveteranen hat nach ihrer Rückkehr kein Mensch mehr zugehört, sie sind ihre Rechtfertigung nicht mehr losgeworden, und wenn sie es dennoch versucht haben, machten sie sich schuldig oder zumindest lächerlich – eine in Deutschland nicht unbekannte Erfahrung.

Die Verdrängung Vietnams aus dem amerikanischen Bewußtsein wurde in Etappen verdrängt. Zehn Jahre lang bekamen die Amerikaner Vietnam täglich frei Haus geliefert; der Vietnamkrieg war ein Fernsehkrieg. Dann trat zehn Jahre lang Funkstille ein. Keiner wollte mehr etwas von diesem verdammten Krieg hören, der die Vereinigten Staaten nach außen blamiert und innen gespalten hatte. Zum 10. Jahrestag der Blamage, 1985, waren sämtliche amerikanischen Zeitungen, Magazine und Fernsehprogramme voll mit Rückblicken. Ein Journalistenheer hatte sich ins verhaßte Land aufgemacht.

»Zehn Jahre Abstand sind wohl genug«, sagt Al Martin, 1985 für eine kirchliche Nachrichtenagentur in Saigon. »Der Wahnsinn ist, daß jedes Kind bei uns die Zahl der 58 000 amerikanischen Toten im Kopf hat, aber von den zwei Millionen vietnamesischer Toten will keiner etwas hören.« Als *NBC* im Frauenkrankenhaus der Stadt drehte, wollten die Fernsehleute partout nicht den Saal mit den grausam verstümmelten Kindern und die Betten mit den jungen krebskranken Frauen filmen, die späten Opfer der flächendeckenden Besprühung mit amerikanischen Entlaubungsmitteln. Nicht nur da, auch in My Lai, in den verwüsteten Landstrichen und sonstwo hatten die amerikanischen Journalisten große Mühe, Belege dafür zu finden, daß es sich beim Vietnamkrieg »um ein edles Anliegen« (Ronald Reagan) gehandelt hat.

ABC sendete in jenen Tagen täglich live eine halbe Stunde aus Saigon. Die eigens errichtete Satellitenantenne krönte den ehemaligen Präsidentenpalast. Am Tag der Siegesparade, die wie die Erstürmung vor zehn Jahren direkt auf den Palast zielte, mußten die Reporter den Amerikanern daheim ständig amerikanische Waffen, Jeeps und Hubschrauber ankündigen – die Vietnamesen machten sich einen Spaß daraus, die Parade mit Beutegut zu bestreiten.

William Broyles, der als GI im Dschungel kämpfte und als Reporter zurückkehrte – schon ein halbes Jahr bevor seine Kollegen Vietnam wiederentdeckten –, hat weder damals noch heute an diesen Krieg geglaubt: »Meine linken Freunde haben mich 1968 verflucht, als ich gegen die Vietnamesen kämpfte, heute verteidige ich das Land gegen ihre Kritik. Ich hätte nie geglaubt, daß Vietnam je wieder auf die Beine kommt, so kaputt, wie das hier aussah, als ich in die Staaten zurückging.«

Broyles hat auf seiner Reise durchs Land nie Haß gespürt, selbst nicht, als er auf die Partisanen traf, denen er im Dschungel gegenübergelegen hatte. »Wir haben kein besonderes Empfinden unseren ehemaligen Feinden gegenüber«, sagt Nguyen Son, viele Jahre Funktionär der Befreiungsfront FNL und jetzt im Volkskomitee von Ho-Chi-Minh-Stadt, »auch mit den Franzosen sind wir wieder ins reine gekommen.« Von den amerikanischen Journalisten, die man absichtlich gerade zum 10. Jahrestag des Kriegsendes ins Land gelassen hatte, hoffte er, »daß sie nicht mit Gift schreiben. Wenn sie zehn Sätze schreiben und fünf davon sind richtig, dann sind wir schon zufrieden.«

William Broyles hat in seinem Buch »Brothers In Arms«, der eindringlichsten Beschreibung des amerikanisch-vietnamesischen Einst und Jetzt, die Liebe des Menschen zum Krieg enthüllt. Broyles, der 1969 als Leutnant der Marines eine Einheit in den Hügeln um Da Nang führte, später Chefredakteur von *Newsweek* wurde und danach für *The Atlantic, Esquire* und die *New York Times* schrieb, nennt den Vietnamkrieg ein »Woodstock mit Waffen«.

Er habe den Krieg gehaßt, aber er habe ihn auch geliebt – wegen der Kameradschaft, die er nie intensiver erlebt habe als in diesem Krieg, »weil man dem anderen sein Leben anvertraut«; und wegen der körperlichen und geistigen Herausforderung: »Krieg ist das einzige Spiel, was wirklich zählt. Nichts, was ich studiert habe, war so umfassend oder so kreativ wie die Taktik der kleinen Einheiten im Vietnamkrieg. Kein Sport, den ich betrieben habe, machte mir meine körperlichen und emotionalen Reserven so sehr bewußt.«

Als ich Broyles 1984 in Da Nang und Saigon auf der Reise durchs Land seiner obskuren Liebe getroffen hatte, war er mir nicht als kriegslüsterner Krieger erschienen. Er wirkte eher wie ein junger Pastor – sensibel, schmächtig, intelligent, friedlich bis in die Haarspitzen. Seine Erzählungen vom Krieg hatte ich damals nicht sehr ernst genommen, ich hielt ihn für einen Aufschneider.

Das schriftliche Geständnis seiner Liebe erschreckte mich, weil ich mir dachte, wenn dieser nette Mensch im Krieg solche Sehnsüchte entwickelt, was wäre dann mit dir passiert im Krieg?

Broyles schwärmt von der stillen Gewalt des Napalms, von der Schönheit der Leuchtspurmunition, vom leichten Tanz der Chopper, von der Eleganz eines M 60. »Nichts ist schöner als ein Feuergefecht bei Nacht.« Auch bei den Vietcong will Broyles diese Liebe zum Krieg wiedergefunden haben und das Gefühl, daß sie die Herausforderungen der Schlacht vermissen.

In leuchtende Augen hat der Veteran geblickt, wenn ihm seine Gegner erzählten, wie sie die Patrouillen der Marines überlisteten, wie sie sich in die Kampfstellungen des Feindes schlichen, wie sie B-52-Bomber abschossen, wie sie in den Sitzen der Flak kreisten, wie sie Bambusspitzen vergifteten, wie sie in Tunneln entkamen. »Krieg bedeutet die Herausforderung an sich. Krieg war eine Einweihung in die Macht von Leben und Sterben. Frauen rühren an diese Macht, wenn sie gebären, Männer am Rand des Todes. Es ist wie ein Blick auf das, was hinter dem Universum liegt.«

Hinter dem Universum liegt also der Krieg. Apokalypse, come back! Ich wiederhole, daß Broyles einen pazifistischen Eindruck machte, kein Rambo war, sondern mehr ein Dustin Hoffman. Mit großer Eindringlichkeit beschrieb er das Grauen des Krieges, den toten Vietcong, dem seine Boys eine Sonnenbrille aufsetzten, einen *Playboy* in die Hand drückten, eine Zigarette zwischen die Lippen steckten und auf den Kopf schissen.

Die My Lais hätten passieren können, meint Broyles, weil der Vietnamkrieg von Amerikanern ohne Bildung, Moral und Prinzipien geführt werden mußte. Ich weiß nichts, ich kann nichts, gebt mir eine Uniform. Die gebildeten Amerikaner seien gerissen genug gewesen, sich herauszuhalten.

Die 16 Aufrechten haben ihre Mission erfüllt. Die Krankenstation steht. Zwar fehlt das Wichtigste noch, die medizinischen Apparaturen, aber die sollen irgendwann mit dem Schiff eintrudeln. Am Vorabend der Eröffnung liegen die Veteranen glücklich im Liegestuhl am Strand und feiern bei Cola und Bier ihren Sieg. »We did it!« sagen sie immer wieder, stolz wie nach einem *touch down* im Football. Sie haben ihren Krieg doch noch gewonnen.

Während die Sonne langsam ins Meer sackt, gehen ihre Gespräche in die Zukunft. Tom will ins Handelsgeschäft mit Vietnam einsteigen, Pat will in zwei Monaten mit zwei Ärzten zurückkommen, Roger will hierbleiben, Michael wird in den Staaten arbeitslos sein und plant eine längere Reise durch Vietnam.

Das Land muß sich wohl oder übel auf die Invasion der Veteranen einstellen. Schafft zwei, drei, viele Krankenstationen. Vung Tau bietet alle Voraussetzungen, die Hochburg der Kriegshippies zu werden.

»Das ist sicher der glücklichste Tag für unsere amerikanischen Freunde«, sagt am nächsten Morgen der vietnamesische Offizielle, der die Krankenstation bei Kindergesang und Feuerwerksgeknatter einweiht. Ob das Feuerwerk sein müsse, klagt Fredy Champagne, bis heute schrecke er bei jedem lauten Knall wie getroffen zusammen. Fredy: »70 000 Veteranen haben sich schon umgebracht. Unser Beispiel kann helfen, mit dem Krieg fertig zu werden.«

Der Sozialarbeiter, der die Gruppe begleitet, sicher ist sicher, kann bisher nur Gutes erzählen. Alle sind glücklich, keiner sei während der zwei Monate in den Krieg zurückgefallen, keine Tränen, keine Alpträume. In langen Gesprächen soll das Abenteuer zu Hause ausgewertet und in einer Studie zusammengefaßt werden.

Zwischen den glücklichen Bau-GIs, die zur Eröffnung in voller Hippiepracht erschienen sind, taucht plötzlich ein uniformierter, gestiefelter Amerikaner auf. Auf seinem Namensschild an der Brust steht »Bruce F. D'Agostino, Executive Director Humanitarian International, Inc.«. Er spricht davon, in Boston Medikamente für die Krankenstation auftreiben zu wollen. Seine Hilfsorganisation, so erklärt er, habe er vor drei Monaten gegründet, Motto: »Freiheit für alle von Gefangenschaft und Hunger«. Er glaubt, daß von den 1700 bis heute vermißten GIs 200 bis 400 noch leben, irgendwo in Indochina, und er möchte den Vietnamesen helfen, mit Medikamenten und Lebensmitteln, damit sie ihm helfen, die amerikanischen »POW/MIA« zu finden, die »Prisoner of War/Missed in Action«. Der paramilitärische Missionar dürfte nur die Vorhut einer Armee von Wohltätern sein, die in den nächsten Jahren Vietnam mit ihrer Nächstenliebe besetzen werden.

Gordon ist schon vor den anderen nach Saigon zurückgekehrt. Er zieht mit Hiep herum, einer 16jährigen, die Stadtpläne verkauft. Ihr fehlt ein halber Schneidezahn, und Gordon will einen Zahnarzt finden, der ihn repariert.

Hiep ist eines der vielen Mädchen, die vor den Hotels im Stadtzentrum herumlungern, um jeden Ausländer so anzusprechen, als hätten sie gerade auf ihn gewartet. Früher haben sie Erdnüsse verkauft, jetzt versuchen sie es mit Kaugummi oder Zigaretten. Sie geben Tips zur Stadtbesichtigung und warnen mit ernster Miene: »Don't sleep with a Vietnamese girl, they steel your money.«

Die Mädchen halten sich zusammen einen Englischlehrer und haben die Bezirke um die Hotels unter sich aufgeteilt. Sie kommen aus dem Elendsbezirk Nr. 4 und laufen jeden Tag ins Zentrum oder fahren auch schon mal mit der Rikscha, wenn sie viel verkauft haben.

Gordon spielt Jesus und führt Hiep und Jim ins Hotelrestaurant zum Essen. Jim ist ein Amerasier, das Kind einer Vietnamesin und eines GI. Er lebt auf der Straße und hofft, bald in die USA ausreisen zu dürfen. Sie bestellen Shrimps mit Blumenkohl und fühlen sich schnell so wohl, daß sie zwischen Gordon und den Kellnern dolmetschen. Zum Abschied schenkt Gordon seinem Landsmann ein T-Shirt mit »California«-Emblem. Noch in der Nacht fällt es drei vietnamesischen Jungen in die

Hände, die den Mischling verprügeln, um an das T-Shirt zu kommen.

Dinh, der Funktionärssohn, Tanzlehrer, Schauspieler und Regieassistent, suchte für die Verfilmung des Buches »A Lotus for Miss Chang« von William Hadley Chase dringend Amerikaner, und so sind die aus Vung Tau zurückgekehrten Veteranen in das Saigoner Hotel »Vinh Loi« geraten. Sie spielen GIs im Jahre 1968, die in der Bar des Hotels der Titelheldin lauschen, einer Sängerin und Prostituierten.

Die Veteranen fühlen sich nicht sehr wohl in ihrer Haut, was zum einen an der drückenden Hitze in dem Raum liegt, zum anderen am fehlenden Bier – wie alle vietnamesischen Filme ist auch dieser ein No-Budget-Streifen. Die Heineken-Bierdosen auf den Tischen erweisen sich als Attrappen. Schließlich werden den hohen Gästen aber doch ein paar *Saigon export* gereicht.

Der Regisseur Ng Ngoc Hien drapiert die Amerikaner an verschiedenen Tischen. Sie sitzen buntgemischt zwischen Vietnamesen, vor allem neben Vietnamesinnen. Die Band beginnt zu spielen, »I get around«, »Game of love« und ähnliche Souvenirs aus den Sechzigern; Tanzpaare schaben übers Parkett, und so ganz langsam schleicht die Vergangenheit in den Saal. Lieutenant Mike Peterson kramt in seinem Kriegsvietnamesisch und versucht eine Unterhaltung über die Ausbildung von Schauspielerinnen anzuschieben, aber er scheitert an der allgemeinen Reserviertheit.

Den einheimischen Statisten, zwischen 25 und 40 Jahre alt, scheinen die Abgesandten der Vergangenheit unheimlich zu sein. Kamera läuft. Action. Der Hauptdarsteller schlängelt sich durch die Reihen und nimmt an einem leeren Tisch Platz.

Im vietnamesischen Vietnamfilm, es gibt nur sechs, taucht der Amerikaner als feuernder, bierdosenschleudernder Koloß auf, gelegentlich begleitet von der guten Amerikanerin, die im Dienste des Friedens unterwegs ist. Im Streifen »Das tote Kreuz« beispielsweise, 1985 gedreht, spielt eine Reporterin diesen Part. Den Vietnamkrieg aus der Kameraperspektive der Angegriffenen zu sehen, die Luftüberfälle der Chopper von unten zu erleben, macht den Kriegsfilm noch bedrohlicher.

Die amerikanischen Vietnamfilme können die Saigoner inzwischen auch sehen, aber sie stoßen ähnlich wie die heimischen Kriegsfilme auf wenig Interesse. Für Vietnamesen ist es unvorstellbar, daß fünfzehn Jahre nach dem Krieg im Westen in immer neuen Wellen die Schlacht auf der Leinwand wieder auflodert.

Wahrscheinlich ist der Filmindustrie und der Menschheit klar, daß dies der letzte große Krieg zwischen Ost und West war, und darum wollen sie ihn bis zum letzten auskosten. Spalding Gray hat vorgeschlagen, jedes Land sollte pro Jahr einen großen Kriegsfilm drehen, als Kriegstherapie sozusagen, das würde einer Menge Leute Arbeit geben, und sie könnten sich die Hörner abstoßen.

Der Vietnamkrieg war schon ein halber Kinokrieg, zur Hälfte Inszenierung. Immer wenn eine Fernsehkamera in der Nähe war, und das kam häufig vor, wie wir wissen, agierten einige GIs wie Schauspieler. Sie eiferten ihren Vorbildern aus den Kriegsfilmen nach. Und hinter den Kameras standen Männer, die davon träumten, Hanoi so zu erobern wie Hemingway Paris. Mal abgesehen von denen, die einfach nur zeigen und schreiben wollten, wie unmenschlich es im Kampf um die Freiheit zuging.

Die seltsame Kriegslust von Journalisten, die zu Tausenden die Schlacht suchten, je nach Temperament am Pool oder im Gefechtsstand, machte aus der grausamen Veranstaltung einen aufschlußreichen Medienkrieg. Oriana Fallaci hat als Motiv des Kriegsberichterstatters das Bedürfnis beschrieben, »sein Leben zu riskieren, um sich lebendig zu fühlen«, als »dieses Spiel dauernd auf der Schneide von Wahnsinn und Vernunft, diese Selbsterprobung, die einem nur der Krieg ermöglicht«. Verrückte wie der Photograph Tim Page wurden fünfmal verwundet, ohne genug zu haben; nicht einmal ein Granatsplitter, der ihm ins Gehirn jagte, konnte ihn davon abhalten, wieder Feindberührung zu suchen. Die Nachkriegszeit muß für die Jungs fürchterlich gewesen sein. Michael Herr: »Wir begriffen, was Amputierte durchmachen, wenn es sie in den Fingern oder Zehen der vor Monaten verlorenen Gliedmaßen juckt. Ich glaube, Vietnam war etwas, das bei uns die Stelle einer glücklichen Kindheit einnahm.«

Wie die Soldaten so zieht es auch die Kriegsberichterstatter an den Ort ihres Lebensglücks zurück, und so stößt man an den Theken von Saigon immer wieder auf erinnerungsselige Veteranen der Schreibmaschine und des Mikrophons. Sie loben bedauernd, daß sie nun ohne Helm und Kugelweste anreisen konnten, und schwärmen vom Service im alten »Continental«. »Wenn man von der Front zurückkam«, erzählt ein deutscher Korrespondent a. D., der 1949 das erstemal durch vietnamesische Reisfelder gestapft war, »wenn man sechs Wochen lang die Schuhe nicht ausgekriegt hatte, dann schwirrten sechs

Boys um einen herum, ließen Wasser einlaufen, schleppten die stinkenden Klamotten weg und servierten eiskaltes Bier, während man badete.«

Er schimpft auf den Schneider, der ihm damals die Tropenanzüge genäht hat, inzwischen aber mit dem Boot abgehauen ist; er lobt die Nächte in den Bars, wenn keine Gefechte liefen; er gibt Tips für zukünftige Einsätze: »Krieg ist kein Abenteuer, Krieg ist Handwerk. Also Kopf runter, wenn es knallt, eine Kugel kann man nicht photographieren!« Und er vergleicht Vietnam mit Korea, Israel, Libanon und all den anderen Schlachtplätzen, die jeder Reporter im Laufe seines Lebens gesehen hat: »Der Vietnamkrieg war der schönste Krieg! Die Amis waren großzügig: Mit den Hubschraubern kamst du überall hin, phantastisch!«

HILFE!

Am 4. Januar 1968 um 13.30 Uhr wird Vo Suong auf das deutsche Lazarettschiff »Helgoland« eingeliefert. Das Gesicht des 14jährigen wurde von einer Granate zerfetzt. Irgendwo in der Nähe von Da Nang wurde er aus einem Haufen Toter und Verwundeter gezogen und zum Schiff gebracht, das im Hafen von Da Nang liegt. Seine Gesichtsruine, von Hilmar Pabel photographiert, geht als Fratze des Kriegs um die Welt.

9000 Kilometer entfernt, in Fischerhude bei Bremen, liest Dirk Heinrichs beim Mittagessen aus der Zeitung vor. Der Bericht über die schrecklichen Folgen eines Bombenangriffs in Vietnam erschüttert die Familie so sehr, daß der Sohn Tobias plötzlich den Vorschlag macht, ein vietnamesisches Kind aus dem Krieg nach Fischerhude zu holen.

Es wird Vo Suong sein, der schließlich bei den Heinrichs ein neues Zuhause findet. Als »nicht mehr lebensfähig« hatte man ihn in seiner Heimat eingestuft. Er konnte nicht mehr richtig essen. 23mal müssen ihn die Bremer Ärzte in den folgenden drei Jahren operieren, bis er wieder ein halbwegs normaler Mensch ist. 1972 kehrt Vo Suong nach Vietnam zurück, in ein Land, in dem zu diesem Zeitpunkt noch immer Bomben fallen und Granaten explodieren.

Zwölf Jahre später begegne ich Vo Suong das erstemal in Saigon, das nun Ho-Chi-Minh-Stadt heißt. Sein Gesicht ist wieder zugewachsen, nur beim Sprechen hat er noch Probleme. Essen kann er normal. Er arbeitet als

Fahrer für das Waisenhaus der Hilfsorganisation »Terre des Hommes«.

Schwerverletzte Kinder wie Vo Suong gebar der Vietnamkrieg zu Zehntausenden. Die meisten haben den Frieden nicht mehr erlebt. Suong gehört zu denen, die das Glück hatten, an »Terre des Hommes« zu geraten, einer Bürgerinitiative, die sich der hilflosesten Opfer des Vietnamkrieges annahm. Vo Suong ist ein, im wahrsten Sinne des Wortes, lebendes Beispiel für den Erfolg von »Terre des Hommes«, und die Arbeit dieser Bürgerinitiative ist ein Beispiel für die Notwendigkeit von humanitärer Hilfe jenseits politischen Kalküls: Bis heute kümmert sie sich um die Kriegskrüppel, ist in Vietnam geblieben, als andere Hilfsorganisationen im April 1975 mit den Amerikanern abzogen, hilft gerade deshalb, weil die offizielle Bonner Entwicklungspolitik nicht helfen will. »Terre des Hommes« versucht so zumindest einen winzigen Teil der Wiedergutmachung zu leisten, die vom US-Verbündeten Bundesrepublik Deutschland versprochen, aber nie eingelöst worden ist, bis heute nicht, 14 Jahre nach dem Ende des Vietnamkriegs.

Vo Suong war 1968 das erste verletzte vietnamesische Kind, das in Bremen eintraf, durch die Eigeninitiative der Familie Heinrichs. Die, die ihm folgten, kamen über die Luftbrücke von »Terre des Hommes«, Aktion »Schöne Wolke« genannt. Menschen wie die Heinrichs, die Fernsehbilder des Vietnamkriegs nicht länger wie gelähmt betrachten wollten, hatten die Bürgerinitiative gegründet und sich der internationalen Föderation »Terre des Hommes« angeschlossen, sammelten Geld für die Flugkosten der verstümmelten Kinder, beschafften Freiplätze in

Krankenhäusern und bewegten Ärzte zum Verzicht auf ihr Honorar.

Die Ankunft der kleinen Vietnamesen schilderte eine Mitarbeiterin von »Terre des Hommes« in einem Film der beiden *Radio Bremen*-Journalisten Klaus Jürgen Schmidt und Michael Geyer so: »Die Kinder kamen in Decken eingewickelt aus dem Flugzeug, wurden sofort in zwei Krankenhäuser gebracht und dann erst mal ausgewickelt – Sachen gewaschen, entlaust, gekämmt. Sie kamen an, wie eben Kinder aus dem Krieg kommen. Sie kamen stumm und taub zu uns. Sie waren auch erstarrt. Die Kälte war es nicht, denn in dem Kinderkrankenhaus war eine gleichmäßige Temperatur, aber sie wirkten trotzdem wie in der Kälte erstarrt. Und wir versuchten, sie aufzuwärmen, eben mit diesen leisen Berührungen. Man durfte sie auch nicht überfallen – das wäre schlimm gewesen. Es fing so an: Zuerst war eine tote Stille in dem Saal, wo die 17 Kinder lagen. Sie konnten kommen, wann sie wollten, es war leise. Und nach drei Wochen war so ein zwitscherndes Geräusch – Sie kennen ja die vietnamesische Sprache wahrscheinlich –, dieses Zwitschern, das erfüllte den ganzen Raum.«

Vo Suong, der bei der Familie Heinrichs wohnte, brauchte zwei Jahre, um seine Scheu vor fremden Menschen zu überwinden und die Operationen zu verkraften, bis das Loch in seinem Gesicht geschlossen war und die Kiefer so wiederhergestellt, daß er essen konnte.

»Terre des Hommes« hatte inzwischen in Vechta bei Bremen ein Rehabilitationszentrum für die Kinder eingerichtet, die die Krankenhäuser verlassen konnten. Eine Pädagogin und eine Krankenschwester aus Vietnam bereiteten die Kinder auf die Rückkehr in ihre Heimat vor. Auch Vo Suong kam hierher. »Er wäre hier in Deutschland immer ein Fremdling geblieben. Das war entscheidend«, sagt Dirk Heinrichs.

Aber wo war Vo Suongs Heimat? Er selbst wußte es nicht, Nachforschungen der Familie Heinrichs blieben erfolglos, bis ein Krankenpfleger im Bremer Krankenhaus durch Zufall auf den jungen Vietnamesen traf. Er war als Rote-Kreuz-Helfer in Vietnam gewesen, hatte damals die Ankunft des schwerverletzten Suong auf einem Schulhof in Da Nang miterlebt und mitbekommen, daß die Verwundeten alle aus einem Dorf südlich der Stadt stammten. So gelang es schließlich, die Mutter, die einzige Überlebende der Familie, ausfindig zu machen.

Ende April 1975 rückten die kommunistischen Truppen immer näher an Saigon heran. Die letzten Amerikaner verließen die Stadt, mit ihnen die meisten der westlichen Hilfsorganisationen. Ein Blutbad wurde prophezeit. Am 30. April rollten Panzer in die Stadt. Die »Terre des Hommes«-Mitarbeiter blieben da und vereinbarten mit dem Friedenskomitee Vietnams, ihre Arbeit fortzusetzen. Schwerpunkt wurde nun die Rehabilitation unterernährter Waisenkinder.

Heute liegen etwa 200 unterernährte Säuglinge und Kleinstkinder in dem Saigoner Waisenhaus von »Terre des Hommes«. In den für den Mittagsschlaf abgedunkelten Räumen zappeln kleine windelverpackte Bündel in den Betten. Einige haben nur wenige Haarbüschel auf dem Kopf, andere verbundene Hände, damit sie ihre juckenden Hautflächen nicht ständig aufkratzen. Sie haben schmale knochige Ärmchen und alte Gesichter mit riesigen Augen. Die Schilder über den Betten sagen, was ihnen vor allem fehlt: Gewicht.

Die Kinder werden in dem Heim hochgepäppelt und dann an vietnamesische Eltern vermittelt, die einen Säugling adoptieren möchten. In früheren Jahren hat »Terre des Hommes« auch europäische Eltern akzeptiert, doch inzwischen gibt es genügend inländische Paare.

Die 600000 Mark im Jahr, die nötig sind, um das Waisenhaus zu unterhalten, bringen rund 2000 Deutsche auf. Sie zahlen monatlich 30 Mark. Die meisten tun dies seit 1968, viele haben sich 1975 dazu entschlossen, bei Kriegsende. In detaillierten Vierteljahresberichten legt die Leitung des Waisenhauses Rechenschaft ab über die Verwendung der Gelder, über Lebensmitteleinkäufe ebenso wie über neuangeschaffte Löffel oder Schnuller. Europäische Schwestern arbeiten nicht mehr im Heim, Vietnamesinnen haben die Betreuung der Kinder übernommen, auch die Leitung des Waisenhauses. Sie haben sich so weiterqualifiziert, daß sie inzwischen Kurse für das Personal anderer Waisenhäuser abhalten, in denen sie ihr Wissen über richtige Ernährung, Durchfallbekämpfung, Babyhygiene weitergeben.

»Terre des Hommes« konnte sich deshalb anderen Projekten in Vietnam zuwenden. Das Rehabilitationszentrum für querschnittsgelähmte Kinder ist fertiggestellt; die damals in Deutschland versorgten kriegsverletzten Kinder bekommen weiterhin Medikamente, Rollstühle und orthopädische Hilfsmittel; in den Grenzprovinzen zu China wurde der Bau von vier Schulen unterstützt und im Mekong-Delta die Entwicklung einer Biogasanlage finanziert.

Von Saigon aus dringen die Hilfsprojekte von »Terre des Hommes« immer weiter in die abgelegenen Provinzen vor, dorthin, wo die Unterernährung ihre Wurzeln hat. Wenn aus einer Region auffallend viele geschwächte Babys in das Saigoner Zentrum zum Aufpäppeln geschickt werden, reisen Ärzte von »Terre des Hommes« zur Ursachenforschung an die Quelle des Hungers.

Die Provinz Ben Tre ist, weil sie im Delta des Mekong liegt, von Wasser umzingelt und nur mit Fähren zu erreichen. Der Mangel an sauberem Wasser und die schlechte ärztliche Vorsorge sind hier die Ursache für chronische Durchfallerkrankungen der Kleinkinder.

Ben Tre trägt immer noch schwer an der Vergangenheit: Der Aufstand gegen das Saigoner Regime nahm Ende der fünfziger Jahre hier seinen Anfang, und Frauen der Region, »die Armee der langen Haare«, festigten ihren Ruf als rebellische Provinz. Die US-Luftwaffe überschüttete zum Dank die Insel in der Mündung des Mekong mit Tonnen von Sprengstoff – auf jeden Einwohner fielen, statistisch gesehen, fünf Bomben.

Pham Thanh Phong wurde im Krieg viermal verwundet, und wenn er gute Laune hat, zeigt der 49jährige gnädig seine dreißig Zentimeter lange wulstige Bauchnarbe. Er hat selten gute Laune, denn er ist im Provinzkomitee für das Sozialwesen zuständig, und das ist nicht in Ordnung. Das ganze Elend des Distrikts liegt in seinem traurigen Gesicht und auf seinen hängenden Schultern.

Pham Thanh Phong steht vor einer Karte seiner Provinz und zeigt den angereisten Ärzten von »Terre des Hommes«, wo der Durchfall am schlimmsten wütet. Dort sind die Brunnen der Bauern verseucht. Phong möchte, daß die Hilfsorganisation neue Brunnen bohrt, zumindest aber eine Anlage zur Herstellung von Kochsalzlösung stiftet. 50 000 Flaschen braucht das Provinzkomitee eigentlich, um gegen den Durchfall anzukommen, doch nur 2000 Flaschen werden ihm vom Staat zugeteilt. Mit einer 30 000-Dollar-Anlage könnte sich die Provinz selbst mit Kochsalzlösung versorgen.

Rund um das Haus, es ist die Rotkreuzstation von Ben Tre, haben sich Scharen von Kindern angesammelt. Sie starren durch die weitgeöffneten Fenster in das Innere, lauschen still dem Elendsbericht. Ihr fassungsloses Staunen gilt den drei Weißen in der ersten Stuhlreihe, den Abgesandten aus der deutschen »Terre des Hommes«-Zentrale.

Die drei aus dem Abendland wissen, daß sie den Kindern von Ben Tre nicht helfen können. Ihr Geld reicht nicht, um auch noch an dieser Stelle einspringen zu können. Sie haben dreißig Kilometer entfernt in dem Dorf Luong Quoi den Bau einer Krankenstation finanziert. Morgen soll sie eröffnet werden. Die Volksvertreter nutzen die Anwesenheit der fremden Wohltäter, um neue Investitionsprojekte vorzuführen.

Das Kulturhaus beispielsweise braucht neue Musikinstrumente. 4500 Jugendliche lernen in dem flachen Bau zu malen, zu musizieren und Englisch, Französisch und Russisch zu sprechen. Im weiträumigen Hof stehen zwanzig Billardtische, dicht umlagert von Kindern. 400 Dong kostet ein Spiel. 100 Dong erhält das Kulturhaus, 300 Dong die Familien, denen die Tische gehören – die kapitalistische Keimzelle der Provinz. Daneben die einarmigen Spielautomaten aus den alten Stützpunkten der Amerikaner dürfen kostenlos bedient werden – der sozialistische Zeitvertreib.

Pham Thanh Phong ist dieser gediegene Vergnügungshof sichtlich unangenehm, er drängt die Gäste zur kleinen Kokosmattenfabrik, die ein paar Meter weiter zum Ernst der Lage zurückführt. Dreißig Frauen sitzen an hölzernen Webstühlen unter einem Palmenblätterdach und spinnen und weben aus den harten, kurzen Fäden der Nußschalen Fußmatten für russische Türen. Die Arbeiterinnen sind aus den kinderreichsten Familien der Stadt ausgewählt worden, eine Arbeitsplatzbeschaffungsmaßnahme der Kommunen. Er möchte die Manufaktur gerne ausbauen, sagt Phong und schaut dabei lächelnd auf die Geldgeber aus Übersee.

Ihnen zu Ehren gibt das Provinzkomitee abends ein Essen auf einem Restaurantschiff. Zwischen gefüllten Flußkrebsen, gegrillten Langusten und gekochtem Fisch wechseln Trinksprüche die Seiten. Beschwörungen der deutsch-vietnamesischen Völkerfreundschaft, der internationalen Solidarität und der aufopfernden Arbeit von »Terre des Hommes«. Vom Cognac »Saigon« unterstützt, hält der Vietnamreferent der Hilfsorganisation eine Rede wider die Bürokratie, die hier wie dort die Hilfe behindert.

Milo Roten war schon während des Kriegs für »Terre des Hommes« in Vietnam unterwegs und kämpft seither ruhelos für »sein« Land. Der 54jährige Schweizer hat dabei die Erfahrung gemacht, daß nur enge Freundschaft zu den wichtigen Leuten auf der anderen Seite verhindern kann, daß Hilfsgelder versickern. Er lernte eifersüchtige Funktionäre zu durchschauen, die nur aus Prestigegründen um Hilfe buhlen, und sie zu unterscheiden von den ehrlichen Kadern, denen es um die Linderung der Not geht. An diesem Abend stören ihn das prunkvolle Essen und die Selbstgefälligkeit, mit der die Provinzoberen die morgige Neueröffnung für sich verbuchen, ohne die Arbeit der eigentlichen Initiatorin Nguyen Thi Man zu erwähnen. In hartem Schwyzer Französisch liest Roten den Festrednern die Leviten, mit kräftigen Armschwüngen, so als wolle er den neben ihm stehenden Provinzvorsitzenden in den Boden des Schiffes rammen. Milo Roten kann sich das erlauben. Er ist der wohl bekannteste Europäer in Vietnam und dank der Arbeit von »Terre des Hommes« durch einen Heiligenschein geschützt.

Später, am kleinen See im Zentrum Ben Tres, bei einigen Gläschen rotem Reisschnaps »Angkor«, klagt er über die Engstirnigkeit in Hanoier Ministerien, die die Arbeit von »Terre des Hommes« immer wieder behindert hat. »Einige halten mich da sicher für einen verkappten Agenten.« Auch innerhalb der eigenen Reihen war die Hilfe für Vietnam nicht immer unumstritten; in den späten siebziger und frühen achtziger Jahren, als sich bis auf »Terre des Hommes« und die »Hilfsaktion Vietnam« alle bundesdeutschen und viele andere westliche Gruppen aus dem geächteten Land zurückzogen, gab es auch bei »Terre des Hommes« Zweifel. Doch nur dank der Kontinuität konnte die Hilfsorganisation mit relativ wenig Geld so beispielhaft wirken. Inzwischen haben auch andere Gruppen wie das »Komitee Cap Anamur« mit Projekten in Vietnam begonnen.

Vo Suong hat ein paar Büchsen *Saigon export* aus der Kühlbox im Auto herangeschafft. Er fährt die Ärzte von

»Terre des Hommes« stets, wenn sie in der Provinz dem Elend auf der Spur sind. Suong kann immer noch gut deutsch, auch wenn die Operationsnarben seine Aussprache behindern.

Wir sitzen in einem der Cafés am kleinen See; ihre bunten Lichter ziehen sich rund um das Wasser; gegenüber liegt das Café »Che«. Den künstlichen See hat in den vierziger Jahren ein französischer Oberst anlegen lassen. Soll keiner sagen, die fremden Mächte hätten den Vietnamesen nur Unglück gebracht. Die kleine Kneipe in der Mitte des Teichs, die man auch für eine Pagode halten kann, hat der Kolonialherr so massiv bauen lassen, daß sie den amerikanischen Bombenhagel im Februar 1968 überstand – »wir mußten die Stadt zerstören, um sie vor den Kommunisten zu retten«, erklärte damals der amerikanische Armeesprecher.

»Sex over the phone«, krächzt es hinter uns aus einem japanischen Recorder. Die amerikanischen Popsongs verschiedener Generationen liefern sich quer über den Teich ein erbittertes Gefecht. »California Sun« schallt es zurück, »Thriller« von rechts. Der Jahrmarktsound wirkt in der schwülen tropischen Dunkelheit so kitschig friedlich, als habe Coppola ihn gemixt, um gleich seine Chopper zu Wagners »Ritt der Walküren« über den See zu jagen.

Schon länger als in Ben Tre kämpft »Terre des Hommes« in der Provinz Song Be gegen die Spätfolgen des Krieges. Sie liegt an der Grenze zu Kampuchea und wurde von den Amerikanern bevorzugt mit Agent Orange bedacht. Ein Großteil der ländlichen Bevölkerung wurde in den sechziger Jahren nach Saigon zwangsevakuiert. In der verdörrten Region versucht die Regierung nun, dringend benötigte neue Anbauflächen zu erschließen.

Neunzig Prozent der Bevölkerung leiden unter Wurmerkrankungen; die Hälfte aller Kinder ist unterernährt; Malaria und TBC grassieren. »Terre des Hommes« hilft bei der Gesundheitsvorsorge durch Schulungen, Kontrolle und Behandlung, durch Arzneimittel und die Verbesserung der Lebensqualität in der Provinz. Es ist präventive Flüchtlingshilfe, denn weil das Leben hier so schwer ist, fliehen immer wieder Familien nach Kampuchea und dann weiter mit dem Boot nach Thailand.

So imposant diese Hilfe ist, so verschwindend klein wirkt sie angesichts des erdrückenden Erbes des Krieges. Wir erinnern uns: »In die Steinzeit zurückbomben« wollten die amerikanischen Generäle das Land und ließen sich das 145 Milliarden Dollar kosten. Generalstabsmäßig wurde die Umwelt zerstört und verseucht: 14 Millionen Tonnen Bomben und Granaten fielen auf Vietnam – dreimal soviel wie auf alle Länder im Zweiten Weltkrieg. 500 Kilo Dioxin regneten auf die Wälder nieder – in Seveso vergifteten 0,3 Kilo die Umwelt. Zerstört wurden: die Hälfte der nordvietnamesischen Städte völlig, 3000 Schulen, 350 Krankenhäuser, das gesamte Verkehrssystem, unzählige Deiche und damit die Grundlage des Reisanbaus. Zweidrittel der Südvietnamesen flüchteten aus ihren Dörfern, zwei Millionen Vietnamesen kamen ums Leben, 800 000 wurden zu Waisen, eine Million zu Krüppeln. Noch heute sterben jährlich etwa tausend Menschen an Blindgängern, die zu Zehntausenden im Boden lauern, noch im nächsten Jahrzehnt werden dioxinverseuchte Kinder zur Welt kommen.

Von sich aus konnte und kann dieses Volk nicht wieder auf die Beine kommen. Neben sozialistischen Staaten leisteten nur die Länder Skandinaviens und Frankreich nennenswerte Entwicklungshilfe. 3,25 Milliarden Dollar Aufbauhilfe versprachen die USA. Gezahlt wurde bis heute kein Cent. Und die Deutschen? Solange Krieg war in Vietnam, lag der Bundesrepublik das ferne Land am Herzen. Egal, ob der Kanzler Erhard, Kiesinger oder Brandt hieß, stets marschierte die Bundesregierung liebevoll eingehakt an der Seite des bombenwerfenden Verbündeten. Keine andere europäische Regierung machte sich den Krieg so zu eigen, sorgte sich so um die Lage im fernen Asien.

Die »Schäferhund-Affäre« erschütterte seinerzeit die Bundesrepublik. »Bundesregierung schickte 200 Deutsche Schäferhunde nach Südvietnam – aber alle Tiere wurden aufgegessen«, empörte sich die *Bild*-Zeitung. »Mit allen Mitteln will das Auswärtige Amt dem Verdacht nachgehen, nach dem 200 deutsche Wachhunde, die abgelegene Bergdörfer bewachen und Kommunisten verbellen sollen, verspeist worden sind.« Die Bundesregierung konnte die Öffentlichkeit Wochen später mit einem Bericht der Saigoner Botschaft beruhigen: Die Schäferhunde seien wohlauf und erfüllten nach wie vor treu und aufmerksam ihren Dienst an der Freiheit.

»Wir sind darauf vorbereitet, beim Aufbau dieses gequälten und verwüsteten Landes zu helfen, wenn endlich die Waffen schweigen«, sagte Kanzler Brandt, kurz bevor die Waffen schwiegen. »Wir haben keinen Pfennig gezahlt«, sagte Regierungssprecher Bölling sieben Jahre später. 89 Millionen Mark Hilfe wurden, völkerrechtlich verbindlich, 1973 zugesagt. Zunächst wurde das Geld mit der Begründung nicht gezahlt, man habe sich mit der Regierung Vietnams nicht auf die Einbeziehung Berlins in ein Rahmenabkommen einigen können. Dann war es der Einmarsch vietnamesischer Truppen nach Kampuchea, der als Grund für ausbleibende Zahlungen genannt wurde, und schließlich die dramatische Flucht Hunderttausender, die das Land aus Hunger oder Angst verließen. »Unser Land wird nicht den Vertreibern, sondern den Vertriebenen helfen«, sagte Kanzler Helmut Schmidt 1979.

Aber: Sind die Hungernden, Verseuchten, Verkrüppelten, weil sie nicht flohen und fliehen, Vertreiber? Sind die unterernährten Waisen im »Terre des Hommes«-Heim Vertreiber? Ist Vo Suong ein Vertreiber? Fast hätte er sich selbst vertrieben. Er wollte weg aus Vietnam, mit einem Boot nach Thailand oder Hongkong. Seine Mutter war 1972 kurz nach seiner Ankunft gestorben, er hatte Heimweh nach Fischerhude, nach Wohlstand und Komfort. In Vietnam waren in den Nachkriegsjahren dreißig Prozent der Menschen arbeitslos. Hunger machte sich breit, der private Handel wurde verboten und so die vor allem chinesischen Händler aus dem Land getrieben – Vietnam schien am Frieden zugrunde zu gehen.

Die Arbeit, die Vo Suong im »Terre des Hommes«-Heim fand, als Fahrer und Mechaniker, hielt ihn schließlich in Ho-Chi-Minh-Stadt. Er heiratete eine Krankenschwester aus dem Heim, zusammen mit ihrem Kind leben sie in einem kleinen Zimmer auf dem Gelände.

1981 bekam Vo Suong Besuch. Eine Gruppe von Bundestagsabgeordneten besichtigte das Waisenhaus. Sie versprachen, sich bei der Bundesregierung für die Unterstützung humanitärer Projekte in Vietnam stark zu machen. Vergeblich. Mehr noch: In internationalen Organisationen setzte sich die Bundesrepublik zusammen mit den USA für die Streichung bereits geplanter Ernährungsprogramme ein. »Strangulieren« heißt das in der Sprache der Bonner Entwicklungspolitiker. Selbst der Antrag von »Terre des Hommes«, die Anschaffung von Früchtemixern für die Waisenhäuser zu finanzieren, wurde mit dem Hinweis abgelehnt, dies sei ein Beitrag zur Stabilisierung eines Staates, der Truppen in Kampuchea stationiert habe.

»Die Verweigerung humanitärer Hilfe trifft nie die Mächtigen, sondern gerade die Notleidenden«, schrieb »Terre des Hommes«, als der Bürgerinitiative der Theodor-Heuss-Preis verliehen wurde.

LANGE bevor das weiße Schiff am Horizont zu sehen ist, stehen die Begrüßungstischchen am Kai. Aufgeregt tragen Zollbeamte sie vor und zurück, die Männer der Touristenbehörde schleppen ihnen die Sonnenschirme hinterher, die den Beamten später Schatten spenden sollen. Junge Frauen in bodenlangen *Ao Dais* folgen kichernd den Männern in den dunklen Anzügen, die den Uniformierten folgen, die den Tischen folgen.

Kaum stehen die Holzbeine am neuen Platz, tippeln die Frauen heran und schließen ihre bunte Reihe hinter dem Rücken der Offiziellen. In ihren Armen liegen dicke Blumensträuße, die sie fürsorglich zurechtzupfen, wenn sie nicht gerade tuscheln oder über die Schulter russischen Matrosen abschätzende Blicke zuwerfen. Die Seeleute starren von ihrem rostigen Frachter entgeistert auf das merkwürdige Schauspiel unten am Kai.

Als schließlich das schneeweiße Schiff in der Ferne auftaucht, erhöht sich die Geschwindigkeit des Tischerückens beachtlich, so daß die lang herunterhängenden, leuchtendweißen Decken immer schneller über den öligen Grund, der sonst nur Maschinen, Schrott und Kohle zu tragen hat, geschleift werden. Kurz bevor der Dampfer festmacht, reißt eine der Frauen kopfschüttelnd die Laken mit den breiten, schwarzschmierigen Rändern herunter und stopft sie in einen der bereitstehenden Busse.

Willkommen in Vietnam! Doch keiner kommt. Die Gangway ist heruntergelassen, aber nichts rührt sich auf dem schnittigen Passagierschiff. Die Kreuzfahrer, so hören die Empfangskompanien, säßen beim Frühstück, und das dauere mindestens noch eine Stunde. Enttäuscht lassen die Frauen ihre Blumen sinken, erleichtert gehen die Zollbeamten in Rührteuchstellung, aufgeregt erörtern die Männer in den schwarzen Anzügen die neue Lage, die sich auf den zweiten Blick als undramatisch erweist. Fest vertäut liegt die Vorhut der westdeutschen Touristenmassen am Kai, die erste Pioniereinheit einer langersehnten Invasion hat Da Nang erreicht, irgendwann werden die lieben Fremden schon noch den letzten Schritt tun.

Als sie dann kommen, kommen sie viel zu schnell. An den Tischen und Sonnenschirmen entlang hasten sie auf die Busse zu, ohne das Spalier der lächelnden Blumendamen zu beachten. Wenn man schon mal in Vietnam ist, möchte man schließlich einen Fensterplatz ergattern. Die Frauen in den *Ao Dais* stürzen ihnen nach und plazieren sich entschlossen vor den Bustüren, um ihren Willkommensgruß noch loszuwerden.

Die Deutschen sind während der letzten zehn Tage schon in Bangkok, auf Borneo, den Philippinen, in Hongkong und im chinesischen Kanton willkommen geheißen worden. Als erste große westliche Reisegruppe starten sie nun zu einem Kurztrip durch Vietnam: Da Nang – Hue und zurück, dann mit dem Schiff weiter nach Ho-Chi-Minh-Stadt. Einige von ihnen haben sogar auf den Landausflug in China verzichtet, um Kräfte zu sammeln für die sensationelle Premiere.

Kaum sind die Busse angefahren, sitzen die Neugierigen schon mitten im Krieg. Hier an den Kais hätten früher die Kriegsschiffe der Amerikaner gelegen und auch das deutsche Lazarettschiff »Helgoland«, erklärt der vietnamesische Reiseführer. Die Brücke da vorn sei dem Nationalhelden Nguyen Van Troi gewidmet, der eine Brücke in Saigon samt Robert McNamara in die Luft gesprengt habe – leider sei der amerikanische Verteidigungsminister mit dem Leben davongekommen. Die Deutschen nicken so unbeteiligt, als sei von einem römischen Feldherrn die Rede.

Daß die öde Sandebene rechts und links der Straße vor dem Besuch der Amerikaner tropischer Regenwald gewesen sein soll, dieser Hinweis läßt die Urlauber für einen Moment ergriffen und ungläubig die Köpfe schütteln. Die rostigen Hütten der Eingeborenen, aus Militärschrott gebaut, betrachten sie, sichtlich erleichtert, unter klimatischen Gesichtspunkten: »Die sind viel wetterfester als die Strohhütten.« Doch die breiten Sandstrände, damals wie geschaffen für die Landungsboote der Marines, rufen in ihnen schreckliche Visionen wach: »In ein paar Jahren ist hier alles voll mit Hotels!«

Der Buskonvoi, verfolgt von zwei Rote-Kreuz-Wagen, schlängelt sich zum Wolkenpaß empor, Bucht um Bucht erspähen die Reisenden – sofern sie einen Fensterplatz auf der richtigen Seite erwischt haben. Der Wolkenpaß trennt den subtropischen Norden vom tropischen Süden, und er heißt so, weil jeder, der ihn überquert, durch Wolken hindurchfährt. Die verhüllenden Wolken erregen das Mißfallen der Photographierenden, aber noch mehr ärgern sich die anderen, die Filmenden, über das alles verwackelnde Ruckeln der schlechtgefederten Busse.

Da wohl jeder dritte eine Videokamera auf der Schulter oder im Schoß hat, steigt der Unmut in den Reihen proportional zur wachsenden Entfernung vom Meer, und die Forderung nach einem Video- und Photostopp wird mit jeder verschaukelten Einstellung lauter. Als die Meuternden schließlich die Busse zum Halten zwingen, entlädt sich der aufgestaute Aufnahmetrieb in vieldutzendfachen Schwenks über die tiefgrünen Hänge, hinunter zum breiten, glatten Sandstrand, hinein in die Gischt des tintenblauen Wassers und wieder hinauf zu den sanften Rundungen der Berge.

Da, guck, die schmalen Fischerboote – die Kameras zoomen sie bildfüllend herauf. Phantastisch! Allzu laute Entzückensrufe verbieten sich, schließlich möchte keiner statt des Meeresrauschens deutsches Touristengebrabbel auf dem Band haben. Auch weiße Männerbeine mit Sandalen stören die Exotik nachhaltig: Die Kameramänner drängen sich in langer Reihe dicht vorm Abgrund, um bloß nicht ihresgleichen ins Bild zu bekommen.

Viele der Reisegruppe haben die Kreuzfahrt »Fernöstliche Impressionen« ausschließlich wegen des Vietnam-Abstechers gebucht. Sie sind interessierter als normale Kreuzfahrer, sie sind jünger – durchschnittlich sechzig Jahre alt –, und sie sind technisch so hochgerüstet, daß eine silbergraue Siebzigjährige, selbst ohne Kamera, schwärmt: »All die schönen Motive hier, Vietnam ist voller Motive.«

In Hue, dem Ziel des Tagesausflugs, krönen die Mädchen von »Hue-Tourism« die glücklichen Gäste mit den landesüblichen Reisstrohhüten und geleiten sie in einen Saal voller Souvenirs. Während die Männer sich von den anstrengenden Dreharbeiten erholen, verfallen ihre Frauen einem asiatischen Sommerschlußverkaufsrausch. Auf vielen Kreuzfahrten geschult im internationalen

Preisvergleich, erkennen sie sofort, daß die Vietnamesen – noch ungeübt im Ausnehmen von Touristen – ihre Perlenvorhänge, Lackmalereien und Marmorelefanten zu Spottpreisen anbieten. Endgültig gewinnen die Gastgeber die Herzen der Kreuzfahrer, als diese den kleinen provisorischen Postschalter entdecken – mit Sondermarken und Sonderstempeln! Woher bloß wissen die Vietnamesen, daß die ordnungsgemäß abgesandte Ansichtskarte das eigentliche Ziel des modernen Reisens ist?

Mit einem Megaphon muß der Fremdenführer die Fiebernden schließlich zur Führung durch den alten Kaiserpalast zusammenkrächzen. Beim Passieren des Herrschertores erfahren sie, daß hier einst nur der Kaiser eintreten durfte, doch daß in Vietnam jetzt alle Kaiser seien. Ob diese weiße Büste auf dem Sockel der Kaiser sei, will eine Beamtenwitwe wissen. »Nein, das ist Ho Chi Minh.« Einen kurzen Moment lang erstirbt das Debattieren über Bildausschnitte, Weltnepp und die führenden Kreuzfahrtschiffe. Die Kameras richten sich auf ihn, als sei er leibhaftig erschienen, dieser Ho-Ho-Ho-Chi-Minh, dessen Name den meisten noch leise, aber schrill in den Ohren klingt. Nicht einmal verächtlich, fast ehrfürchtig blicken diese Deutschen dem Schreckgespenst ihrer besten Jahre in die Augen.

Die Vietnamesen sind den Deutschen immer merkwürdig nah gewesen. Tausend junge Deutsche fielen in den fünfziger Jahren, als Legionäre den Franzosen zu Diensten, während der Schlacht von Dien Bien Phu; in den Sechzigern wurde, wie man glaubte, die Freiheit Berlins in Saigon verteidigt; in den Siebzigern kamen rund 30000 Flüchtlinge aus Vietnam in die Bundesrepublik.

Ein pensionierter Lehrer, den frisch erworbenen Vietcong-Helm auf dem Kopf, fragt nach Details der Tet-Offensive, nach dem Massaker der Partisanen an Zivilisten; ein anderer möchte die Zahl der Amerikaner wissen, die bei der Erstürmung des Kaiserpalastes umkamen, doch der Führer drängt weiter vorwärts, das Mittagessen wartet. »Ich würde Ihnen gern mehr erzählen, aber Sie haben zuwenig Zeit mitgebracht.«

Nach einem staunend genossenen urtypisch vietnamesischen Essen, dessen fünf Gänge ein Chemiker im Ruhestand jeweils mit dem Ruf »Rein in die Arbeitsfront!« begrüßt, beansprucht die Besichtigung der Kaisergräber die Kondition der Reisenden. Die tropische Nachmittagshitze ist drückend genug, die schier unendlichen Treppen sind steil genug, doch zusätzlich lasten die Kilos des Equipments auf den Tapferen. Schweißgebadet, aber klaglos tragen sie ihr Sturmgepäck an die Bilderfront.

Erst mit beginnender Dunkelheit, nach einer Rückreise durch Palmenhaine, entlang knallgrünen Reisfeldern und dampfenden Wasserbüffelherden, erreicht der Buskonvoi wieder Da Nang. Die Urlauber, die das Land nun nicht mehr durch ihre Sucher betrachten können, gleiten durch eine düstere Stadtlandschaft voll betörender Anarchie, beleuchtet nur durch Tausende Petroleumlampen, flakkernde Kerzen und vereinzeltes Zimmerneon. Viele Wohnungen sind zur Straße hin offen oder durch Laken nur halb verhängt; ungeschützt und ungerührt wie Schauspieler auf der Bühne agieren die Bewohner vor den Fremden; sie essen am Tisch, dösen auf den Betten, nähen, plaudern oder waschen; die Wohlhabenden sitzen um einen Ventilator.

Der Blick in die exotischen Löcher läßt die Reisenden zum erstenmal an diesem Tag erkennen, in welch ferner Fremde sie wirklich gelandet sind. Stumm vor Glück starren sie auf dieses Disneyland der Armseligkeit, während die Busse sie zurückbringen zu ihrem glitzernden Musikdampfer draußen am Kai. In den kühlen Kabinen empfängt sie das gedruckte Programm für den kommenden Tag auf See:

8.00 Uhr, die Yogafreunde treffen sich mit Marie-Louise auf dem Sportdeck. 10.00 Uhr, Gymnastik nach Musik mit Harry im Musiksalon. 10.30 Uhr, autosuggestive Entspannung im Musiksalon. 10.45 Uhr, großes Skatturnier in der Verandabar. 17 Uhr, versuchen Sie Ihr Glück beim Bingo im Musiksalon. 17.30 Uhr, Shuffleboard auf dem Sportdeck. 18 Uhr, Auslosung der russischen Tombola im Musiksalon.

Sanft wiegt die »Michail Scholochow« am folgenden Tag ihre Passagiere im Pool und in den Liegestühlen, so, als wolle sie ihnen helfen, den Vortag in Vietnam abzuschütteln oder auszukosten. Die einen preisen den Bayerischen Wald, »die Luft ist dort einfach klarer«, andere loben Vietnams guterhaltene Rückständigkeit, »China dagegen ist doch eine einzige Baustelle«. Von der folgenden Kreuzfahrt schwärmen die einen, »Sie müssen unbedingt für die nächste Tour ›Von Traum zu Traum‹ an Bord bleiben«, die anderen rühmen die Vietnamesin, »sie ist die schönste Frau der Welt, noch graziler als die Thailänderin«.

Im Fernsehraum begucken die Kameraleute kritisch die Kassetten vom gestrigen Drehtag und tauschen Regieanweisungen statt Eindrücke aus. Für sie zerfällt

Vietnam fortan in Einstellungen, in geglückte und mißratene. Auf dem Sonnendeck ist der entsetzliche Verkehrsstau noch nicht vergessen, der beim Busausflug in Kanton China für immer jede Exotik nahm. Im Musiksalon wird die Stadt des übernächsten Landgangs präsentiert, mit Musik und in der Tonlage einer Modenschau. »Überall, wo Sie hinkommen in Bangkok, werden Sie angelächelt.«

Nach dem Dinner spielt das Bordorchester »Kasatschok« auf, öffnet das Kasino, greift Otto Richter im Nachtklub in die Tasten der Hammondorgel, läuft in der Verandabar »Keinen Cent für Ringos Kopf«, und im Musiksalon singt Ingolf Janson Seemannslieder. »Schön ist die Liebe im Hafen«, »Junge, komm bald wieder«. Und die Kreuzfahrer in den Sesseln träumen, daß die weite Welt so ist wie in Freddys Liedern.

Als am nächsten Morgen Ho-Chi-Minh-Stadt in Sicht kommt, ist alle Glückseligkeit verflogen: Die »Michail Scholochow« hat Verspätung. Ein Frachtschiff soll den Anlegeplatz blockiert haben, doch unter den Empörten macht schnell die Vermutung die Runde, die Kommunisten wollten sicher verhindern, daß die westlichen Ausländer allzulange allzu unkontrolliert durch die Straßen des ehemaligen Saigon zögen. Die Unpünktlichkeit hat schlagartig das Mißtrauen gegen die Roten, das aus lauter Freude über ihre Freundlichkeit entschlafen war, wieder erweckt und richtet sich nun gegen alles, was sich bewegt: gegen die hinterlistig lächelnde Reiseführerin, die unklimatisierten Busse, die mysteriösen Begleiter, die dem Konvoi folgenden Autos und die verdächtig kurzen Besichtigungen.

In dem nun voll entbrennenden ideologischen Klassenkampf greifen die im Guerillakrieg erfahrenen Gastgeber zu einer raffinierten Taktik: Sie verlängern kurzerhand den Landgang um das Doppelte der durch die Verspätung verlorenen Zeit und geben den halben Nachmittag frei zur individuellen Erkundung.

»Lien Xo, Lien Xo!« rufen die kleinen Kinder in den Straßen den Fremden zu. Von den größeren werden sie aufgeklärt, daß Russen nie Videokameras und Adidas-Schuhe tragen. Wo immer die Deutschen hinkommen, werden sie neugierig angestaunt, manchmal sogar forschend berührt.

Westliche Touristen sind noch eine Sehenswürdigkeit in Vietnam, nur kleinere Gruppen von Studienreisenden haben sich bis jetzt hierher verirrt. Die vietnamesischen Kinder seien so herzlich, wird später eine begeisterte Dame berichten, und obwohl sie so arm seien, bettelten sie gar nicht; zur Belohnung habe sie ihnen besonders viele Bonbons geschenkt.

Eine Ingenieursgattin hat sich von der Reiseführerin sagen lassen, was »danke« auf vietnamesisch heißt, und zieht dankend durch Saigon. Einige Passagiere haben jahrelang oder sogar jahrzehntelang für diese Reise gespart; sie sind die bescheidensten und neugierigsten und gehören zu den wenigen, die das Interesse aufbringen, dem Führer im Museum bis zuletzt durch die Geschichte Vietnams zu folgen.

Das Heer der Kameraleute ist längst aus ästhetischen Gründen zum Klassenfeind übergelaufen und schwärmt von den vielen roten Fahnen mit dem gelben Stern, die den Einstellungen dekorativen Schliff und einen würdigen

Rahmen geben. Ein paar allerdings schleppen ihr Stück High-Tech greinend durch die Gluthitze: Die Akkus sind leer, und nun hängen die Kameras schwer und nutzlos wie alte Autobatterien an den Armen.

Abends finden sich alle im Saal des früheren amerikanischen Hotels »Rex« ein, glücklich, weil jeder etwas erlebt zu haben glaubt, was der andere nicht erlebt hat – auch Pauschaltouristen streben insgeheim danach. Glücklich, weil das Hotel eine prächtige Klimaanlage und Heineken-Bier hat; glücklich, weil die Folklore-Show auf der Bühne keine Show zu sein scheint, sondern eine ehrliche Darbietung uralter vietnamesischer Tradition. In den Jahrzehnten des Krieges und der Fremdherrschaft war die eigene Kultur verschüttet und erlebt erst jetzt einen schüchternen Neubeginn. Die Reiseveteranen spüren die noch nicht in Routine versunkene Perfektion der Musiker und Tänzer und überschütten sie mit Beifall.

Durch zähe Ströme von Fahrrädern bahnen sich die Busse ihren Weg zurück zum Schiff. Auf den düsteren Straßen radeln Zehntausende Jungen und Mädchen wie ziellos durch die Nacht, den Fremden in den Bussen zuwinkend, frech, kokett oder einfach überrascht. Wenn die Busse halten müssen, versammeln sie sich blitzschnell drumherum, starren hinein und reißen ihre Witze über diese merkwürdigen Gesichter.

Die Kreuzfahrer schauen stumm hinaus auf diese johlende Menge, auf die zerlumpten Rikschafahrer, die Mädchen in den Pyjamas, die Frauen mit den eleganten langen Handschuhen, die stolzen Mopedfahrer, die Kinderscharen auf den Rücksitzen, die Garköchinnen an den Straßenrändern, die Schlafenden auf den Gehsteigen. Je tiefer die Deutschen eindringen in diese ihnen vollkommen fremde Welt, desto lauter werden die Gedanken. »Was wollten bloß die Amerikaner hier?« fragt die silbergraue Siebzigjährige leise, als die Fahrradhorden längst abgeschüttelt sind und die Busse hupend durch die ruhigeren Straßen am Hafen preschen.

Nach dem Dinner stürzen die Videoleute gleich an die Fernseher zur Tagesschau der Drehergebnisse, was eine Verbeugung vor Vietnam ist, denn gewöhnlich gedulden sie sich bis zum nächsten Tag. In der Verandabar ist eine Debatte über den Vietnamkrieg ausgebrochen, in deren Verlauf ein Mittvierziger aus Berlin stolz bekennen kann, schon damals gegen die Invasion der Amis gewesen zu sein, ein pensionierter Bundesgrenzschützer die Erfahrungen eines Kollegen an der deutschen Botschaft in Saigon beisteuert und ein Veteran des deutschen Afrikakorps versichert, den Amerikanern die Niederlage zu gönnen, weil sie ihn über drei Jahre in Gefangenschaft gehalten hätten.

Draußen an der Reling blicken einige Passagiere sehnsüchtig auf das nächtliche Saigon. Zu gern möchten sie sich, kurz, auf diese andere Welt einlassen. Das Schiff, das sie sonst als Schutz vor den Strapazen der Fremde empfinden, kommt ihnen an diesem Abend wie ein Gefängnis vor. Die Insassen schwärmen von den Schönheiten, die es da draußen geben muß. Bei der nächsten Fernost-Rundreise, tröstet der Kapitän, könnten die Passagiere für einen Tag in die Tempelstadt Angkor Vat fliegen.

Am nächsten Tag, kurz vorm Auslaufen, erschüttert ein Aufschrei die »Michail Scholochow«. Die Passagiere haben bemerkt, daß die Vietnamesen bisher noch keinen Stempel in ihre Pässe gedrückt haben. Sind die denn wahnsinnig? Vom Fremdenverkehr haben die wirklich keine Ahnung.

ANGKOR VAT FÜR ANFÄNGER

AM 23. DEZEMBER 1986 meldete die *Frankfurter Allgemeine Zeitung* auf der ersten Seite, der kambodschanische Flughafen Siem Reap sei am Vortage von Einheiten der Roten Khmer angegriffen und »das Rollfeld und fünf Gebäude (seien) fast vollständig zerstört worden«. Siem Reap liegt zwanzig Minuten von der Ruinenstadt Angkor entfernt. Am selben Tag landete die erste westdeutsche Reisegruppe, die Angkor seit 1970 besuchen konnte, auf dem unversehrten Rollfeld von Siem Reap, schritt durch die unversehrte Empfangsbaracke und verlebte einen ruhigen, strapaziösen Tag in der drückenden Schwüle der Trümmerlandschaft Angkors.

Seit es Angkor gibt, wird um Angkor gekämpft. Im 10. Jahrhundert kämpften die Siamesen gegen die Khmer, im 12. Jahrhundert die Cham gegen die Khmer und im 20. Jahrhundert die Amerikaner gegen die Khmer, dann die einen Khmer gegen die anderen Khmer, die Vietnamesen gegen die einen Khmer, und nun kämpfen wieder die Khmer gegen die Khmer. Seit die Roten Khmer militärisch schwach sind, kämpfen sie vor allem mit ideologischen Waffen, und dazu gehören mit Vorliebe Zeitungsenten.

So zynisch es klingen mag: Angkor ist vermutlich das einzige, was das Interesse der Welt an Kampuchea wachhält, und darum möchten die einen Khmer, daß möglichst viele Menschen kommen, um dieses vielleicht größte Baudenkmal der Menschheit zu besichtigen, während die anderen Khmer möchten, daß keiner kommt, damit Kampuchea wieder ungestört in den Steinzeitkommunismus zurücksinken kann.

Das Empfangskomitee auf dem Flughafen gehört zur gastfreundlichen Seite, lediglich der Anführer der Polizeitruppe wirkt mit seiner Porsche-Sonnenbrille und seinem Borsalino wie ein Versprengter aus »Apocalypse now«. Auf den 14 Kilometern bis Angkor läßt der Touristenführer 17mal den Namen Pol Pot fallen – selbst in den Scherzen ist noch die Angst vor dem Tyrannen zu spüren. Unter den Hunderttausenden Kambodschanern, die seine vierjährige Herrschaft nicht überlebten, sind auch 34 der ehemals 36 archäologischen Führer durch die Ruinen der Dschungelstadt.

Bis 1970 kamen täglich 150 Touristen aus aller Welt, um die versunkene Metropole neu zu entdecken. Als General Lon Nol mit Hilfe der Amerikaner den Prinzen Sihanouk stürzte, bildete dieser zusammen mit den Roten Khmer eine Widerstandsbewegung, die bald große Teile des Landes beherrschte, darunter auch den Nordwesten Kampucheas. Über den Trümmern Angkors wehte die rote Fahne Pol Pots. Die Archäologen und ihre 800 Helfer wurden verjagt, das Air-France-Hotel vor dem Westtor Angkor Vats Stein für Stein abgetragen. Der Kreuzzug gegen alles Ausländische und die eigene Kultur begann. 1975 eroberte Pol Pot die Hauptstadt Phnom Penh, 1979 entmachteten ihn vietnamesische Truppen, doch erst seit 1986 sind die Provinzen um Angkor so weit von den Roten Khmer befreit, daß die Regierung Touristen zu den Ruinen läßt. Nur noch in den Grenzbezirken zu Thailand seien Guerillaverbände, versichert unser Khmer-Führer, und die würden in Schach gehalten. »Meinen Sie, wir holen Touristen ins Land, wenn die Gefahr besteht, uns vor aller Welt zu blamieren?«

Vier bis fünf Gruppen kommen nun pro Monat, meist Japaner. Und am Westtor von Angkor Vat haben Archäologen aus Indien die Restauration wiederaufgenommen, versuchen nun, die verlorenen 17 Jahre aufzuholen. Denn in jedem Jahr verschlingt der Dschungel ein Stück der Anlage. Zweimal schon schien der Urwald endgültig gesiegt zu haben, im 13. und im 16. Jahrhundert. Doch jedesmal kamen die Khmer zurück.

Kein Mensch wohnt jetzt mehr in dieser Stadt, die im 12. Jahrhundert zwischen 700 000 und einer Million Bewohner hatte. Die europäischen Städte kamen zu jener Zeit über 100 000 Einwohner nicht hinaus, nur die hochentwickelte Reiskultur schuf die wirtschaftlichen Voraussetzungen, um so viele Menschen auf engem Raum zu ernähren. Angkor war ein der Natur optimal angepaßter Ort, eine ökologische Mustersiedlung, ein logisches Meisterwerk. Ihre Architekten setzten ganz auf Wasser.

In großen Stauseen (acht Kilometer lang und zwei Kilometer breit), dem westlichen und dem östlichen Baray, wurde das Wasser während der Regenzeit aufgefangen und ganzjährig über ein Labyrinth von Kanälen zur Bewässerung der Reisfelder, zur Trinkwasserversorgung und als Transportmittel genutzt. Das Kanalnetz teilte die Stadtfläche in Viertel, in denen die Menschen in Pfahlbauten lebten und sich in Booten fortbewegten. Ausgeklügelte Anbautechniken erbrachten drei Reisernten pro Jahr und damit einen Überschuß, der prachtvolle Bauten, künstlerische Großproduktionen und üppige Heere gebar.

Dammbau und Reiswirtschaft pflügten die Gesellschaft um: Sie mußte straff organisiert werden, wenn sie funktionieren sollte. Wasserpolizei und Beamtenschaft gediehen prächtig. Privater Landbesitz störte. Der Boden gehörte dem, der ihn bebaute. Aber nur so lange, wie er ihn bebaute. Kasten, wie in Indien, waren zu starr für diese dynamische Reisgesellschaft. Die soziale Stellung galt als unerheblich. Jeder konnte sich hocharbeiten. Dennoch war es wahrlich keine demokratische Gesellschaft: Dem König gehörte alles, er herrschte als oberster Richter, Kuppler zwischen Himmel und Menschheit, Herr über Sklaven, Arbeiter, Handwerker und Priester.

Und was ist geblieben von dieser prächtigen Gesellschaft? Nur der Stein. Die Häuser und Paläste aus Holz sind vergangen, die goldenen Dächer, die verzierten Dekken, die bronzenen Statuen geraubt, selbst die Farbe ist verschwunden, nur noch der düster verwitterte Sandstein zu besichtigen. Aber der genügt, um jeden Besucher für Stunden in einen Taumel zu versetzen, der Hitze, Mükken und Gestank hinwegfegt.

Der Taumel beginnt in der Regel am Westtor Angkor Vats, wo die indischen Archäologen mit ihren kambodschanischen Helfern einen Teil des kreuzförmigen, 200 Meter breiten Torbaus bereits in den hellen Urzustand zurückversetzt haben. Wer den Gopuram passiert, sieht sie am Ende der 350 Meter langen Fliesenstraße aufragen, die fünf Türme Angkor Vats, die den Besucher je nach Weltanschauung an Lotosknospen, Spargelspitzen oder Eierhandgranaten erinnern. Bis er die Türme besteigen darf, werden mindestens drei Stunden vergehen.

Denn der Weg dorthin ist gepflastert mit Portalen,

Türmchen, Gängen und Reliefs, die ohne ausführliche Erklärung nicht passiert werden dürfen. Die lange Straße etwa ist nicht einfach eine Straße, sie ist eine Pfahlbauallee, eine steinerne Kopie hölzerner Stege in den Dörfern. Ihre Balustraden sind vielköpfige Schlangen, ihre zwölf Freitreppen führen hinunter zu den Trümmern der beiden Bibliotheken, hinunter zu den beiden Wasserbecken, die jetzt nur noch die Aufgabe haben, die Türme photogerecht zu spiegeln.

Symmetrie haben die Khmer immer vergöttert, neben dem König, ob er nun Jayavarman oder Suryavarman hieß, herrschte stets das Quadrat in Angkor. Graham Greene verfolgten diese Quadrate, nach einem Besuch Angkors, bis in den Opiumrausch: »Quadrat um Quadrat um Quadrat«.

Der von den Indern übernommene Glaube, das Quadrat sei die vollendete Form und darum auch die Form der himmlischen Welt, ließ die Khmer eine durch und durch symmetrische Stadt bauen. Die Tempel mußten in alle Richtungen gleich sein, selbst nach unten hin, ins Erdinnere. Im Zentrum, unter dem Allerheiligsten, gruben die Khmer das Gegenstück zum hohen Turm des Tempels – einen entsprechend tiefen Schacht.

60 000 Elefanten seien nötig gewesen, um Angkor Vat von 1100 bis 1150 zu bauen, erklärt unser Führer, und etwa doppelt so viele Menschen. Wir haben das Ende der Fliesenstraße erreicht und stehen vor der äußeren Galerie des Tempelbezirks. Mädchen bieten Kokosnüsse an, das Stück ein Dollar. Bereits jetzt, schon nach dem lächerlich kurzen Anmarsch, sind Haare und Hemd so feucht, als habe es geregnet. Den Gedanken, bei diesem Klima den

größten Tempelberg der Menschheit bauen zu müssen, darf man nicht weiterverfolgen; dennoch bleibt die ganz und gar kulturlose Überlegung, daß wohl nur an der körperlichen Arbeit Unbeteiligte in dieser Affenhitze auf die Idee kommen konnten, ausgerechnet hier das Mammutwerk zu errichten.

Auf den 500 Meter langen Reliefs an der Innenwand der Galerie, die den Tempel umschließen, wedeln Diener mit großen Fächern und schützen die Herrschaften mit Schirmen vor der Sonnenglut. Heiß muß es ihnen also auch damals gewesen sein. Das Leben am Hofe, das Treiben in der Stadt und den Alltag in den Dörfern meißelten die Bildhauer in den Sandstein der Tempelanlagen. Wir ziehen vorbei an Fischern und Jägern, an Kranken und Speisenden, an Gebärenden und Dieben, an Pilgern und Bauern, an Schachspielern und Zimmerleuten. Wir sehen den König ins Reich des Todes wechseln, verfolgen eine Schlacht zwischen Khmer und Thais im 12. Jahrhundert, bestaunen Bataillone von Apsaras und Devatas, welche nichts anderes sind als wunderschöne, barbusige (himmlische) Tänzerinnen.

Selbst in Stein wirkt ihr Lächeln betörend und gibt einen Nachgeschmack von der Anmut der Khmer-Frauen. Dem Chinesen Tcheon Ta-Kuan, der im Jahr 1296 Angkor für längere Zeit besuchte, verdanken wir detaillierte Beobachtungen ihrer Lebensart. »Alle drei oder vier, fünf oder sechs Tage gehen die Frauen der Stadt in Gruppen zu dritt oder fünft zum Fluß außerhalb der Stadt, um zu baden. Am Ufer nehmen sie die Stoffbahn ab, die ihren Leib umhüllt, und steigen ins Wasser. Zu Tausenden tummeln sie sich im Fluß. Selbst die adligen

Frauen finden daran Gefallen und zeigen keine Scham. Jedermann kann sie von Kopf bis Fuß sehen. Kein Tag vergeht, an dem dies nicht im großen Fluß vor der Stadt geschieht. An Mußetagen machen sich die Chinesen den Spaß, dorthin zu gehen und zuzuschauen. Nach dem, was ich gehört habe, soll es auch Leute geben, die im Wasser die Gelegenheit ausnutzen. Das Wasser ist stets so warm, als stünde es auf dem Herd.«

Der wissenschaftliche Spanner beobachtete die Damen der Gesellschaft gewissenhaft beim stundenlangen Frisieren, Schminken und Ankleiden, so daß genaue Kenntnisse über die Haartracht, den üppigen Schmuck und das Sexualleben der Khmer vorliegen. Dem Chinesen fielen die weitverbreitete Homosexualität, die Defloration durch buddhistische Bonzen und »die amourösen Ausschweifungen« auf: »Ausschweifung und Spiel sind nicht untersagt; wenn aber der Mann einer Ehebrecherin sie auf frischer Tat ertappt, klemmt er zwischen zwei Holzstücke die Füße des Liebhabers ein, der einen solchen Schmerz nicht ertragen kann, dem Ehemann seine ganze Habe abtritt und damit seine Freiheit zurückgewinnt.«

Wir haben die Reliefs der äußeren Galerie überwunden, erklimmen die zweite Plattform der Tempelpyramide – auch hier Galerien und Ecktürme – und erreichen über viele steile, ausgetretene Stufen die dritte, die höchste Ebene Angkor Vats. Sie war früher dem König und dem Hohenpriester vorbehalten. 56 Meter hoch erhebt sich der mächtige mittlere Turm über die Ebene. Erst hier oben, wenn man zurückblickt auf das Westtor, die lange Fliesenstraße und den breiten Außengraben, begreift man die ganze Logik Angkors. Nach Norden muß man schauen, um das Ganze erfassen zu können! Doch leider sieht man nichts. Hinter den Bäumen, drei Kilometer entfernt, beginnt Angkor Thom, die eigentliche Hauptstadt. Angkor Vat ist nur der Tempelbezirk, ein winziges Bruchstück der Ruinenstadt.

Angkor Thom, um 1200 von König Jayavarman VII. erbaut, wurde als neun Quadratkilometer großes Viereck angelegt und mit Bauwerken von barocker Fülle gespickt. Ehe das Reich der Khmer versank, bereits von inneren und äußeren Feinden bedroht, erging es sich in verschwenderischen, obskuren Bauten wie etwa dem Bayon, einem Flachtempel mit 54 Türmen, die nach allen vier Seiten jeweils dasselbe mächtige Gesicht tragen, das Gesicht des Königs.

Angkor Thom ist im Dschungel versunken. In der Mitte des 15. Jahrhunderts wurde die Stadt aufgegeben, plötzlich, wie es heißt. Warum? Ein Bruch des Staudamms habe zu einer riesigen Überschwemmung geführt, einfallende Siam-Heere hätten das Bewässerungssystem, die Grundlage der Khmer-Kultur, zerstört, Malaria habe die Stadt verseucht – so wird vermutet.

1869, als der französische Forscher Henri Mouhot zufällig auf die Trümmer Angkors stieß, schrieb er an Zeitungen in aller Welt, daß der Anblick »den Besucher alle Strapazen der Reise vergessen läßt und ihn mit einer derartigen Bewunderung und Freude erfüllt, als ob er eine grüne Oase in einer Sandwüste entdeckt hätte. Plötzlich scheint er wie durch Zauberhand von der Barbarei in die Zivilisation, aus tiefster Finsternis ans Licht versetzt worden zu sein.«

Die Barbarei habe für einige Jahre von Angkor Besitz

ergreifen können, sagt unser kambodschanischer Führer, als wir uns in der Tempelspitze Angkor Vats ausruhen. Er habe sich als Bauer ausgeben müssen, um nicht als Intellektueller von Pol Pots Leuten erschlagen zu werden. Pol Pot habe sich hier oben, in der dritten Ebene des Vats, eine Zeitlang verschanzt. Er zeigt in eine rußgeschwärzte Ecke: »Dort haben sie gekocht.«

Pol Pot nutzte Angkor Vat in seiner Propaganda als Symbol für die Leistungskraft der Khmer-Rasse und als Ansporn bei Masseneinsätzen wie dem Dammbau. Die Türme zierten seine revolutionäre Fahne. Was ihn nicht davon abhielt, die meisten der Statuen aus der Galerie der tausend Buddhas an der thailändischen Grenze gegen Salz und Medikamente einzutauschen. Viele Skulpturen seien zerschlagen worden, sagt unser Führer, aber den Bauten, vom Westtor abgesehen, sei nicht viel passiert.

Er zeigt auf die Bäume, hinter denen Angkor Thom liegt. »Bald sind wir soweit, daß Touristen auch Angkor Thom besichtigen können. Wir haben zuwenig Arbeiter, zuwenig Werkzeug. Aber wir wollen, daß die Ausländer kommen – nicht nur wegen ihrer Dollars.«

STADT DER OBDACHLOSEN

Es ist finster im Zimmer. Der Propeller an der Decke muß stillstehen, denn ich höre das Pfeifen der Luft nicht mehr. Die scheppernde Klimaanlage, die mich vor einigen Stunden am Einschlafen gehindert hat, bläst auch nicht länger. Es ist totenstill. Aber die Hitze hat mich aufgeweckt. Stromausfall. Kein Luftzug nimmt den Schweiß von der Haut, nur eine Dusche könnte etwas Erfrischung bringen. Doch im Bad warten zwei Ratten, vier Geckos in Jungalligatorgröße und ein Dutzend Kakerlaken. Schon tagsüber muß man vor dem Betreten des Bades mehrmals kräftig gegen die Tür treten, um sie zur Flucht zu bewegen, doch was ist nachts, ohne den Schutz der Glühbirne?

Vier Jahre hat die Viecher im Hotel »Monorom« kein Mensch gestört; nicht nur das Hotel, die ganze Stadt gehörte ihnen. Und jetzt scheinen sie sich immer noch nicht daran gewöhnt zu haben, daß Phnom Penh, die Hauptstadt Kampucheas, wieder bevölkert ist. Da die Bewohner zudem wichtigere Dinge zu tun haben, als Ratten und Kakerlaken zu jagen, leben die Tierchen weitgehend ungestört, ohne Rücksicht auf die Überempfindlichkeit gelegentlicher Hotelgäste.

Phnom Penh ist eine unmenschlich dreckige Stadt, eine Metropole des Unrats und des Ungeziefers, doch wer als Ausländer nach Phnom Penh kommt, wundert sich weniger über die außerordentliche Unordnung, sondern mehr über die außergewöhnliche Normalität. Die Schwärme der Fahrradfahrer ziehen ruhig ihre Bahnen; viele neue

Motorräder stören sie dabei; die Garküchen an den Straßenrändern sind überfüllt; die privaten Märkte florieren; die Schönheitssalons haben geöffnet – sieht so eine Stadt aus, die es gar nicht mehr gab?

Phnom Penh war die schönste Stadt Asiens, solange der Prinz sie beherrschte. Die französischen Kolonialherren hatten sie großzügig angelegt, mit breiten Alleen, ockergelben Villen und imposanten Gebäuden. Während nebenan in Bangkok die US-Firmen und nebenan in Saigon die US-Militärs die Städte umkrempelten, blieb Phnom Penh unter Prinz Sihanouk eine feine Metropole mit dem Charme einer französischen Provinzstadt und der Friedfertigkeit einer asiatischen Idylle. Der kauzige Prinz, nach innen ein unbeherrschbarer Feudalherr, nach außen ein listiger Diplomat, verstand es, seine Hauptstadt in gleichem Abstand zu Washington, Moskau, Peking, Paris und Hanoi zu halten.

Dem Vietcong erlaubte er, die an Südvietnam angrenzenden Provinzen Kambodschas als Nachschubbasen und Zufluchtsstätten zu benutzen, und die Amerikaner durften sie bombardieren. Als die Bombenlast jedoch von Monat zu Monat wuchs und Sihanouk Mißbehagen signalisierte, war sein Ende gekommen.

General Lon Nol, der 1970 den Prinzen mit Unterstützung der Amerikaner stürzte, legte das Land dem neuen Verbündeten zu Füßen, und der zertrampelte es in drei Jahren. Eine halbe Million Tonnen Bomben, neuer Rekord der Kriegsgeschichte, verwandelte große Teile des fruchtbarsten Bodens Asiens in eine Mondlandschaft und trieb die Hälfte der Überlebenden über die Grenzen und nach Phnom Penh. Die andere Hälfte verschmolz durch den Napalmterror mit den Vietcong und den Khmer Rouge: Vor ihnen sollten die Bomben sie eigentlich retten.

Phnom Penh wurde zum Fluchtpunkt, verschlammte und verdreckte in wenigen Monaten, verschanzte sich hinter Stacheldraht und Sandsäcken. Als alles vorbei schien, als Pol Pots Khmer Rouge schließlich auch die Hauptstadt vom Krieg befreiten, begann die brutalste Phase des Untergangs. Die zwei Millionen Bewohner wurden aus den Häusern gezerrt und durch die Straßen hinausgetrieben, irgendwohin ins zerbombte Land. Kambodscha hatte keine Hauptstadt mehr, hatte überhaupt keine Städte mehr, besaß nur noch Arbeitslager. Phnom Penh wurde zur Geisterstadt, in der die Ratten regierten.

Die 20jährige, die mir an der Hauptstraße eine Pakkung 555 verkaufen will, kann zurückblicken auf ein Leben, das sie unterteilt »in die Zeit der Bomben, die Zeit im Lager und die Zeit des Hungers«. Der 37jährige, der apathisch auf dem Fußweg hockt und bettelt, hat Nixons Bomben-Jahrhundert und Pol Pots Steinzeit durchlebt – was will man noch von ihm verlangen?

In den Straßen Phnom Penhs sitzen viele Ziellose. Nachdem die Welt aus ihrem Land *everybody's battlefield* gemacht hat, scheint ihnen die Welt egal geworden zu sein. Sie dösen am Straßenrand auf verrotteten Kisten oder warten in düsteren Wohnlöchern auf den Abend. Abseits der quirligen Geschäftsstraßen wirkt Phnom Penh wie eine Stadt, die eine unübersehbare Horde von müden Desperados zur vorübergehenden Rast besetzt hält.

Keiner zahlt Miete, auch Strom und Wasser sind kostenlos. Der Nulltarif hat seinen Preis: Der Strom fällt regelmäßig aus, und das Leitungswasser ist mit Abwässern vermischt. Ausländer putzen sich die Zähne mit Heineken-Bier oder Coca-Cola.

Auf den 37 privaten Märkten von Phnom Penh ist auch »Pepsi-Cola« vorrätig, ebenso wie »Coca-Cola light«, »Seven-Up« und »Dr. Pepper's«.

Harrods of Indochina nennen die wenigen hier lebenden Westeuropäer die Hauptstadt sarkastisch. Woher kommen die Sony-Recorder, Farbfernseher, Nylons, Kameras, Seiko-Uhren, Pop-Kassetten, Lacoste-Hemden und Adidas-Schuhe? »Aus Thailand und Singapur mit dem Schiff nach Kompong Som«, sagt eine Marktfrau, die Feuerzeuge, Kugelschreiber und Nagellack in allen möglichen Farben führt. »Zwischenhändlerketten bringen die Ware nach Phnom Penh, auf Fahrrädern und Mopeds, und verkaufen sie an uns.« Sie spricht passabel Französisch, das sie als junges Mädchen in der Prinzenzeit gelernt hat. Sie klagt darüber, daß sich ihre Standgebühr in zwei Jahren verdoppelt habe. Der Staat profitiert vom Schwarzmarkt, der keiner mehr ist. Zwar kommen die Waren auf dunklen Kanälen ins Land, aber beim Verkauf kassiert die öffentliche Hand mit.

Flache Holzdächer spenden Schatten für Käufer, Waren und Verkäufer. Auf Hunderten von kleinen Tischen, Regalen und Kisten ist das Angebot gestapelt, Preise werden nur auf Anfrage genannt. »Was soll dieser Kugelschreiber kosten?« »Oh, das ist ein sehr guter aus Frankreich, ein *bic*, der kostet einen Dollar!« »Und wieviel Riel?« »Ich nehme nur Dollar!« »Warum?« »Ich mußte ja auch mit Dollar bezahlen.« »Wieviel Dollar haben Sie bezahlt?« Sie lacht und zuckt mit den Schultern: »Weiß ich nicht mehr ...« »Mehr als einen halben?« Sie lächelt und schüttelt den Kopf. Ein Feuerzeug, made in Singapur, würde sie auch für Riel, die kambodschanische Währung, verkaufen. Sie hat den Tageskurs im Kopf: »Macht 123 Riel, so viel ist ein Dollar wert.«

Der Schwarzmarkt von Phnom Penh ist organisiert wie Karstadt, Horten oder Hertie. Hier die Abteilung der Südfrüchte, dort Unterwäsche, da Fahrradteile und ganz hinten das Restaurant. Die Miederwarenabteilung bei Karstadt mag üppiger sein, die Restaurantzone des hiesigen Schwarzmarkts aber schlägt jedes deutsche Kaufhausrestaurant. Sechzig bis siebzig verschiedene Menüs geben die kleinen Kochstellen der Privatköche her.

An einem Holztisch sitzen fünf Soldaten, fröhlich schmatzend und plappernd. Ihre Haut ist heller als die der Umsitzenden, und ihre Gesichter sind weniger quadratisch. Dort drüben essen vietnamesische Soldaten. Besatzer! Ein seltener Anblick, denn gemeinhin sind die Soldaten aus dem Nachbarland in Phnom Penh nicht zu sehen, und wie westliche Entwicklungshelfer, die oft durchs Land kommen, berichten, sind sie auch in vielen Provinzen unsichtbar.

Khmer und Vietnamesen verbindet eine jahrhundertealte Völkerfeindschaft. Seit dem 9. Jahrhundert fielen sie regelmäßig übereinander her. In den letzten zwanzig Jahren allein viermal: Anfang 1970 hetzt General Lon Nol die Khmer gegen die damals im Land lebenden 600 000 Vietnamesen auf (»Sie sind alle Vietcong«), Zehntausende kommen bei Massakern um. Als die südvietnamesische Armee zusammen mit US-Truppen einen Monat später in die Ostprovinzen Kambodschas eindringt, um Vietcong-Verstecke zu zerstören, nimmt sie

Rache an den Khmer-Bauern (»Alle helfen den Vietcong«). Von 1975 an liquidieren Pol Pots Khmer Rouge alle erreichbaren Vietnamesen, 1979 besetzen vietnamesische Truppen das Land, vertreiben Pol Pots Armee und bringen eine Hanoi-freundliche Gruppe der Khmer Rouge an die Macht. Nie in der wechselvollen Geschichte der Schlachtorgien waren die Vietnamesen in Kambodscha willkommener. Waren.

Die fünf Soldaten am Tisch sind unbewaffnet. Als sie bemerken, daß ich sie photographiere, winkt einer wütend ab. Ein anderer steht auf und fragt, ob ich Amerikaner sei. »No, no, German! Allemand!« Die Köchin übersetzt es ihm, alle springen auf und bestehen darauf, daß ich sie photographiere. Johlend und feixend wie eine amerikanische Streetgang machen sie sich davon.

Rikschafahren ist in Phnom Penh die einzige Möglichkeit, um trocken irgendwohin zu kommen. Die Hitze verbietet jeden Schritt. Zudem sind die Fahrrad-Rikschafahrer gute Informanten, wenn sie Englisch oder Französisch sprechen. Leider tun das nur fünf oder sechs, von denen jeder behauptet, der einzige fremdsprachige Rikschafahrer Phnom Penhs zu sein. Wer unter Pol Pot zugab, eine Fremdsprache zu können, wurde erschlagen.

Mein Mann hat gelogen. Er kann nur *hello, whatsyourname, girl, massage* und *sun.* Wenn ich ihn recht verstehe, möchte er mir einen Sonnenauf- oder -untergang zeigen. Autos sind gefährliche Fremdkörper im Strom der Fahrräder, die nur durch chronisches Hupen ihr Fortkommen erzwingen können. Uns überholt ein alter Mercedes ohne Scheiben, am Steuer wohl ein Schwarzmarktgroßhändler. Fast rammt er eine Elefantenkuh, die zusammen mit ihrem Baby einen stinkenden Müllhaufen verkehrswidrig nach Essensresten durchwühlt.

Tuol Sleng war erst ein Gymnasium, dann das Folterzentrum Pol Pots. Heute ist es ein Museum, eine Schule wider die Folter. Die Werkzeuge liegen bereit, als hätte sie gerade jemand aus der Hand gelegt: Die Zangen, mit denen die Genitalien bearbeitet wurden, die Stachelketten, die Peitschen, die Wasserkübel, die Elektroklammern. »Freiwillige vor!« ruft ein Reisender aus der Bundesrepublik. Und: »Ist doch nichts gegen Auschwitz, das hier.«

Die gescheuerten Kachelwände und Böden strahlen die Sauberkeit eines Schlachthofs aus. 21000 Menschen, als Agenten der CIA, des KGB oder der Vietnamesen verdächtigt, wurden hier ausgepreßt und dann vor der Stadt getötet. Sie wußten wenigstens, warum man sie umbrachte. Die Hundertausende Khmer, die überall im Lande erdrosselt, erstickt und erschlagen wurden, wußten es nicht.

»Es war nicht nur Pol Pot, es war auch der Haß der Bauern auf die Städter«, so erklärt der Museumsführer den vierjährigen Blutrausch im Land der Khmer. »Die Städter blieben von den Bomben der Amerikaner verschont, für die Bauern waren sie mitschuldig an ihrem Schicksal. Das nutzten Pol Pots Leute aus, sie erzählten, alle Städter seien keine echten Khmer, sondern Agenten der Ausländer.« Die Clique um Pol Pot, in maoistischen Pariser Studentenkreisen zusammengewachsen, wollte Kambodscha in neuer Weltrekordzeit zum Kommunismus führen und deshalb alles Alte liquidieren, auch das alte Volk.

»Ich war damals Student, vollkommen unpolitisch«, erzählt der Museumsführer, »ich mußte meine Brille wegwerfen und mich als Bauer ausgeben, um zu überleben.« Er wurde in den Nordosten des Landes deportiert. Vietnamesische Soldaten vertrieben 1979 seine Bewacher und schickten ihn ihn Richtung Phnom Penh – zu Fuß.

Wer in der Hauptstadt ankam, nahm sich die Wohnung, die ihm gefiel. Erst später wurden sie zugeteilt. Auf den Straßen lagen Berge rostiger Kühlschränke und Herde. Alle Häuser waren verwüstet und von allen Gegenständen der bürgerlichen Gesellschaft gereinigt.

Auf Flößen, Wasserbüffeln oder zu Fuß auf Sandalen strebten die Erlösten nach Phnom Penh. Auch Kinderbanden, verwaist, erreichten die Stadt. »Wir haben sie zunächst in Schulruinen untergebracht«, erzählt die Leiterin des Waisenhauses Cun Long, »sie leben jetzt noch hier im Heim. Die Jungen bleiben, bis sie in die Armee kommen, und die Mädchen, bis sie heiraten.« 200 000 Waisen hinterließ Pol Pot. In bunten Bildern haben die Bewohner dieses Heims ihre Kindheit gemalt, viele brachten den Tod ihrer Eltern aufs Papier. Die Gesichter der Folterer sind ausgekratzt.

In der größten Textilfabrik Phnom Penhs brauchten die Arbeiter vier Monate, um die Spinn- und Webmaschinen wieder in Gang zu bringen. Aber bis heute sind nur zwei Drittel aller Anlagen in Betrieb, weil Ersatzteile für die aus Japan stammenden Maschinen fehlen. Kampuchea wird von westlichen Ländern boykottiert, die Regierung nicht anerkannt, weil vietnamesische Besatzer im Land sind. Die Arbeiter hocken müde vor den Maschinen, springen aber auf, wenn sie den Fabrikdirektor mit uns um die Ecke kommen sehen. Sie verdienen 262 Riel im Monat; ein Paket Waschmittel kostet die Hälfte, ein Fahrrad das Zehnfache ihres Lohns. 21 Kilo Reis pro Monat bekommen sie zusätzlich und etwas Seife und Stoff.

Das Hotel »Samaki« hieß früher »Royal« und war ein Luxushotel. Am Swimmingpool lagen vorzugsweise die Töchter der französischen Plantagenbesitzer. Jetzt parken Dutzende weißer Jeeps vor dem gelben Palast im Kolonialstil, und der beleuchtete Pool ist verdreckt. Der Zimmerplan an der Rezeption liest sich wie der Einsatzplan einer Katastrophenübung: Internationales Rotes Kreuz, Unicef, World Food Program, Quäker, UNHCR, Oxfam. In der Lobby ist kein Mensch, auch nicht am Empfang. Aber durch den Gartenausgang sehen wir Licht in der Poolbar. Ihre Tür ist verschlossen, doch wir hören Schreibmaschinengeklapper. Schließlich öffnet ein junger Khmer in Turnhose.

Er könne uns nur Bier anbieten, meint er, *Saigon export.* Ein Entwicklungshelfer aus der DDR hat bemerkt, daß plötzlich Betrieb in der Bar ist, und kommt aus seinem Zimmer herunter. Zusammen mit Holländern und Italienern arbeitet er an einem Bewässerungsprojekt der UNO. Alle sechs Wochen fährt er mit dem Auto nach Saigon, weil er dort eine Freundin hat. Eine Vietnamesin. Wie sich herausstellt, ist es die Schwester von Huong, dem Dancing girl mit dem Informantennetz. Er wolle sie heiraten, verrät Erich nach dem dritten Bier.

Eine Krankenschwester und ein Arzt aus Schweden, frisch eingetroffen aus Kompong Chnang, einer zweieinhalb Stunden entfernt gelegenen Provinzstadt, gesellen sich dazu. Sie arbeiten dort seit einem halben Jahr im

Krankenhaus. »Zwei- bis dreimal pro Woche haben wir Amputationen«, erzählt der Arzt, »von alten oder vielleicht auch neuen Minen. Die meisten Patienten kommen wegen einer Magenschleimhautentzündung. Die Angst vor den Guerillatruppen Pol Pots sitzt tief.«

Das Krankenhaus wurde bis 1979 als Gefängnis mißbraucht, jetzt praktizieren dort neben den beiden Schweden vier kambodschanische Assistenzärzte. Drei von ihnen sind durch sowjetische Mediziner in Phnom Penh ausgebildet worden. »Auf sie ist kein Verlaß, der Kollege, der in Hanoi geschult wurde, ist besser«, kritisiert der Arzt. Ihm fehlen ständig Medikamente; ein Röntgengerät hat er nicht, Tuberkulose muß er durch Horchen an der Lunge diagnostizieren.

Die Zusammenarbeit mit den Behörden sei schwierig, so schwierig wie in jedem Entwicklungsland. Alles brauche enorm viel Zeit. Nur sehr langsam werde es besser. »15 Prozent der Kinder sind unterernährt, aber das Schulsystem funktioniert gut. Man sollte das Land nicht den Russen überlassen, der Westen schuldet Kambodscha Wiedergutmachung. Schon mit ein paar Millionen Dollar können wir viel ausrichten.«

Es ist inzwischen 23 Uhr. Seit zwei Stunden gilt die Ausgangssperre. Doch wir müssen zurück in unser Hotel. Die Straßen sind leergefegt und stockdunkel. Auf der Kreuzung hockt ein Soldat, der sich langsam erhebt, als er uns sieht. Er ruft etwas, das wir nicht verstehen. Wir halten ihm eine Zigarette hin, die er grinsend nimmt.

In der Hotellobby flackert nur eine Taschenlampe. Stromausfall. Der Portier schläft fest unter einem Moskitonetz. Drei barfüßige Gestalten haben sich des Telefons bemächtigt und scheinen mit Hanoi, Moskau oder Washington zu telefonieren. Sie erschrecken, als wir eintreten. Doch wir haben andere Sorgen. Wir müssen noch ins Bad.

NGUYEN THI HANG NGA war die erste Journalistin, die am 7. Januar 1979 das entvölkerte Phnom Penh betrat. Sie erreichte mit den ersten vietnamesischen Truppen die kambodschanische Hauptstadt, im Auftrag der Jugendzeitung *Tuoi Tre*. Der erste Kambodschaner, den sie traf, war der Student Nom Xo Phat. Er irrte abgemagert durch die leeren Straßen. 123 Angehörige seiner Familie waren umgekommen. Er ist inzwischen Hauptabteilungsleiter im Verteidigungsministerium und damit beschäftigt, die vietnamesischen Soldaten entbehrlich zu machen. »In Kampuchea wird sich die Zukunft Vietnams entscheiden«, sagt die in Vietnam angesehene Journalistin, die inzwischen für die Arbeiter-Zeitung *Cong Nhan Giai Phong* schreibt. »Wenn Kampuchea nach dem Abzug unserer Truppen stabil bleibt, kommt ganz Indochina zur Ruhe. Dann bekommt Vietnam endlich die Chance, kein Nachkriegsland mehr zu sein.«

Nguyen Thi Hang Nga denkt wie viele junge Kader Vietnams postkambodschanisch. Sie sehen westliche Hilfe ins Land strömen, Millionen von Dollar, die bisher verweigert wurden. In der Bundesrepublik liegen 40 Millionen Dollar auf Eis, das weiß sie. Ein höherer Beamter aus dem Entwicklungshilfeministerium sei bereits durchs Land gereist, um sich nach möglichen Projekten umzusehen.

Auf zehn Milliarden Dollar wird die Summe geschätzt, die nötig ist, um aus der kaputten Infrastruktur des Nachkriegslandes ein funktionierendes Gemeinwesen zu machen. Diese Dollarberge sind nicht durch Handel und Tourismus zu erwirtschaften – Vietnam braucht die Hilfe der Länder, die das Land damals zum Truppenübungsplatz erniedrigt haben.

»Umgestaltung oder Tod« – so sieht Nga die Zukunft Vietnams. Für sie ist die jetzt aufbrechende Zeit so aufregend wie das Jahr 1975. Ist es für jemanden, der gegen die USA und den Imperialismus gekämpft hat, nicht deprimierend, wenn nun »der Westen« zurückgeholt werden muß, weil es ohne ihn nicht geht? Nga schüttelt den Kopf, den Frieden hätten sie erkämpft und die Wiedervereinigung, sagt sie trotzig, und Sozialismus sei auch in Vietnam. Es habe sich gelohnt.

Der Sozialismus in Vietnam brauche mehr Kapitalismus, orakelt ihr Außenminister. Ziel des Sozialismus sei es, definiert Nga, daß die Menschen gut leben, dem müsse man alles unterordnen, auch die Prinzipien.

Das Hauptproblem der Vietnamesen ist, daß sie immer mehr werden. 1945 zählten sie 25 Millionen, 1967 50 Millionen. Jetzt wächst die Bevölkerung jedes Jahr um etwa 1,3 Millionen Menschen, ohne daß die Anbaufläche und die Erntemenge parallel dazu wachsen.

8,2 Milliarden Dollar Auslandsschulden hat Vietnam, davon 2,2 Milliarden Dollar im Westen; die jährliche Inflationsrate liegt bei 500 Prozent; fast alle Staatsbetriebe erwirtschaften keinen Gewinn, von 400 staatlichen Unternehmen in der Nahrungsmittelindustrie beispielsweise nur drei; die Arbeitslosigkeit ist die höchste aller sozialistischen Länder; zusammengenommen also keine guten Voraussetzungen, um das Leben der Menschen schnell verbessern zu können.

Doi Moi bedeutet Privatisierung der Landwirtschaft, der Kleinindustrie und der Dienstleistungen, Entideologisierung der Kader und wirtschaftliche Öffnung zum Westen. Vom Systemgegner sollen die stärksten Impulse für die schnelle Gesundung Vietnams kommen. Die bisherige Unzuverlässigkeit vietnamesischer Geschäftspartner und fehlende internationale Bankbürgschaften sprechen aus der Sicht der umworbenen Auslandskapitalisten gegen eine Einmischung in die inneren Angelegenheiten Vietnams.

Für eine Intervention spricht der von Marx so treffend analysierte Akkumulationszwang der internationalen Kapitale, denen das indochinesische Vakuum sicher keine Ruhe läßt. Dafür spricht auch das Investitionsgesetz Vietnams, das alle Freiheiten bietet, die man sich als Bourgeois wünscht. Einem französischen Unternehmen wurde gar ein eigenes Kommunikationsnetz, außerhalb vietnamesischer Kontrolle, eingeräumt.

Die gute Weltkonjunktur und der asiatische Boom begünstigen Vietnams Hoffnungen. Japan, die vier kleinen Tiger Südkorea, Singapur, Hongkong, Taiwan und selbst Thailand sind keine Billiglohnländer mehr; im Gegenteil, sie suchen inzwischen selbst Billiglohnländer, in denen sie produzieren lassen können.

Die zwei Millionen Auslandsvietnamesen spielen als kleinindustrielle Investorenarmee in den Invasionsträumen der Regierung eine zentrale Rolle. 300 Millionen Dollar haben sie im Jahr 1988 ins Land gepumpt.

Vor neun Jahren ist der dreißigjährige Truc mit dem Boot nach Hongkong geflüchtet. Nun möchte er als Reiseveranstalter nach Saigon zurückkehren. Seine Eltern blieben damals hier, zwei seiner Brüder sind auf der Flucht erwischt worden und saßen eine Zeitlang im Gefängnis. Trotzdem will Truc zurückkommen. Vietnam werde aufblühen, ein riesiger Markt werden, schwärmt er. Seit acht Monaten sei alles wie verwandelt. Bis dahin habe er immer auf irgendwelche Bürokraten warten müssen, jetzt dürfe er alles selber machen: Büros mieten, Autos besorgen, Verträge schließen, alles so einfach wie in Hongkong. Nebenbei hat er auch noch in einer Fischfabrik in der Provinz Ben Tre den Shrimps-Export nach Hongkong geregelt.

Er hat sich in Saigon alte französische Villen angesehen, im besseren 3. Wohnbezirk, gut erhalten, 150 000 Dollar teuer. Vor einem halben Jahr haben sie noch 100 000 Dollar gekostet. Er überlegt, ob er nicht fünf oder sechs Villen kaufen soll, sie ein Jahr lang behält und sie dann für den doppelten Preis weiterverkauft. »Die Firmenleute, die bald nach Saigon kommen, die wollen doch vernünftig wohnen.«

In der Fischverarbeitung, der Leichtindustrie, der Agrarindustrie und der Nahrungsmittelindustrie sowie in der Erschließung von Öl-, Kohle-, Chrom- und Goldvorkommen haben Firmen aus Australien, Thailand, Japan und Südkorea die ersten Investitionen getätigt. Im ersten Jahr nach Inkrafttreten des neuen Investitionsgesetzes sprachen 600 Firmen in Vietnam vor und schlossen Joint-venture-Verträge im Wert von 180 Millionen Dollar.

Auch das Wachstum der inländischen Bourgeoisie verläuft zur Zufriedenheit der kommunistischen Partei. Das Gründerfieber grassiert vor allem in Ho-Chi-Minh-City, dem dynamischen Zentrum des Landes. Was hier passiert, passiert zwei Jahre später in Hanoi, drei Jahre später in der Provinz. Ein Drittel der Wirtschaftskraft des Landes ist im Großraum Saigon konzentriert.

Bis zu fünfzig Prozent der Volkswirtschaft könne in Privatbesitz übergehen, erklärt das Volkskomitee der Stadt. Staatsunternehmen, die dauernd rote Zahlen schreiben, sollen versteigert werden. Der Generaldirektor aller Textilbetriebe schlägt gar vor, alle Textilbetriebe des Landes zu verkaufen, an die Direktoren, an die Belegschaften, an Ausländer, an wen auch immer.

Anders als in der Sowjetunion, wo bisher nur kleine Klitschen in Privatbesitz geduldet werden, die zudem noch die Schikanen der Bürokraten und den Neid der Genossen fürchten müssen, dürfen in Vietnam schon Großunternehmen mit bis zu 400 Beschäftigten dem Gewinn nachjagen. Sie sind den Staatsbetrieben gleichgestellt und müssen nur vier Prozent Steuern zahlen, wenn sie Produkte herstellen, die es bisher in Vietnam nicht gab.

»Kapitalist ist kein Schimpfwort mehr«, sagt Nguyen Son vom Volkskomitee in Ho-Chi-Minh-Stadt, »denn das sind Kapitalisten, die den Sozialismus aufbauen.« Das größte private Unternehmen baut die wichtige Überlandstraße zwischen dem Hafen Nha Be und der Stadt Binh Chanh. Die Beschäftigten verdienen doppelt soviel wie die Bauarbeiter in Staatsunternehmen.

Im kapitalistischen Musterbetrieb Saigons können findige Ingenieure das Zehnfache von dem verdienen, was ihnen im volkseigenen Betrieb zusteht. Das Unternehmen heißt »Bimimesco«, hat 300 Beschäftigte und stellt 25 Produkte her, von der batterielosen Taschenlampe über

Aromastoffe bis zu Chemikalien, alles Dinge, die im Lande dringend gebraucht werden. Der Firmenbesitzer, Le Cong Thanh, war 18 Jahre lang Bergarbeiter im Norden Vietnams, machte sich nach 1975 im Süden selbständig mit einem kleinen Familienbetrieb und darf seit Juli 1988 so viele Leute entlöhnen, wie er möchte.

Thanh war Held der Arbeit, nun ist er Held des Geldes, ein vielgefragter und vielbesuchter Wirtschaftsexperte. Doch die Jahre dazwischen waren gefährlich. Thanh balancierte zwischen den Systemen; 1981 landete er im Gefängnis, wegen bourgeoiser Umtriebe.

Er residiert im Saigoner Bezirk Nr. 1, im ersten Stock eines unauffälligen Hauses. Im Erdgeschoß verkauft eine alte Chinesin Zigaretten, und wer an ihr vorbeigeht, um das Haus zu betreten, hat eher das Gefühl, die Zentrale eines Schmugglerrings entdeckt zu haben als die Kommandohöhe eines Großbetriebs. Thanh sitzt in einem winzigen Raum, vor einem Bücherregal mit Werken von »Le Nin« und »E Rich Ho Neck Er«, der Venus von Milo und einer Flasche Johnny Walker, für Gäste. Weil es heller Tag ist und obendrein ein heißer, versteht er, daß ich lieber Tee trinken möchte.

Äußerlich ist Thanh immer noch mehr Brigadeleiter als Bourgeois. Er läßt sich seinen Reichtum nicht ansehen, von dem er behauptet, daß er erstens nicht wisse, wie groß er sei, und daß er ihn zweitens nicht interessiere. Er wirtschaftet aus ideologischen Gründen, »um Marx zu widerlegen«. Seine Erfahrungen mit dem Sozialismus im Norden haben ihn zu der Überzeugung gebracht, daß es auch außerhalb des Kapitalismus privaten Mehrwert geben muß, weil sonst die Wirtschaft nicht funktioniert.

Der Bergarbeiter hat Philosophie und politische Ökonomie studiert. Kommunist ist er nicht, weil die Partei ihn nicht aufnehmen wollte, solange er Bergarbeiter war. Jetzt, als Bourgeois, möchte ihn die Partei gerne, aber jetzt möchte er nicht mehr. Was Thanh nicht davon abhält, sich in die Politik der Kommunisten einzumischen. Am 4. Januar 1986 las er dem Zentralkomitee zwei Stunden lang die Leviten. 24 Tage später faßte das ZK einen Beschluß zur »Entfaltung der Familienwirtschaft«.

Aus dem Bücherregal fischt Thanh ein schmales rotes Bändchen heraus, vietnamesicher Titel: »Le Cong Thanh, der Mann der nicht aufgibt«. Die Glühbirne über dem Tisch flackert, wir sitzen im Halbdunkel, Stromausfall. Nach wenigen Augenblicken geht das Licht wieder an, das Hausaggregat ist eingesprungen. »Autarkie ist unser Erfolgsgeheimnis«, sagt der Chef.

Die Produktion von »Bimimesco« ist auf viele kleine Produktionsstätten verteilt. Die Maschinen konstruieren die Ingenieure der Firma größtenteils selbst. Sie sind in den USA, in der Sowjetunion und in der DDR ausgebildet worden. Ein Lehrling beginnt mit 50 000 Dong im Monat (Facharbeiterlohn in einer staatlichen Fabrik), ein Ingenieur bekommt 100 000 Dong bis 300 000 Dong, die besten Tüftler bis zu 1,8 Millionen Dong.

Natürlich stehen die klügsten Kräfte der Stadt Schlange, um bei »Bimimesco« arbeiten zu können. Neben Thanhs Büro tagt die elfköpfige Einstellungskommission des Betriebs: zwei pensionierte Vizeminister, ein ehemaliger General der nordvietnamesischen Streitkräfte, ein früherer Oberst der »Marionettenarmee«, gleichzeitig Maschinenbauer, ein Exportexperte, zwei Professoren für

Maschinenbau, ein Hochschullehrer für Ökonomie ... Sie haben im Augenblick über 180 Einstellungsgesuche zu beraten; 30 bekommen einen Arbeitsplatz, die anderen 150 werden mit dem Auftrag nach Hause geschickt, mit einer nützlichen Erfindung wiederzukommen.

Es ist die einzige Kommission, die sich »Bimimesco« leistet. Von Leitungskollektiven hält Thanh nichts, er duldet die obligatorischen Partei-, Jugend-, Frauen- und Gewerkschaftskommissionen nicht in seinem Unternehmen. Er habe sich über alle Mitbestimmungsmodelle in der Welt informiert, behauptet Boß Thanh, und keines habe ihn überzeugt. Er hat sein eigenes Modell: »Der Arbeiter, der eine meiner Entscheidungen als falsch entlarvt, bekommt eine Prämie.«

Wieviel Gewinn sein Unternehmen im ersten Jahr der ungehemmten Profitjagd eingebracht hat, weiß Thanh noch nicht. Er lächelt verlegen: »Wir sehen, daß die Pflanzen prächtig wachsen, aber die Ernte sehen wir noch nicht.«

Das Telefon klingelt. Ein Dreiminutengespräch, in dem häufig das Wort »Macao« fällt. Es war irgendein Minister, es ging um ein Auslandsgeschäft. »Wir machen alles, was nicht verboten ist« – das Geschäftsprinzip von Le Cong Thanh. Gelegentlich stößt der sozialistische Bourgeois noch auf Mißtrauen und heimliche Proteste, aber die nimmt er nicht mehr ernst. An einen Sieg der Dogmatiker, der ihn womöglich ins Gefängnis bringen könnte, glaubt Thanh nicht.

Er vertraut darauf, daß sein ökonomischer Erfolg alle ideologischen Bedenken zerstreuen wird. »Bei Marx war der Kapitalismus schmutzig, wir Kapitalisten im Sozialismus dienen aber der Gesellschaft.« Er hofft, daß viele Kleinunternehmer es ihm nachmachen und die Kreativität und die Energie, die im vietnamesischen Volk stecken, entfalten helfen. »Ich bin Patriot, und darum schäme ich mich, wenn ich mir das heutige Vietnam anschaue. Wir können mehr!«

Zwei Tage später tippt mich in der Hotellobby ein Vietnamese an, der sehr gut Deutsch spricht. Er knüpfe im Auftrag von »Bimimesco« geschäftliche Kontakte zu Ausländern. Ob ich nicht Interesse habe? Woran? Nun ja, man suche ein deutsches Kaffeeunternehmen, das von der firmeneigenen Plantage im Mekong-Delta, mehrere tausend Hektar groß, Kaffee kaufe und im Gegenzug Spezialisten schicke, die bei der Verarbeitung behilflich seien; ein ähnlicher Deal könne mit Bienenhonig laufen; ferner sei die Firma an dem Vertrieb von Telexgeräten und medizinischen Kleinapparaten interessiert; und wie wäre es mit dem Bau eines Urlauberdorfes in Nha Trang, dem schönsten Strand des Landes?

Die Lust am unternehmerischen Risiko hat längst auch Hanoi erreicht, von Saigon ansonsten so weit entfernt wie Ost-Berlin von West-Berlin. In der Hauptstadt arbeiten schon vier Betriebe nach dem Muster Le Cong Thanhs. Das Profitdenken zieht selbst in Staatsbetriebe ein: Die Hemdenfabrik Viet Tien beispielsweise versetzte 150 Leute aus der Verwaltung in die Produktion und koppelte die Bezahlung der Arbeiter an ihre Leistung und an den Gewinn der Fabrik. Die Zahl der produzierten Hemden verdoppelte sich, der Lohn der fleißigen Näherinnen verdreifachte sich.

Nguyen Hau, 35, arbeitete im Apparat der Ho-Chi-

Minh-Jugend, bis er beschloß, Yuppie zu werden. Er kaufte sich vom Gold seiner Eltern, frühere Großgrundbesitzer in Mittelvietnam, Land am Saigon-Fluß und baute eine Orchideenplantage auf. Sie ist inzwischen mit zehn Millionen Blüten im Jahr die größte Plantage des Landes. Hau exportiert nach Australien und Thailand, in die Bundesrepublik schickt er Bonsai-Kreationen. Auf dem Gelände läßt er gerade ein Restaurant für Touristen bauen.

Seine fünfzig Arbeiter verdienen je nach Leistung zwischen 60 000 und 400 000 Dong. Sie haben Dreimonats-, Sechsmonats- oder Dauerverträge. Zehn Prozent der Pflücker und Pflanzer werden regelmäßig nach drei Monaten entlassen und durch neue ersetzt.

Das Anwesen der Familie liegt direkt am Wasser. Von der luftigen Holzterrasse aus hat man einen prächtigen Blick auf den Saigon-Fluß. Draußen kurvt eine Wasserskiläuferin zwischen den Flußfischern herum, eine leichte Brise weht herüber. Die Zierfische schweben majestätisch durchs Aquarium. Das japanische Telefon läutet vornehm. »Einige Familien werden zuerst reich werden und einen höheren Lebensstandard gewinnen als andere«, sagt Parteichef Nguyen Van Linh, das liege im nationalen Interesse, allerdings sei es notwendig, »zwischen solchen Personen zu unterscheiden, die mit legitimen Mitteln reich werden, und anderen, die ihren Reichtum durch Spekulation, Schmuggel und Diebstahl erlangen«.

Gleichmacherei hat in Saigon keine Tradition. Anders als in der Sowjetunion oder in China haben die neuen Reichen daher nicht mit allzu aggressivem Neid zu kämpfen. Lediglich Protzerei stößt auf das Mißfallen sowohl der kommunistisch beeinflußten Teile des Volkes wie auch der konfuzianisch denkenden Vietnamesen. Sparsamkeit, Pflichterfüllung und Unterordnung des einzelnen sind traditionelle Tugenden, die das Nebeneinander zweier Lebensweisen in Vietnam möglich erscheinen lassen: Die einen leben westlich-kapitalistisch, die anderen sozialistisch-konfuzianisch.

Die kommunistische Partei gibt sich große Mühe, das gesellschaftliche Durcheinander marxistisch-leninistisch zu untermauern. Sozialismus sei die Produktionsweise, die auf den Kapitalismus folge, und darum müsse nun erst einmal der Kapitalismus im Lande entwickelt werden, damit dann der Sozialismus funktionieren könne – das ist die Quintessenz der herrschenden Ideologie.

Am Bekenntnis zum Sozialismus rüttelt keiner. An den Hochschulen allerdings wird offen über den Marxismus diskutiert, vordergründig über die veraltete Form seiner Vermittlung, hinter der Hand aber auch über seine Entbehrlichkeit. Wer Hochschullehrer auf die Bedeutung des Marxismus anspricht, erntet in der Regel verlegenes Lächeln.

In der Zeitung *Saigon Giai Phong* debattierten sieben Hochschullehrer, verantwortlich für Marxismus-Leninismus, und neun Studenten, Sekretäre der Ho-Chi-Minh-Jugend, über die Bedeutung des Marxismus. Die ideologische Hautevolee Saigons äußerte Denkwürdiges: »Karl Marx ging in seiner Theorie von der Ware aus, nicht vom Menschen« – eine gerade für Vietnamesen unakzeptable Sicht der Dinge, kritisierte der eine. Die Wirklichkeit werde durch den Marxismus-Leninismus verschleiert statt erklärt, meinte ein anderer. »Wir lehren den Marxismus nur halbherzig«, gestand ein Hochschullehrer. »Wir sind müde vom Theoretisieren.« Man sei schon am Marxismus interessiert, fand ein Bildungssekretär, aber er werde rückwärts gerichtet vermittelt, wie eine Religion. »Die Studenten quälen sich mit Leerformeln ab, der Marxismus hat keinen Bezug zum wirklichen Leben.« Der Sekretär der Ho-Chi-Minh-Jugend an der Hochschule für Ökonomie forderte gar »das Ende des Unterrichts in Marxismus-Leninismus an den Hochschulen«.

In der Universität von Saigon herrscht auch nachts Hochbetrieb. Die Fenster sind hell erleuchtet, die Säle gefüllt mit Wissensdurstigen. 5897 Abendstudenten hören allein an der fremdsprachlichen Fakultät. Im Gegensatz zum Unterricht bei Tageslicht muß der Abendhörer keine Aufnahmeprüfung in Marxismus-Leninismus absolvieren. Er zahlt 6400 Dong und hat nur eine fachliche Prüfung abzulegen, wenn er die höheren Klassen besuchen möchte.

Die Abendhochschule ist eine Erfingung von Luong Van Hong. Der Deutschprofessor an der Tagesuniversität eröffnete dadurch Zehntausenden den Zugang zu höherer Bildung, die wegen ihres »Lebenslaufs« sonst nicht an die Uni gelangt wären. »Lebenslauf« bezeichnet vor allem den Lebenslauf der Eltern, ihre Rolle vor 1975. Sie spielte bisher eine große Rolle bei der Zulassung von Studenten, neben den Schulzeugnissen und der Aufnahmeprüfung. Zukünftig wird es auch möglich sein, einen unbefriedigenden Lebenslauf durch die Zahlung von 150 000 Dong pro Studienjahr auszugleichen.

Als regulärer Hochschullehrer verdient Luong Van Hong nur 10 000 Dong im Monat, als Leiter der Abendschule jedoch 50 000 Dong plus 150 000 Dong für seinen Deutschkurs. Logischerweise hat er keine Probleme, interessierte Lehrer für die Klassen zu finden, die ständig weiter anwachsen. Fremdsprachen sind für die Vietnamesen die Chance, eine Tür zum Rest der Welt aufzustoßen, und dementsprechend groß ist der Andrang. Vierzig private Abendschulen unterrichten in Saigon; ein Platz an der Abenduniversität ist besonders begehrt, weil der Abschluß vom Staat anerkannt wird.

Die erste Unterrichtsstunde des Abends ist vorbei, die Lehrer strömen ins Lehrerzimmer. Die Deutschpauker sitzen in einer Ecke des Raums zusammen; alle haben in der DDR studiert, und alle sind sehr neugierig auf die Bundesrepublik. Welche Partei denn im Moment an der Regierung sei, will eine Physiklehrerin wissen, die Deutsch nur als Zusatzfach unterrichtet, um ihren staatlichen Lohn aufzubessern. Meine Frage nach der Rolle des Marxismus im Unterricht löst bei den Schüchternen mildes Lächeln und bei den Selbstbewußten großes Gekicher aus. Es klingelt. Ob sie mich im Hotel besuchen könnten, fragt ein Lehrer. »Dürfen wir das denn schon?« fragt ein anderer.

Durch *Doi Moi* hat die Unsicherheit zugenommen in Vietnam. Die Sicherheit des Verbotenen ist dahin, nun muß jeder selber sehen, was er darf. »In fünf Jahren werden alle Arbeitskräfte befreit sein«, sagt Luong Van Hong, »jeder kann dann machen, was er kann.«

Diese Liberalisierung hat schon jetzt ihren Preis. Gesundheit und Bildung gibt es nicht mehr zum Nulltarif für alle. Zwei heilige Säulen des Sozialismus sind zu Bruch gegangen. So entsteht, Bruchstück für Bruchstück, ohne

Plan und Theorie, eine Zwei-Systeme-Gesellschaft. Ein Teil des Volkes lebt im Kapitalismus, ein anderer im Sozialismus. Parteichef Nguyen Van Linh räumt ein, daß »wir zwar nur *ein* Land sind, daß es in diesem Land aber zwei verschiedene Wirtschaften gibt und daß die Denkweisen und die Geschäftspraxis hier wie dort höchst verschieden sind«.

Mit der neuen Bourgeoisie sind nicht nur alte Laster zurückgekehrt, sondern auch ganz neue alte Gedanken. Wenn immer mehr Leute in Privatbetrieben arbeiten, so sagen sich die Regierenden, dann können die nicht kostenlos staatliche Leistungen in Anspruch nehmen, wo kommen wir da hin. Und so wächst aus der gespaltenen Ökonomie ein gespaltener Überbau, in dem es für die einen kostenlos staatliche Bildung, Gesundheit und Kultur gibt und für die anderen private Wohlfahrt gegen Dong und Dollar. In Hanoi wurde die erste private Hochschule, finanziert von Auslandsvietnamesen, eröffnet. Private Schulen sind geplant. Als nächstes soll die Subventionierung der Lebensmittel beseitigt werden.

Dieser Manchester-Sozialismus bricht mit fast allem, was der kommunistischen Internationalen bisher heilig war. Er ist ehrlich, weil er die gesellschaftliche Armut nicht länger kaschiert; aber er ist brutal, weil er diejenigen, die weder im sozialistischen noch im kapitalistischen Sektor der Gesellschaft unterkommen, in die Rettungsboote treibt. Vietnam, eine Gesellschaft mit beschränkter Haftung.

Ob die Koexistenz der Systeme in Vietnam funktionieren kann, ob sie überhaupt gewollt werden wird, hängt zum einen von schnellen wirtschaftlichen Erfolgen dieser

Mischehe ab. Zum anderen aber davon, ob sich der dynamische Partner mit seiner politischen Machtlosigkeit abfindet.

Denn es ist ja denkbar, daß die schnell expandierenden Privatunternehmen, in Umkehrung der Marxschen Entwicklungsgesetze, die sozialistischen Produktionsverhältnisse bald als Fessel empfinden und über politische Veränderungen mehr ökonomische Macht durchzusetzen versuchen.

Zwar konnten bei den letzten Wahlen zur Nationalversammlung auf den Einheitslisten mehr Parteilose als jemals zuvor Sitze im Parlament erringen, aber an weitergehende Demokratisierung wie in Polen, Ungarn oder in der Sowjetunion denkt die Parteiführung in Hanoi nicht. Politisch bleibt alles beim alten, soll alles beim alten bleiben.

Der chinesische Weg zur Reform der Revolution ist der alten Hanoier Garde in diesem Punkt sympathischer als Gorbatschows Perestroika: weite ökonomische Öffnung, radikaler Umbau der Wirtschaft, aber keine politischen Experimente. Vom Aufbegehren in China und seinem blutigen Ende haben die Vietnamesen in den eigenen Medien nichts gehört und nichts gesehen. Die in westlichen Ländern verbreitete Meldung, Vietnam habe das Massaker in Peking gerechtfertigt, dementiert die Regierung.

Politischer Widerstand äußert sich in Vietnam bisher nicht sichtbar. Die Unzufriedenen und Oppositionellen sind geflohen oder still. Lediglich 300 aufgebrachte Bauern aus dem Mekong-Delta zogen Ende 1988 durch Saigons Straßen, um gegen korrupte Funktionäre zu demonstrieren, die bei der Privatisierung des Bodens zu sehr an die eigene Familie gedacht hatten. Anfang 1989 protestierten Studenten einiger Hochschulen gegen die Orthodoxie bei der Vermittlung des Marxismus, auch nicht gerade Fundamentalkritik. Die Unzufriedenheit mit den Verhältnissen ist allgegenwärtig, der Protest gegen diese bleibt jedoch unsichtbar.

Zwar spricht die Hanoier Regierung davon, *Doi Moi* könne nur mit »höchstmöglicher Demokratie« erfolgreich sein, »Pluralismus« schließt sie aber nachdrücklich aus. Für Nguyen Xuan Oanh, früher stellvertretender Ministerpräsident des alten Saigoner Regimes und jetzt Wirtschaftsberater der Hanoier Parteioberen, heißt *Doi Moi* Beschränkung der Macht der Partei, in den Betrieben wie auch in der Gesellschaft. »Das Management muß zu Entscheidungsbereitschaft und Verantwortung erzogen werden. Das geht nicht, solange sich die Partei in jede Entscheidung einmischt.«

Oanh ist der Lech Walesa der vietnamesischen Bourgeosie. Der in den USA ausgebildete Ökonom genießt das Vertrauen der Parteiführung, zumindest scheint es so – er hält die Verbindung zu den internationalen Finanzkreisen, reist als Marktschreier der vietnamesischen Wirtschaft durch die Welt und betreibt die ideologische Aufweichung mit deutlichen Worten: »Wir müssen endlich dem Unsinn der zentralen Planung ein Ende setzen!« Die Erneuerung der politischen Strukturen stellt er sich ähnlich radikal vor: »Volkskomitees, Betriebskomitees, Straßenkomitees, Blockkomitees – es gibt eine Unzahl von solchen Gruppen. Und weil die meisten zu nichts anderem nutze sind, als die Entscheidungsprozesse zu einem unüberwindlichen Hindernislauf zu machen, gehören sie abgeschafft.«

Huong, das Saigoner Tanzmädchen, glaubt immer weniger daran, eines Tages doch noch aus Vietnam herausgeheiratet zu werden. So ein bißchen träumt sie davon, daß, umgekehrt, die Fremde zu ihr kommt, daß immer mehr Vietnamesen aus New York, Paris, Toronto, Frankfurt zurückkehren und Saigon zum Amerika Vietnams machen.

Ihr Chef hat kürzlich Bangkok besucht, den Westen studiert und die Idee mitgebracht, seine Dancing girls müßten hinter einer Scheibe sitzen, hell erleuchtet, statt in einem düsteren Nebenraum. So könne der Gast doch viel besser und in aller Ruhe seine Wahl treffen.

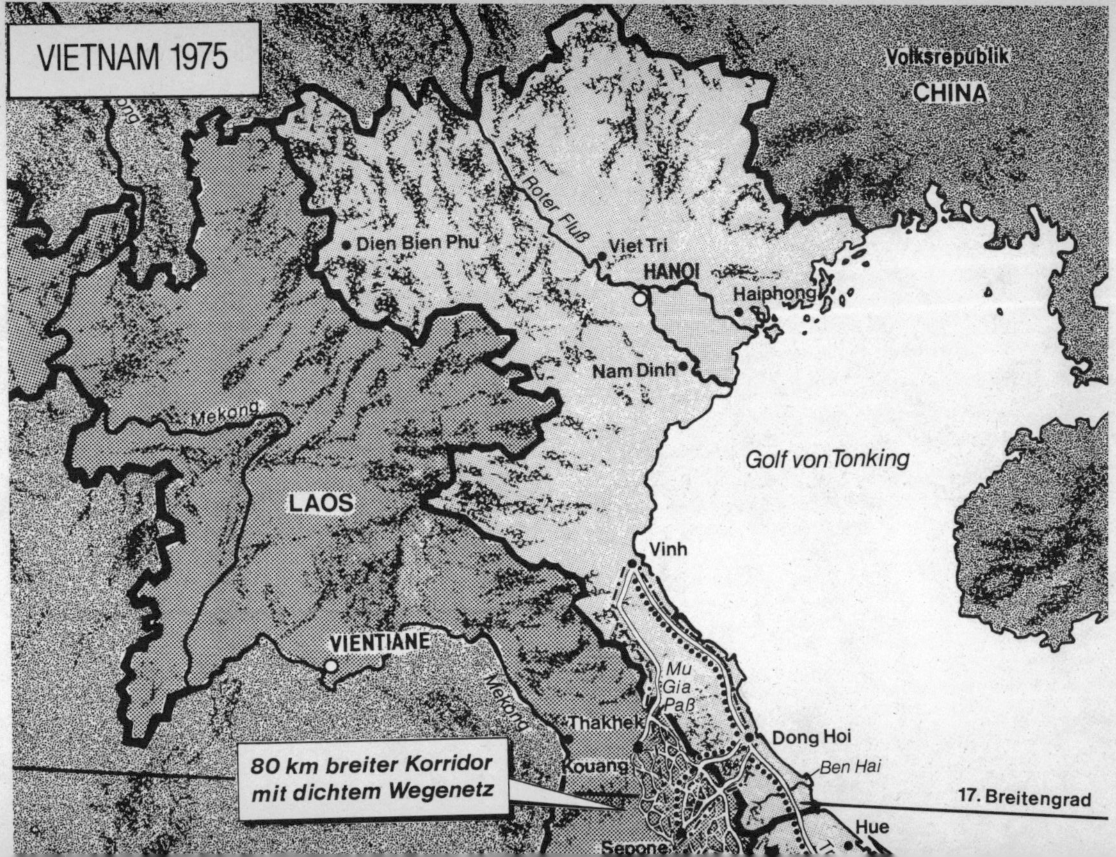
VIETNAM 1975
Volksrepublik
CHINA
Dien Bien Phu
Roter Fluß
Viet Tri
HANOI
Haiphong
Nam Dinh
Golf von Tonking
Mekong
LAOS
VIENTIANE
Vinh
Mu
Gia
Paß
Mekong
Thakhek
Kouang
Dong Hoi
Ben Hai
17. Breitengrad
Hue
Sepone
80 km breiter Korridor
mit dichtem Wegenetz

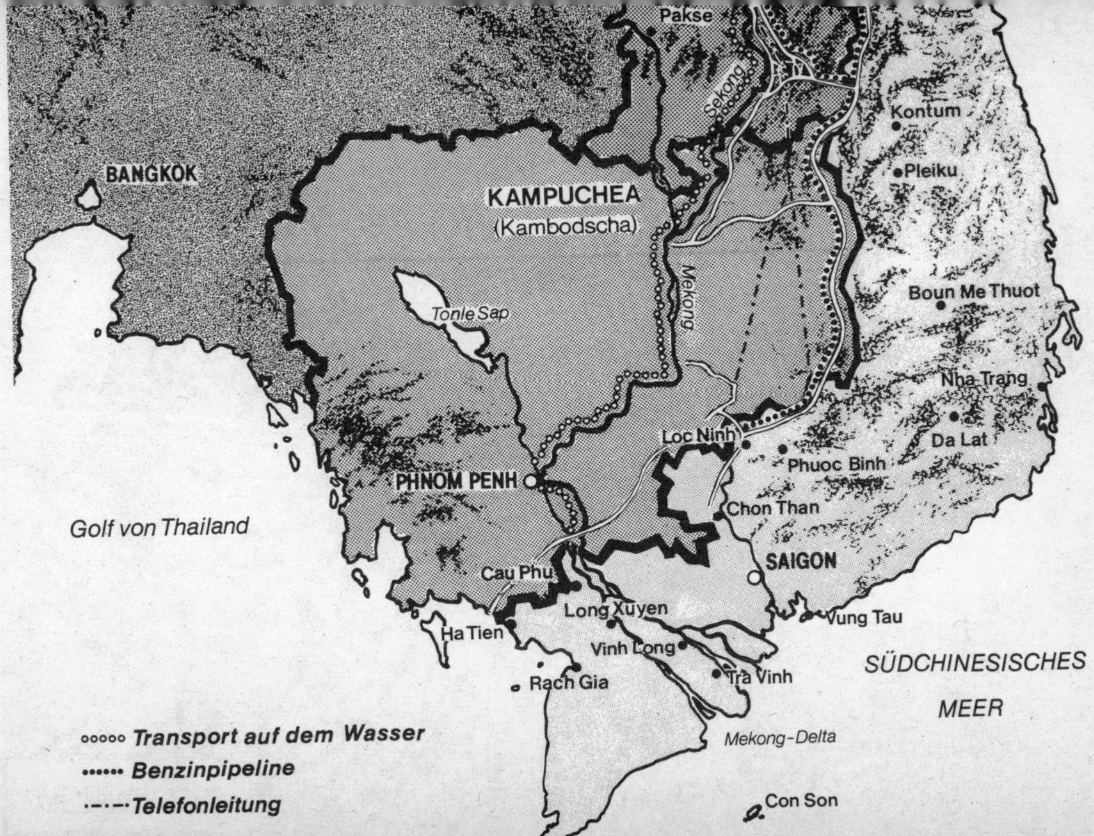

Pakse
Sekong
Kontum
Pleiku
BANGKOK
KAMPUCHEA
(Kambodscha)
Mekong
Tonle Sap
Boun Me Thuot
Nha Trang
Da Lat
Loc Ninh
Phuoc Binh
PHNOM PENH
Chon Than
Golf von Thailand
SAIGON
Cau Phu
Long Xuyen
Vung Tau
Ha Tien
Vinh Long
SÜDCHINESISCHES
MEER
Tra Vinh
Rach Gia
Mekong-Delta
Con Son
ooooo Transport auf dem Wasser
•••••• Benzinpipeline
·-·-· Telefonleitung

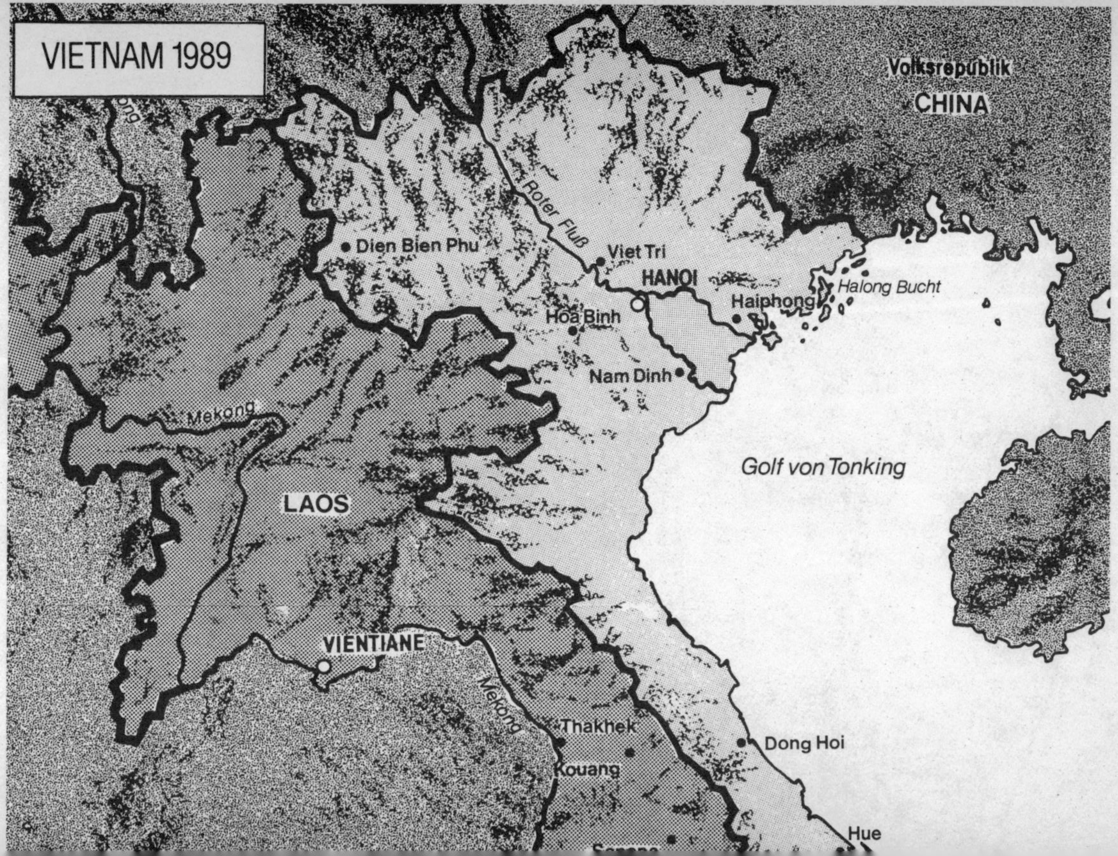

VIETNAM 1989
Volksrepublik
CHINA
Dien Bien Phu
Roter Fluß
Viet Tri
HANOI
Halong Bucht
Haiphong
Hoa Binh
Nam Dinh
Mekong
Golf von Tonking
LAOS
VIENTIANE
Mekong
Thakhek
Kouang
Dong Hoi
Hue

Pakse
Sekong
Kontum
Pleiku
BANGKOK
KAMPUCHEA
(Kambodscha)
Xixophon
Angkor Vat
Siem Reap
Battambang
Tonle Sap
Mekong
Boun Me Thuot
Kompong Chnang
Nha Trang
Kompong Cham
Song Be
Da Lat
Loc Ninh
Xamat
Phuoc Binh
PHNOM PENH
Tay Ninh
Chon Than
Moc Bat
Golf von Thailand
Cu Chi
Cau Phu
HO-CHI-MINH-STADT
(Saigon)
Long Xuyen
Vung Tau
Ben-Tre
Ha Tien
Vinh Long
Luong Quoi
SÜDCHINESISCHES
MEER
Cuu Long
Tra Vinh
Rach Gia
Mekong-Delta
Con Son

EIN SIEDLER BUCH BEI GOLDMANN

KINDHEIT IN OSTPREUSSEN. Eine Liebeserklärung an das verlorene Ostpreußen: Ein zauberhaftes, durch seine sprachliche Schlichtheit bestechendes Buch, in dem Marion Gräfin Dönhoff die verschwundene Welt Ostpreußens wieder entstehen läßt.
ISBN 3-442-12810-2

IM GEGENLICHT. »Ein unvergeßliches Buch.« *(Jürgen Busche, Hamburger Morgenpost)*. Dieses Reisejournal wird all diejenigen begeistern, die Italien lieben und sich eine realistische Sicht des bedeutenden Kulturlandes wünschen.
ISBN 3-442-12809-9

GOLDMANN

EIN SIEDLER BUCH BEI GOLDMANN

Für alle, die Italien lieben und begreifen wollen, sein Heute und seine Geschichte, seine Kultur und Barbarei, seine Liebe zum schönen und sein Hang zur Anarchie und Chaos, hat Joachim Fest dieses Buch geschrieben. »Ein unvergeßliches Buch.« *Jürgen Busche, Hamburger Morgenpost.*
ISBN 3-442-12809-9

Wolf Jobst Siedler, der bereits vor mehr als einem Jahrzehnt die falschen Hoffnungen des neuen Bauens attackierte, wirft in den vorliegenden Essays die provozierende Frage auf, ob es in unseren modernen Ballungszentren noch so etwas wie ein Stadterlebnis geben kann. Streitbare Gedanken eines Stadtmoralisten.
ISBN 3-442-12801-3

Bruno Kreisky, der »große alte Mann« Österreichs, einer der bedeutendsten Politiker der Nachkriegszeit erinnert sich: ein leidenschaftliches Panorama dieses Jahrhunderts bis in die Mitte der siebziger Jahre.
ISBN 3-442-12802-1

GOLDMANN